ABITUR-TRAINING

Musik
Analysieren · Verstehen · Beschreiben

Barbara Lukat

Bildnachweis

Umschlag: © stockshoppe – Fotolia.com
Kapitel-Auftaktseiten:
1: akg-images/Mondadori Portfolio/Sergio Anelli (oben); akg/Schütze/Rodemann (unten rechts); 19: bpk/adoc-photos; 51: akg-images (oben); 79: akg-images/bilwissedition (oben links); akg-images (oben rechts); akg-images/Bildarchiv Monheim (unten); 97: akg-images; 117: Thomas Fluegge/istockphoto (oben); Hill Street Studios/Getty Images (unten); 141: Moritz Wussow - Fotolia.com (oben); r_gianluca/istockphoto (unten)

© 2021 STARK Verlag GmbH, St.-Martin-Straße 82, 81541 München, info@stark-verlag.de
www.stark-verlag.de
1. Auflage 2017

Das Werk und alle seine Bestandteile sind urheberrechtlich geschützt. Jede vollständige oder teilweise Vervielfältigung, Verbreitung und Veröffentlichung bedarf der ausdrücklichen Genehmigung des Verlages. Dies gilt insbesondere für Vervielfältigungen, Mikroverfilmungen sowie die Speicherung und Verarbeitung in elektronischen Systemen.

Inhalt

Vorwort
Hinweise zur Arbeit mit dem Buch

Mittelalter 1
Einblick in die Epoche 2
Notation des Gregorianischen Chorals 4
    Übertragung in die heutige Notenschrift 6
    Übungsaufgaben 7
Psalmodie 8
    Nachweis der Merkmale einer Psalmodie 9
    Übungsaufgaben 11
Jubilus 12
    Nachweis der Merkmale von Psalmodie und Jubilus 13
    Übungsaufgaben 15

Renaissance 19
Einblick in die Epoche 20
Madrigal 22
    Gliedern eines Madrigals und Beschreiben der Satztechnik 23
    Aufzeigen der Verbindung von Textinhalt und musikalischer
    Gestaltung 26
    Übungsaufgaben 29
Chanson und Deutsches Chorlied 31
    Erläutern von Lautmalerei im Deutschen Chorlied 34
    Übungsaufgaben 39
Ayres 40
    Beschreiben der Schlichtheit in der Ayre – Unterstützung der
    Textverständlichkeit 40
    Übungsaufgaben 44
Messe 45
    Darstellen der Verarbeitung einer weltlichen Vorlage (Chanson)
    in einer Messe 46
    Übungsaufgaben 49

Barock — 51

- Einblick in die Epoche — 52
- Generalbass — 54
  - Ergänzen einer Generalbass-Bezifferung — 62
  - Übungsaufgaben — 65
- Concerto grosso — 67
  - Nennen und Belegen von Merkmalen des Concerto grosso — 68
  - Übungsaufgaben — 70
  - Höraufgabe ohne Vorlage des Notentextes: Begründete Zuordnung zur Gattung Concerto grosso — 71
- Bildhafte Gestik in Vokalmusik — 73
  - Nachweis von bildhafter Gestik in Vokalmusik — 75
  - Übungsaufgaben — 77

Klassik — 79

- Einblick in die Epoche — 80
- Notenausgaben (Editionen) — 82
  - Gegenüberstellen zweier Notenausgaben (Editionen) — 83
  - Übungsaufgaben — 85
- Motivisch-thematische Arbeit — 86
  - Nachweis von motivisch-thematischem Material — 88
  - Übungsaufgaben — 91
- Klavierauszug — 92
  - Erstellen eines Klavierauszugs/Zusammenfassen von Chorstimmen — 93
  - Übungsaufgaben — 95

Romantik — 97

- Einblick in die Epoche — 98
- Formen des Kunstliedes — 100
  - Bestimmen der Form eines Kunstliedes — 101
  - Übungsaufgaben — 103
- Vergleich verschiedener Einspielungen/Interpretationsvergleich (Höraufgabe) — 104
  - Vergleich von Interpretationen — 105
  - Übungsaufgaben — 108
- Bearbeitungen — 109
  - Anfertigen einer Bearbeitung für Streichquartett — 111
  - Übungsaufgaben — 114

Musik des 20./21. Jahrhunderts 117

Einblick in die Epoche 118
Zwölftonmusik/-technik 120
    Belegen der Verarbeitung einer 12-Ton-Reihe 121
    Übungsaufgaben 127
Funktionen der Klavierstimme im Sololied 129
    Aufzeigen von Funktionen der Klavierstimme 130
    Übungsaufgaben 134
Mittel musikalischer Gestaltung 135
    Beschreiben der musikalischen Gestaltung 136
    Übungsaufgaben 140

Die schriftliche Abiturprüfung im Fach Musik am Beispiel Bayern 141

Hinweise und Tipps für die Abiturprüfung 142
Aufgabe im Stil einer Abituraufgabe 145

Lösungsvorschläge 149

Mittelalter 149
Renaissance 154
Barock 165
Klassik 170
Romantik 175
Musik des 20./21. Jahrhunderts 182
Aufgabe im Stil einer Abituraufgabe 198

Autorin: Barbara Lukat

Vorwort

„... Die Musik vereint alle Eigenschaften in sich, sie kann erheben, sie kann tändeln, sie kann uns aufheitern, ja sie vermag mit ihren sanften, wehmütigen Tönen das roheste Gemüt zu brechen. Aber ihre Hauptbestimmung ist, dass sie unsre Gedanken auf Höheres leitet, dass sie uns erhebt, sogar erschüttert..."
(Friedrich Nietzsche 1858)

Liebe Schülerinnen und Schüler,

Musik ist Säule und treibende Kraft unserer Kultur. Sie ist dabei gleichermaßen Spiegelbild der jeweiligen Zeit wie auch Ausdruck von Kritik und Protest an derselben. Musik hat Macht, Wirkung, Anziehungskraft, lässt Raum für Interpretationen, für Emotionen. Wir können versuchen, Musik anhand ihrer Verschriftlichung zu analysieren. Wir können versuchen, Musik wissenschaftlich zu erforschen und zu beschreiben. Doch letztlich können wir über die Intention eines Komponisten und seiner Werke nur Vermutungen anstellen.

Sie haben sich durch Ihre Entscheidung, das Fach Musik in der Oberstufe zu belegen, auf den Weg gemacht, in die Tiefen der Musik einzudringen. Sie werden den Reichtum an Details in den verschiedenen Epochen bei unterschiedlichsten Komponisten und Werken in ihrer Vielschichtigkeit kennenlernen und ergründen. Vergessen Sie bei aller Arbeit aber nicht die Schönheit der Musik und vergessen Sie nicht, dass Musik so viel mehr kann und ist, denn...

„Das Wichtigste in der Musik steht nicht in den Noten." (Gustav Mahler)

Ich freue mich, dass Sie diesen Weg gehen, und wünsche Ihnen viel Erfolg bei der Vorbereitung auf Ihre Prüfungen!

Barbara Lukat

Hinweise zur Arbeit mit dem Buch

Dieses Abitur-Training enthält Erläuterungen und Übungsmöglichkeiten zu wichtigen Inhalten des Musikunterrichts der Oberstufe. Mit diesem Buch können Sie sich gezielt und effektiv auf den Unterricht, auf Klausuren und auf die Abiturprüfung vorbereiten.

Der Band ist chronologisch aufgebaut. Zu Beginn jedes Kapitels finden Sie einen kurzen **Einblick in die jeweilige Epoche** der Musikgeschichte.
Daran schließen sich Darstellungen verschiedener **Themenbereiche** an, die für Klausuren und Abiturprüfung relevant sein können. Den Einstieg in das jeweilige Thema erleichtern Ihnen grundlegende Informationen.

Zu jedem Themenbereich gibt es mindestens eine **Beispielaufgabe**, die eine in Klausuren und Prüfungen häufig vorkommende Arbeitsanweisung (Operator) enthält. Die Herangehensweise an die Aufgabe können Sie mithilfe der Abschnitte **Erschließen der Aufgabenstellung** und **Methodisches Vorgehen** nachvollziehen. **Tipps** zum Lösen der Aufgabe geben nützliche Hilfestellungen. Der **Lösungsvorschlag** zeigt Ihnen, wie eine gelungene Lösung aussehen kann.

Die sich anschließenden **Übungsaufgaben** mit entsprechenden Lösungsvorschlägen bieten weitere Trainingsmöglichkeiten zu den einzelnen Themenbereichen. Zu allen Aufgaben finden Sie Lösungsvorschläge ab S. 149 im Buch.

Mit diesem Symbol sind die zur Bearbeitung der Aufgabe nötigen **Notenbeispiele** gekennzeichnet. Unter der angegebenen Nummer und Seitenzahl finden Sie die Notentexte im gesonderten **Notenheft**.

Hörbeispiele sind – soweit nicht anders angegeben – der Plattform „youtube" entnommen. Geben Sie in die Suchmaske exakt die angegebenen Schlagworte ein, einschließlich aller Leer- und Sonderzeichen. (Sie wurden kurz vor Drucklegung dieses Buches noch einmal überprüft. Möglicherweise sind die Hörbeispiele nach einiger Zeit nicht mehr unter den angegebenen Schlagwörtern erreichbar.)

Das abschließende Kapitel **Die schriftliche Abiturprüfung im Fach Musik am Beispiel Bayern** enthält Hinweise zum Ablauf der Prüfung, Tipps zur Auswahl der Abituraufgabe und zum Umgang mit den Tonbeispielen sowie eine Aufgabe im Stil einer Abituraufgabe.

■ Anforderungen in den verschiedenen Bundesländern

> **Anmerkung:** *Die Tipps zur Auswahl der Abituraufgabe und zum Umgang mit Tonbeispielen sind sicher auch für Sie als Schüler/Schülerin eines anderen Bundeslands relevant und hilfreich. Die Aufgabe im Stil einer Abituraufgabe können Sie als zusätzliches Übungsmaterial nutzen, auch wenn sich diese an der bayerischen Abiturprüfung orientiert.*

- Lehrpläne und Abiturprüfung sind in den verschiedenen Bundesländern unterschiedlich, dessen ungeachtet finden Sie hier **Übungsmaterial** zu verschiedenen Epochen, Stilen und Gattungen.
- Die einzelnen Übungsaufgaben sind **Teilaufgaben**, also kleinere Ausschnitte einer „Gesamtprüfung" (entsprechend einer Abiturprüfung).
- Es handelt sich bei dem vorliegenden Trainingsband um ein **Übungsbuch**. Es erhebt keinen Anspruch auf Vollständigkeit und enthält auch keine grundlegenden Abhandlungen z. B. der Musikgeschichte.
- Die vorgestellten Übungsaufgaben sind bestimmten Epochen zugeordnet, können jedoch **auch für andere Epochen relevant** sein (z. B. Erstellen eines Klavierauszuges auch bei Werken der Romantik, Erstellen einer Bearbeitung auch bei Werken der Klassik etc.). Sie können also die Notenbeispiele aus dem gesonderten Notenband auch für andere Aufgabentypen nutzen, als im Übungsband vorgestellt.
- Das an Sie gestellte **Anforderungsniveau** ist abhängig von Bundesland, Ausbildungsrichtung (musisch, nicht-musisch) und Oberstufenstruktur (Additum, Grund-/Leistungskurs). Unstimmigkeiten zwischen den Inhalten und (Lösungs-)Vorschlägen des Buches und Ihrem Unterricht müssen Sie mit Ihren Kursleitern abklären. Deren Vorgaben sind in jedem Fall für Sie verbindlich.

Mittelalter

Mittelalter

■ Einblick in die Epoche

Die musikalische Epoche des Mittelalters beginnt etwa im 9. Jahrhundert und endet mit der beginnenden Neuzeit etwa im 15. Jahrhundert.

Unterteilt wird diese Epoche in vier Abschnitte:
- Gregorianik   bis ca. 1100
- Notre-Dame-Schule   bis ca. 1230
- Ars Antiqua   bis ca. 1330
- Ars Nova   bis ca. 1400

Die **kirchliche Musik** des Mittelalters entwickelt sich auf der Basis der römisch-hellenistischen Musik der Antike. Zu dieser Zeit waren bereits erste Aufzeichnungsmöglichkeiten sowie im Bereich der Musiktheorie beachtliches Wissen vorhanden. Auf dieser Grundlage entsteht in der Epoche des Mittelalters der **Gregorianische Choral** – ein einstimmiger, unbegleiteter, liturgischer Gesang der römisch-katholischen Kirche in lateinischer Sprache. Er ist wesentlicher Bestandteil der Liturgie. Der einstimmige Vortrag des Chorals erfolgt entweder **solistisch** durch den Vorsänger bzw. Priester oder **antiphonal**, also im Wechsel zweier Gruppen (des Chores), oder **responsorial**, d. h. im Wechsel von Vorsänger und Chor. Grundlage des Gregorianischen Chorals ist die **Psalmodie**, d. h. das Rezitieren von Psalmen.

Der Gregorianische Choral bildet gegen Ende des 12. Jahrhunderts den Ausgangspunkt für die **Mehrstimmigkeit** in der Musik. Ihre Entwicklung setzt mit dem Hinzufügen einer im Quintabstand parallel verlaufenden Stimme (**Quintorganum**) ein, später werden die Stimmen nicht von Anfang an parallel geführt, sondern beginnen mit dem gleichen Ton. Während eine Stimme auf dem Grundton stehen bleibt, steigt die andere Stimme auf, bis das Intervall der Quarte erreicht ist (daher auch der Name **Quartorganum** für diese Form der Mehrstimmigkeit). Im weiteren Verlauf bewegen sich die Stimmen parallel weiter und kehren zum Grundton zurück. Bald sind auch andere Intervalle zwischen beiden Stimmen möglich und die Parallelführung löst sich auf. Durch Stimmkreuzungen entstehen zusätzliche neue Möglichkeiten.

In der weiteren Entwicklung liegt die Hauptmelodie (= **cantus firmus**) in der Unterstimme, die Oberstimme wird mit zahlreichen Verzierungen und Melismen versehen. Nach und nach treten immer mehr Stimmen hinzu. Bei der kunstvollen **Isorhythmie** in der Musik des späten Mittelalters werden melodische und rhythmische Wendungen übereinandergelegt, z. T. dabei auch diminuiert und/oder gegeneinander versetzt. Damit ist die Textverständlichkeit kaum mehr gegeben. Im Vordergrund stehen dann die kunstvolle Komposition sowie das Können der Sänger.

Notiert wird die mehrstimmige Musik in der Modal-, später in Mensuralnotation. Die **Modalnotation** bietet eine erste Möglichkeit, unterschiedliche Tondauern, also lange und kurze Noten, zu notieren. Benutzt werden sechs verschiedene Modi (rhythmische Formeln) bzw. Muster, die an der Abfolge von Einzel- und Gruppentönen erkennbar sind. Bedingt durch die weitere Entwicklung der Mehrstimmigkeit wird die Modalnotation durch die **Mensuralnotation** abgelöst, die die Notierung differenzierterer Rhythmen ermöglicht. Die gebräuchlichen Notenwerte sind Maxima, Longa, Brevis, Semibrevis, Minima und Semiminima. Die Unterteilung dieser Werte erfolgt zunächst dreiteilig (perfekte Mensur), später auch zweiteilig (imperfekte Mensur).

Vertreter der geistlichen Musik des Mittelalters sind u. a. Hildegard von Bingen, Francesco Landini, Leonin, Guillaume de Machaut, Perotin und Philippe de Vitry.

Die **weltliche Musik** des Mittelalters ist erst seit dem ausgehenden 11. Jahrhundert in Aufzeichnungen überliefert. Sie ist geprägt von fahrenden Sängern und Vagabunden, die häufig Spottlieder singen. Große Bedeutung und Ansehen besitzen die Spielleute, die Heldensagen und epische Dichtungen vortragen (z. B. das Hildebrandslied). In Frankreich gewinnen zudem die meist adligen **Troubadours** und Trouvères an Bedeutung, die eigene höfische Dichtung in der Landessprache singen. Von diesen beeinflusst entwickelt sich im deutschen Sprachraum der **Minnesang** als gesungene Liebeslyrik. Bekannte Vertreter des Minnesangs sind u. a. Walther von der Vogelweide und Oswald von Wolkenstein.

Notation des Gregorianischen Chorals

Der Gregorianische Choral bildet die Grundlage der katholischen Kirchenmusik. Eine Verschriftlichung der zunächst mündlich überlieferten Gesänge erfolgt zunächst durch die Notierung als Neumen (= Handzeichen), später durch die römische Quadratnotation im Vier-Linien-System.

Grundlagen der Quadratnotation
- Die Notation erfolgt im **4-Linien-System**.
- Am Anfang der Notenzeile steht der Schlüssel. Gebräuchlich sind **C- und F-Schlüssel**. Die Schlüssel legen den Ton c^1 bzw. f fest.
- Die Noten haben die Form von **Quadraten** oder **Rauten**, was auf die Haltung der Schreibfeder zurückgeht.
- Übereinander notierte Zeichen werden **von unten nach oben** gesungen.
- **Notenwerte** sind nicht notiert, die Tondauer ergibt sich aus der Textdeklamation.
- Die Textverteilung ist **syllabisch** (ein Ton pro Silbe) oder **melismatisch** (mehrere Töne pro Silbe).
- **Alterationen** ($\flat$-Vorzeichen, $\natural$) sind nur für den Ton h gebräuchlich.
- **Atemzäsuren** stehen am Ende eines Text- bzw. Sinnabschnittes und haben keinen fest vorgegebenen Wert.
- Der **Custos** („Wächter") am Ende einer Notenzeile gibt den Anfangston der nächsten Notenzeile an.
- **Dehnungszeichen** (als Punkt hinter einer Einzelnote oder als Linie über Gruppen) sind für den Vortrag von Bedeutung.

Eine Übertragung eines Gregorianischen Chorals oder Choralabschnitts in die heutige Notation wird in Klausuren der Oberstufe häufig verlangt. Wichtig ist es daher, die Grundlagen der Quadratnotation sowie der Schlüssel und Noten zu kennen.

Die folgenden Übersichten zeigen Notationsbeispiele und deren Übertragung in die heutige Notenschrift.

Notation des Gregorianischen Chorals

Beispiel **Noten: Schlüssel**   **Noten: Einzeltöne**

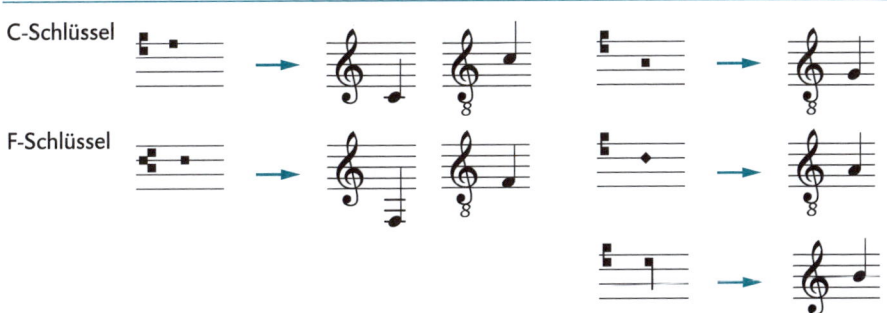

Noten: Gruppentöne

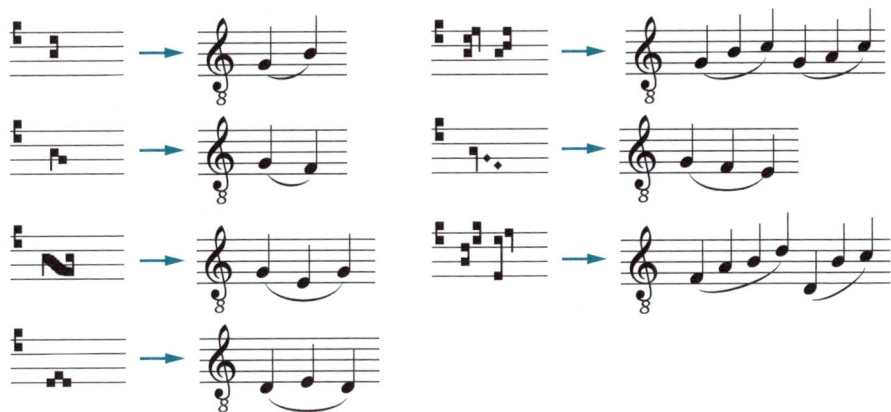

Noten: Sonderzeichen

Custos *(wird nicht übertragen)*   Atemzäsur

Dehnungszeichen *(werden nicht übertragen)*

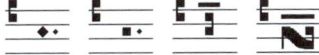

Beispielaufgabe

Übertragung in die heutige Notenschrift

Die folgenden Beispiele (*Ave Maria*) dienen als Übungsmaterial zur Übertragung in die heutige Notenschrift. Sie eignen sich nicht zur Bestimmung des Modus (Tonart).

Übertragen Sie den folgenden gregorianischen Choralabschnitt *Ave Maria* (mit Text) in die heute übliche Notenschrift!

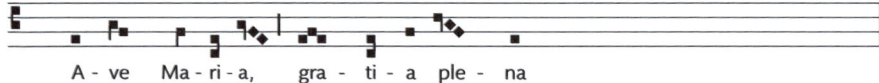

eigene Darstellung; Übersetzung: Gegrüßet seist Du, Maria, voll der Gnade

■ **Erschließen der Aufgabenstellung**

Ihre Aufgabe ist es, den vorgegebenen Choralabschnitt in die heutige Notenschrift zu übertragen, also die Tonhöhen und -intervalle in das Notensystem mit 5-Linien einzutragen. Die Übertragung erfolgt in der Regel in den oktavierten Violinschlüssel. Achten Sie besonders auf die Schlüssel der vorgegebenen Choralauszüge. Den Text müssen Sie übernehmen; dadurch ist auch gewährleistet, dass Sie bei der Übertragung keine Noten übersehen.

■ **Methodisches Vorgehen**

1. Die Übertragung erfolgt für die **Stimmlage Tenor**. Notieren Sie also zunächst den entsprechenden Schlüssel.
2. Übertagen Sie die Töne und benutzen Sie **Viertelnoten** als Notenwerte.
3. Übernehmen Sie den Text unverändert.
4. Setzen Sie am Ende eines Text- oder Sinnabschnitts **Atemzeichen** anstelle der Atemzäsuren.
5. Custos und Dehnungszeichen müssen Sie nicht übertragen.
6. Verbinden Sie Tongruppen mit einem **Bindebogen**.

--- **TIPP** ---

Notieren Sie am Beginn der Notenzeile die den Linien entsprechenden **Notennamen**. So lassen sich die Töne schnell zuordnen und unnötige Lesefehler werden vermieden.

Notation des Gregorianischen Chorals ✦ 7

■ **Lösungsvorschlag**

Bei der Notation mit oktaviertem Violinschlüssel ergibt sich folgende Lösung:

Bei Notation mit einfachem Violinschlüssel ergibt sich folgende Lösung:

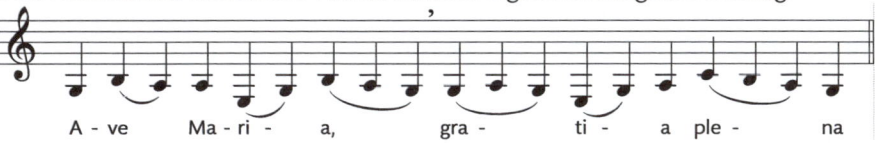

> **Anmerkung:** *Manche Kursleiter bevorzugen andere Notationsformen, z. B. die Notation in ganzen Noten. Eine Übertragung in den Bass-Schlüssel ist unüblich, da die Tenorstimme in der Regel im oktavierten Violinschlüssel notiert wird. Es gelten in jedem Fall die Vorgaben der Kursleiter.*

Bei Notation im Bass-Schlüssel ergäbe sich folgende Lösung:

Übungsaufgaben

1 Übertragen Sie die folgenden gregorianischen Choralabschnitte *Ave Maria* (mit Text) in die heute übliche Notenschrift!

a

b

c

eigene Darstellung; Übersetzung: Gegrüßet seist Du, Maria, voll der Gnade

Psalmodie

Mit dem Begriff Psalmodie ist der **Psalmvortrag** gemeint, der einem bestimmten Melodieschema folgt. Weitere Kennzeichen sind die **syllabische Textverteilung** (ein Ton pro Silbe), der geringe Tonumfang (Ambitus) und die schrittweise Melodik, die kaum Sprünge aufweist.

Melodieschema der Psalmodie (Psalmmodell)
- **Initium:** Anfangsfloskel, in der Regel aufsteigend zum Rezitationston
- **Rezitationston:** Tenor, Repercusa
- **Mediatio:** Mittelkadenz
- **Rezitationston:** Tenor, Repercusa
- **Terminatio:** Schlusswendung, Schlusskadenz

Beispiel **Psalmmodell**

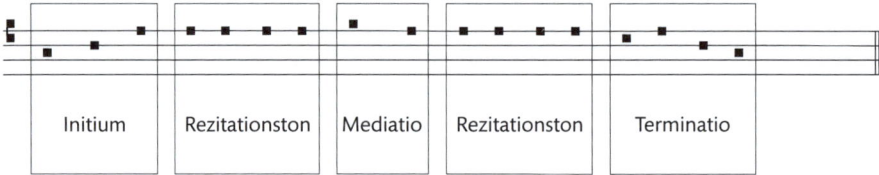

Auf dem Rezitationston wird der Großteil des Textes rezitiert, zum Teil findet sich ein Zwischenton unter- bzw. oberhalb des Rezitationstons (Abweichung).

Psalmmodell (mit Abweichung Rezitationston)

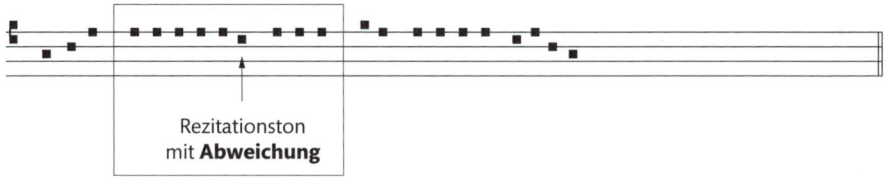

Beispielaufgabe

Nachweis der Merkmale einer Psalmodie

 Übertragen Sie den Gregorianischen Choralabschnitt *Dixit Dominus* (mit Text) in die heute übliche Notenschrift. Weisen Sie in diesem Choralabschnitt Merkmale einer Psalmodie nach! (*Oder:* Zeigen Sie, dass der Choral *Dixit Dominus* Merkmale einer Psalmodie aufweist!)

Dixit Dominus (Psalm 110)

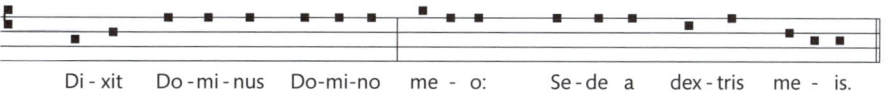

Di - xit   Do - mi - nus   Do - mi - no   me - o: Se - de a   dex - tris   me - is.

Quelle: liber usualis (geringfügige Änderungen durch die Autorin); Übersetzung: So spricht der Herr zu meinem Herrn: Setze dich mir zur Rechten. (Einheitsübersetzung der Bibel)

■ Erschließen der Aufgabenstellung

Die Aufgabe ist zweigeteilt: Zunächst sollen Sie den vorgegebenen Abschnitt in die heutige Notenschrift übertragen, anschließend Merkmale einer Psalmodie am Notentext aufzeigen. Die **Operatoren „Weisen Sie nach"** bzw. **„Zeigen Sie (auf)"** erfordern immer einen exakten Beleg der entsprechenden Stelle am Notentext. Gehen Sie den vorgegebenen Abschnitt durch und grenzen Sie die **Bestandteile der Psalmodie** voneinander ab. Empfehlenswert ist es, die jeweiligen Stellen/Abschnitte durch die entsprechenden Wörter bzw. Silben des Textes genau zu kennzeichnen. Die Merkmale einer Psalmodie ausschließlich durch das **Melodieschema** nachzuweisen kann unter Umständen problematisch sein, da Initium, Mediatio und Terminatio nicht immer eindeutig vom Rezitationston abgegrenzt werden können. Sie müssen daher **weitere Kennzeichen** (Textverteilung, Tonumfang, Melodik) zum Nachweis heranziehen.

Bei Aufgaben mit fremdsprachlichen Texten ist die Übersetzung in der Regel mit angegeben. Dies dient nicht nur dem **Verständnis des Textes** allgemein, sondern auch dem Verständnis der musikalischen Ausgestaltung von Versen, einzelnen Wörtern und Silben. In den Informationen zum Notenbeispiel finden sich z. T. ergänzende Hinweise (hier z. B. „Psalm 110"), die für die Lösung der Aufgabe von Nutzen sein können. Je nach Vorgabe der Kursleiter wird von Ihnen eine Ausformulierung erwartet.

TIPP

Strukturieren Sie Text und Notentext durch entsprechende Einzeichnungen. Das Notenbeispiel wird dadurch übersichtlich gestaltet, die anschließende Ausformulierung der Lösung erleichtert. Heben Sie die Textsilben hervor, die Sie als Belegstelle

> anführen. Dies kann durch Unterstreichungen, Umrahmungen etc. geschehen.
>
> **Beispiel:** <u>Her</u>-vor-<u>he</u>-bung *oder* Her -vor- he -bung

■ Notizen zur Lösung

- syllabische Textverteilung (Ausnahme: „<u>me</u>-o" und „<u>me</u>-is")
- geringer Umfang (Quinte g–d^1)
- Sekundschritte, zweimal Terzen („Di-<u>xit</u> <u>Do</u>-minus"; „dex-<u>tris</u> <u>me</u>-is")
- Psalmmodell erkennbar: Initium („Di-xit"), Rezitationston („Do-mi-nus Do-mi-no"), Mediatio („me-o"), Rezitationston („Se-de a dex-tris"), Terminatio („me-is")
- lateinische Sprache
- Psalmtext (Psalm 110)

■ Lösungsvorschlag

Di - xit Do - mi - nus Do - mi - no me - o: Se - de a dex-tris me - is.

Das vorliegende Notenbeispiel *Dixit Dominus* weist deutliche Merkmale einer Psalmodie auf. Ein Merkmal ist bereits der Text, der den **Psalm 110** in **lateinischer Sprache** zum Inhalt hat.

Deutlich sichtbar sind auch die musikalischen Merkmale einer Psalmodie. Die **Textverteilung** ist nahezu durchgehend **syllabisch**. Ausnahmen bilden lediglich die Zweitongruppen bei den Silben „<u>me</u>-o" und „<u>me</u>-is". Die Melodie verläuft fast ausschließlich in Sekunden, zweimal sind Terzen verwendet („Di-<u>xit</u> <u>Do</u>-minus"; „dex-<u>tris</u> <u>me</u>-is"). Der **Tonumfang** ist auf das Intervall der Quinte von g bis d^1 beschränkt und kennzeichnet durch den verhältnismäßig **geringen Ambitus** ebenfalls eine Psalmodie. Ein offenkundiges Spezifikum zeigt sich in der Übernahme des festen **Melodieschemas** mit der Abfolge Initium, Rezitationston, Mediatio, Rezitationston und Terminatio. Die ersten beiden Töne bei „Di-xit" fungieren im vorliegenden Notenbeispiel als Initium und führen zum Rezitationston „Do-mi-nus Do-mi-no" hin. Bei „me-o" schließt sich die Mediatio an. Es folgt mit „Se-de a dex-tris" ein weiterer Rezitationston mit Abweichung nach unten („<u>dex</u>-tris"), der mit der Terminatio „me-is" beendet wird. *(Alternativ ist auch die Zuordnung des Wortes „dextris" zur Terminatio möglich.)*

Übungsaufgaben

2 Übertragen Sie den Gregorianischen Choralabschnitt *Beatus vir* (mit Text) in die heute übliche Notenschrift. Weisen Sie in diesem Choralabschnitt Merkmale einer Psalmodie nach!

Beatus Vir (Psalm 112)

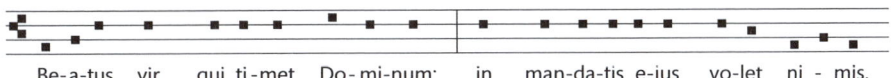

Be-a-tus vir qui ti-met Do-mi-num: in man-da-tis e-ius vo-let ni - mis.

Quelle: liber usualis (geringfügige Änderungen durch die Autorin); Übersetzung: Wohl dem Mann, der den Herrn fürchtet und ehrt und sich herzlich freut an seinen Geboten.

3 Übertragen Sie den Gregorianischen Choralabschnitt *Laetatus sum* (mit Text) in die heute übliche Notenschrift. Zeigen Sie, dass der Choral *Laetatus sum* Merkmale einer Psalmodie aufweist!

Laetatus sum (Psalm 122)

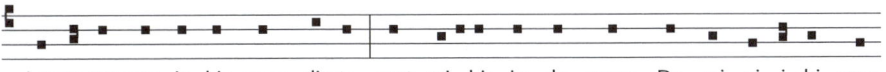

Lae-ta-tus sum in his quae dic-ta sunt mi - hi: in do - mum Do - mi - ni i - bi - mus.

Quelle: liber usualis (geringfügige Änderungen durch die Autorin); Übersetzung: Ich freute mich, als man mir sagte: „Zum Haus des Herrn wollen wir pilgern."

4 Übertragen Sie den Gregorianischen Choralabschnitt *Nisi Dominus* (mit Text) in die heute übliche Notenschrift. Weisen Sie in diesem Choralabschnitt Merkmale einer Psalmodie nach!

Nisi Dominus (Psalm 127)

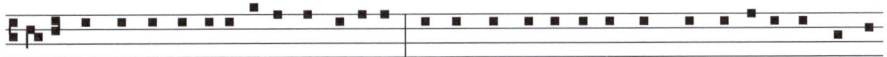

Ni-si Do-mi-nus ae-di-fi-ca-ve-rit do-mum, in va-num la-bo-ra-ve-runt qui ae-di-fi-cant e-am.

Quelle: liber usualis (geringfügige Änderungen durch die Autorin); Übersetzung: Wenn nicht der Herr das Haus baut, müht sich jeder umsonst, der daran baut.

 Ps. 126: Nisi Dominus; Studio di Giovanni Vianini, Milano, It. *(youtube, ab 0:57)*

■ Jubilus

Als Jubilus wurde ursprünglich die **kunstvolle Verzierung der letzten Silbe „a"** des Halleluja (vgl. Beispiel b) bezeichnet, später galt diese Bezeichnung allgemein für ein längeres Melisma auf einem Vokal (vgl. Beispiele a, c und d).

Kennzeichen für einen Jubilus sind **melismatische Textverteilung** (mehrere Töne pro Silbe), **großer Tonumfang** und **sprunghafte Melodik**.

Beispiel Jubilus-Beispiele

Quelle: Liber usualis (geringfügige Änderungen durch die Autorin)

Beispielaufgabe

Nachweis der Merkmale von Psalmodie und Jubilus

Psalmodie und Jubilus sind zwei unterschiedliche Ausdrucksformen in Bezug auf die musikalische Umsetzung des Textes. Weisen Sie anhand geeigneter Merkmale beide Ausdrucksformen im vorliegenden Abschnitt des Gregorianischen Chorals *Immolabit haedum* nach!

Immolabit haedum (Exodus 12,6)

Immo-lábit haé - dum multi-túdo fi- li- ó-rum Isra - el ad vé- spe-ram Páschae

Quelle: liber usualis (geringfügige Änderungen durch die Autorin); Übersetzung: Gegen Abend soll die ganze versammelte Gemeinde Israel die Lämmer schlachten

Canto Gregoriano IMMOLABIT HAEDUM, Reponsorio, Pasqua *(youtube, ab 0:37)*

■ Erschließen der Aufgabenstellung

Der Operator „**Weisen Sie nach**" erfordert immer einen exakten Beleg der entsprechenden Stelle am Notentext. Sie sollen im vorgegebenen Notenbeispiel Merkmale von Psalmodie und Jubilus finden und diese übersichtlich und nachvollziehbar belegen. Empfehlenswert ist es, die Wörter bzw. Silben des Textes zu nennen, um die Stellen, die Sie beschreiben, zu kennzeichnen. Zusätzlich können Sie sie durch eine Markierung (z. B. Unterstreichung, Umrandung o. Ä.) hervorheben.

Geeignete **Unterscheidungsmerkmale** sind syllabische Textverteilung, kleiner Tonumfang und schrittweiser Melodieverlauf für die Psalmodie bzw. melismatische Textverteilung, großer Tonumfang und sprunghafter Melodieverlauf für den Jubilus.

TIPP

Melismatisch gestaltete Silben sind ein augenscheinliches Merkmal des Jubilus. Markieren Sie daher die Silben, die aufgrund ihrer **melismatischen Ausschmückung** auffallen. Legen Sie eine Tabelle an und halten Sie weitere Merkmale des Jubilus (**großer Ambitus**, **Sprünge**) in diesen Melismen fest. Untersuchen Sie anschließend die verbleibenden syllabischen Abschnitte und tragen Sie die Ergebnisse ebenfalls in Ihre Tabelle ein. Merkmale, die nicht zum Nachweis geeignet sind (z. B. geringer Tonumfang und/ oder schrittweise Melodik bei einem Melisma bzw. großer Tonumfang und/oder sprunghafte Melodik bei syllabischer Textverteilung) müssen Sie nicht notieren bzw. können Sie streichen.

Mittelalter

■ **Notizen zur Lösung**

	Textstelle Unterstreichungen markieren Melismen	**Text- verteilung**	**Tonumfang** bezieht sich auf melismatischen bzw. syllabischen Abschnitt	**Melodik**
Jubilus	haé-dum*	kleines Melisma	Quarte (c–f)*	Sekundschritte u. Terzschritt abwärts
	Isra-el	Melisma	Septime (d–c^1)	Sekundschritte u. Sprünge (Quintsprung aufwärts, Quartsprung abwärts)
	ad	kleines Melisma	große Terz (f–a)	Sekundschritte
	vé-spe-ram	kleines Melisma	Quinte (d–a)	Sekundschritte u. Quintsprung abwärts
	Páschae	kleines Melisma	kleine Terz (d–f)	Sekundschritte u. Terzschritte abwärts
Psalmodie	Immo-lábit	Syllabik (mit Zweitongruppen)	Sekunde (c–d)	Sekundschritte
	Multi-túdo fi-li-ó-rum	Syllabik (mit Zweitongruppen)	Quinte (c–g)	Sekundschritte u. Terzschritt auf- und abwärts
	(vé)-spe-ram	Syllabik (mit Zweitongruppe)	Sekunde (c–d)	Sekundschritte

* Nicht geeignete Merkmale sind kursiv geschrieben.

Anmerkung: *Die Untersuchung ist kleinschrittig erfolgt, z. T. Wort für Wort; Tongruppen von mindestens drei Tönen sind hier als Melisma bezeichnet, ab dem Intervall Quinte ist der Ambitus als groß eingestuft. Beachten Sie diesbezüglich in jedem Fall die Vorgaben der Kursleiter!*

■ **Lösungsvorschlag**

Der Gregorianische Choral *Immolabit haedum* besitzt **Merkmale von Psalmodie und Jubilus**. Merkmale einer Psalmodie sind syllabische Textverteilung, kleiner Tonumfang und schrittweise Melodik. Merkmale eines Jubilus sind melismatische Textverteilung, großer Tonumfang und sprunghafte Melodik.

Offensichtliches Merkmal eines Jubilus ist die melismatische Ausschmückung von Silben. Im vorliegenden Notenbeispiel finden sich zunächst **vier kleine Melismen:** das Melisma bei „hae-dum" mit dem Tonumfang einer Quarte (c–f), das Melisma „ad", das Melisma „vé-speram" mit dem Tonumfang einer Quinte (d–a) mit einem abschließenden Quintsprung abwärts sowie das Melisma „Páschae". Neben diesen vier kleineren Melismen fällt besonders die **melismatische Gestaltung bei „Isra-el"** auf. Hier beträgt der Tonumfang eine Septime (d–c^1). Nach dem Quintsprung aufwärts folgt ein Terzschritt aufwärts, an den sich ein Quartsprung abwärts anschließt.

Merkmale einer Psalmodie sind erkennbar bei „Immo-lábit". Die **Textverteilung ist syllabisch**, lediglich bei „Immo-lábit" finden sich Zweitongruppen. Der Tonumfang beträgt eine Sekunde (c–d), die Melodik verläuft in **Sekundschritten**. Merkmale einer Psalmodie zeigen sich auch bei „multi-túdo fi-li-ó-rum". Hier ist die Textverteilung bis auf die Zweitongruppen „multi-túdo fi-li-ó-rum" ebenfalls syllabisch und die Melodik verläuft in Sekundschritten bis auf einen Terzschritt aufwärts bei „multi-túdo" und einen Terzschritt abwärts bei „multi-túdo". Eine dritte Stelle im vorliegenden Notenbeispiel, bei der Merkmale einer Psalmodie nachweisbar sind, ist bei „(vé-)sper-am" zu sehen. Die Textverteilung ist bis auf die Zweitongruppe „(vé-)sper-am" syllabisch, der Tonumfang eine Sekunde (c–d), melodisch ergibt sich ein Sekundschritt.

Übungsaufgaben

5 Psalmodie und Jubilus sind zwei unterschiedliche Ausdrucksformen in Bezug auf die musikalische Umsetzung des Textes. Weisen Sie anhand geeigneter Merkmale beide Ausdrucksformen im vorliegenden Abschnitt des Gregorianischen Chorals *Ego sum* nach!

Ego sum (Evangelium des Johannes, Kapitel 6, Vers 51)

Quelle: liber usualis (geringfügige Änderungen durch die Autorin); Übersetzung: Ich bin das lebendige Brot, das vom Himmel herabgekommen ist. Wer von diesem Brot isst, wird in Ewigkeit leben.

6 Psalmodie und Jubilus sind zwei unterschiedliche Ausdrucksformen in Bezug auf die musikalische Umsetzung des Textes. Weisen Sie anhand geeigneter Merkmale beide Ausdrucksformen im vorliegenden Abschnitt des Gregorianischen Chorals *Da pacem, Dómine* nach!

Da pacem, Dómine (Jesus Sirach 36/21)

Quelle: liber usualis (geringfügige Änderungen durch die Autorin); Übersetzung: Gib allen ihren Lohn, die auf dich hoffen, und bestätige so deine Propheten! Ich freute mich, als man mir sagte: „Zum Haus des Herrn wollen wir pilgern."

 Introito canto Gregoriano DA PACEM DOMINE SUSTINENTIBUS
(youtube, „Laetatus sum" ab 1:42)

7 Psalmodie und Jubilus sind zwei unterschiedliche Ausdrucksformen in Bezug auf die musikalische Umsetzung des Textes. Weisen Sie anhand geeigneter Merkmale beide Ausdrucksformen im vorliegenden Abschnitt des Gregorianischen Chorals *Non secúndum* nach!

Non secúndum (Psalm 102, 10)

Quelle: liber usualis (geringfügige Änderungen durch die Autorin); Übersetzung: Er handelt nicht mit unseren Sünden und vergilt uns nicht unsere Missetat

Hintergrundwissen: Modale Tonarten (Kirchentonarten)

Die Tonreihe heißt **Modus**, der Schlusston **Finalis**. Die Tonarten haben folgende Bezeichnungen: dorisch, phrygisch, lydisch, mixolydisch und aeolisch. Man unterscheidet **authentische** und **plagale Tonarten**. Letztere erhalten den Zusatz „Hypo-" (z. B. hypo-dorisch, hypo-phrygisch), wobei sich der Ambitus um eine Quarte nach unten verschiebt. Sie besitzen aber denselben Finalis (in der Mitte der Skala) wie die entsprechenden authentischen Tonarten.

Die Unterscheidung der Modi erfolgt anhand der **Halbtonschrittverteilung** und des Ambitus. Die Kirchentonarten können transponiert werden. Zur Bestimmung der Tonarten müssen die Halbtöne bestimmt werden. Die Übersicht zeigt die authentischen Tonarten, die Markierungen kennzeichnen die Halbtöne:

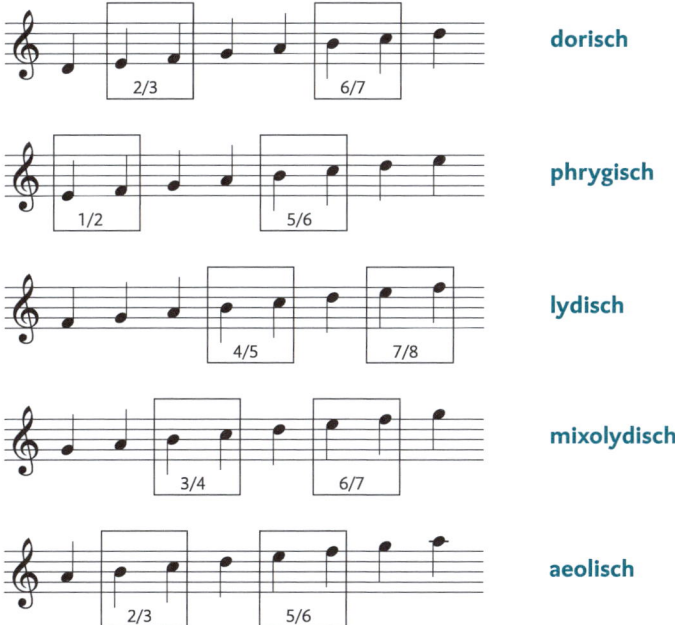

Renaissance

■ Einblick in die Epoche

Die Musik der Renaissance umfasst in etwa den Zeitraum des **15. und 16. Jahrhunderts**. Während im Mittelalter Musik und Liturgie eine Einheit bildeten – quasi als Symbol für die Einheit von Gott und Mensch –, steht in der Renaissance der Mensch im Mittelpunkt. Dies führt zu einem veränderten Schönheitsideal und Naturbild, das sich auch in der Musik widerspiegelt. Der Musik kommt die Aufgabe zu, bei den Menschen Emotionen auszulösen und/ oder anzusprechen.

In der **geistlichen Musik** finden sich zwei große Gattungen: die Messe und die Motette. Die **Motette** ist ein mehrstimmiges geistliches Chorwerk in lateinischer Sprache. Im Mittelalter bildete meist ein auf einem gregorianischen Choral basierender cantus firmus die Grundlage der Motette. Die klassische Motette der Renaissance folgt in ihrem Aufbau jedoch nun den Sinnabschnitten der Textstruktur. Dabei kann jeder Abschnitt sein eigenes musikalisches Thema **(sogetto)** aufweisen. Das Prinzip der Durchimitation, d. h., die Wiederholung eines sogetto in allen Stimmen, löst die Verwendung des cantus firmus ab. Dadurch ist die Gleichberechtigung aller Stimmen erreicht.

Die **Messe** erfährt in der Renaissance in ihrer kunstvollen Ausgestaltung einen Höhepunkt und erhält eine zentrale Stellung. Waren im ausgehenden Mittelalter lediglich einzelne Teile einer Messe komponiert worden, werden nun neben den festen Bestandteilen der Heiligen Messe (ordinarium missae bzw. **Ordinarium**) auch die entsprechend dem Kirchenjahr wechselnden Teile (proprium missae bzw. **Proprium**) vertont.

Auf der Suche nach Möglichkeiten, große Räume mit Klang zu füllen, werden ein oder mehrere im Raum verteilte Chöre mit unterschiedlichen Funktionen eingesetzt. Der Markusdom in Venedig z. B. begünstigte durch seine Architektur ein solches Vorgehen und es entsteht die sogenannte venezianische **Mehrchörigkeit**. Der Chor kann auch instrumental besetzt sein, weshalb dies musikgeschichtlich als **Beginn der Instrumentalmusik** angesehen wird. Aus dieser Musikpraxis entwickelt sich später u. a. das Concerto grosso (vgl. S. 67).

Ebenso wie die geistliche Musik wird auch die **weltliche Musik** in der Renaissance als Gesamtkunstwerk konzipiert. Es entstehen zahlreiche, zum Teil national unterschiedliche weltliche Gattungen, die sich im Lauf der Epoche weiterentwickeln, zu Wegbereitern für Neues werden oder selbst dieses Neue sind. Beispiele für neue Gattungen sind u. a. Canzone, Villanella, Frottola, Ballade, Suite, Chanson, Ayre, Deutsches Chorlied, Madrigal, Ricercar oder der Proportionskanon. Bei letzterem werden unterschiedliche Mensur-/Maßangaben für eine Melodie angegeben, weshalb sich – als Kanon ausgeführt – ein komplexer polyphoner Satz ergibt.

Die **Melodik** der Musik dieser Zeit ist eng an die Aussage und den **Affekt** (Inhalt und Charakter) des jeweiligen Textes gebunden. Unterstützt wird dies durch die Verwendung von **Madrigalismen** (Textausdeutung durch harmonische, melodische und/oder rhythmische Phrasen) und **tonmalerischen Effekten**. In vielen Werken ist Tonsymbolik zu finden, deren Effekt nur von Kennern bewusst wahrgenommen wird, weshalb diese Werke als **„musica riservata"** (für Kenner „reserviert") bezeichnet werden. Diese musikalische Gestaltung und Verstärkung der Texte in der Renaissance findet ihre Fortsetzung in der Affekten- und Figurenlehre des Barock.

Die **Harmonik** der Musik des 15./16. Jahrhunderts entsteht aus der linearen Anlage der Werke. Terzen und Sexten unterstützen das Streben nach dem Schönheitsideal der Renaissance. Besonders in Italien wird die Harmonik durch eine Häufung von Dissonanzen mittels einer raffinierten Chromatik bereichert.

In der **Rhythmik** kommt es zu Vereinfachungen: Isorhythmie (die Wiederholung einer rhythmischen Struktur in verschiedenen Abschnitten) und Mehrtextigkeit treten vollständig zurück.

Die Notation erfolgt als **Mensuralnotation**, die bereits im späten Mittelalter gebräuchlich war. Durch diese Notationsform ist eine genaue Festlegung des Rhythmus möglich. Der ursprünglich dreizeitige Grundrhythmus wird in der Renaissance zunehmend durch den zweizeitigen ersetzt. Bedingt u. a. durch die Verwendung von dünnerem Papier werden die Notenwerte zum Teil lediglich schwarz umrandet, daher auch die Bezeichnung „weiße Mensuralnotation".

Wichtige Komponisten der Epoche der Renaissance sind z. B. Thoinot Arbeau, Jakob Arcadelt, Antoine Brumel, William Byrd, Thomas Campion, Jacobus Clemens non Papa, Josquin Desprez, John Dowland, Guillaume Dufay, John Dunstable, Melchior Franck, Andrea Gabrieli, Giovanni Gabrieli, Carlo Gesualdo, Hans Leo Hassler, Heinrich Isaac, Clément Janequin, Orlando di Lasso, Thomas Morley, Cristóbal de Morales, Johannes Ockeghem, Giovanni da Palestrina, Ottaviano Petrucci, Francis Pilkington, Michael Praetorius, Philip Rosseter, Ludwig Senfl, Jan Pieterszoon Sweelinck, Tomás Luis de Victoria, John Wilbye, Adrian Willaert, Gioseffo Zarlino.

Madrigal

Das Madrigal ist ein **weltliches Chorstück** mit in der Regel vier bis sechs Stimmen in italienischer Sprache. Kennzeichen sind **Madrigalismen** und **tonmalerische Effekte**, die den Ausdrucksgehalt des Textes verstärken. Jeder einzelne Textabschnitt besitzt sein eigenes musikalisches Thema **(sogetto)**, das kunstvoll verarbeitet ist. Der **Wechsel von homophonen und polyphonen Passagen** sowie eine **komplizierte Harmonik**, teilweise mit chromatischen Elementen, ist ebenfalls typisch für Madrigale. Bekannte Komponisten sind u. a. William Byrd, Andrea und Giovanni Gabrieli, Carlo Gesualdo, Orlando di Lasso, Giovanni Pierluigi da Palestrina, John Wilbye und Adrian Willaert.

Das Gegenstück zum Madrigal in der geistlichen Musik ist die Motette.

Im Musikunterricht der Oberstufe ist die Analyse eines Madrigals ein wichtiger Bestandteil. Üblich sind Aufgaben hinsichtlich des formalen Aufbaus, der Satztechnik sowie der musikalischen Gestaltung im Allgemeinen als auch in Verbindung zum Textinhalt, zu einzelnen Wörtern und/oder Textpassagen.

Beispiel Verbindung von Textinhalt und musikalischer Gestaltung

Quelle: Carlo Gesualdo: Madrigale (geringfügige Änderungen durch die Autorin)

Madrigal 23

Beispielaufgabe

Gliedern eines Madrigals und Beschreiben der Satztechnik

Gliedern Sie das Madrigal *Itene, o miei sospiri* von Carlo Gesualdo in sinnvolle Abschnitte und beschreiben Sie die Satztechnik der einzelnen Abschnitte im Überblick!

Notenbeispiel 1 (S. 1):
CARLO GESUALDO: *Itene, o miei sospiri* (V. Madrigalbuch, Nr. 3)

Carlo Gesualdo – Madrigals, Book 5 *(youtube, ab 6:24)*

■ **Erschließen der Aufgabenstellung**

Die Aufgabenstellung ist zweigeteilt. Der **Operator „Gliedern Sie"** erfordert, das angegebene Notenbeispiel bzw. eines benannten Ausschnitts daraus in **Abschnitte einzuteilen**. Es empfiehlt sich eine Bezeichnung mit Großbuchstaben (A, B, C etc.), damit eine klare und übersichtliche Abgrenzung zu Taktangaben mit Ziffern gewährleistet ist. Für identische Abschnitte verwenden Sie gleiche Buchstaben, ähnliche Abschnitte können Sie z. B. mit A' benennen. Die Gliederung in Abschnitte erfordert den exakten Beleg der entsprechenden Stelle am Notentext, wobei die **Taktangabe**, ggf. auch die **Angabe der Stimme** notwendig ist. Empfehlenswert kann es unter Umständen sein, zusätzlich zu den Taktzahlen die Wörter bzw. Silben des Textes als genaue Angabe der jeweiligen Stelle zu nennen, da gerade in polyphonen Abschnitten die einzelnen Stimmeinsätze auf unterschiedlichen Zählzeiten erfolgen. Zur besseren Übersicht ist es ratsam, die Abschnitte auch im Notentext einzuzeichnen.

Der **Operator „Beschreiben Sie"** verlangt die Darstellung der Satztechnik in den einzelnen Abschnitten als **zusammenhängenden Text**. Aufgrund des Zusatzes „im Überblick" in der Aufgabenstellung ist eine detaillierte Analyse der einzelnen Abschnitte im Allgemeinen nicht erforderlich.

---TIPP---

Da zum einen die Gliederung in sinnvolle Abschnitte, zum anderen die Beschreibung dieser Abschnitte hinsichtlich der Satztechnik erforderlich ist, ist es durchaus sinnvoll, die **satztechnische Anlage** bereits bei der Einteilung in Abschnitte zu beachten. Die Einteilung des Textes in Verse – der Text und die Übersetzung ist beim Notenbeispiel üblicherweise angegeben – sollten Sie ebenfalls im Blick haben, da sich der Komponist in der Regel an dieser orientiert.

Renaissance

■ **Notizen zur Lösung**

	Takt	Textabschnitt	Satztechnik Überblick	Satztechnik detailliert
A	1 mit 2	Itene, o miei sospiri	homophon	–
B	3 mit 10	Precipitate 'l volo	polyphon	Imitation: T. 3–8: S1, S2, A, T, B Stimmkopplungen: T. 8/9: S2/B und S1/A
C	11 mit 16	A lei	homophon	gleicher Rhythmus S1/S2/T bzw. A/B
		che m'é cagion		homophon
		d'aspri martiri	homophon	Kopplung S1/A, S2 Komplementärrhythmik
			polyphon	T. 15/16 mit Auftakt: versetzte Einsätze (B/T und S1/S2)
D	17 mit 22	Ditele, per pietá	homophon	T. 17/18: S2/T/B homophon, A komplementär T. 19/20: S1/A/B homophon, T in T. 20; S2 komplementär (vgl. A in T. 17/18)
		del mio gran duolo	Ansätze zu polyphoner Gestaltung	T. 21/22: kontrapunktisches Auslaufen des Abschnitts
E	23 mit 24 (Zählzeit 2)	C'ormai ella mi sia	homophon	homophon (S2 Abweichung bei „C'ormai ella")
F	24 (Zählzeit 3) mit 30	Come bella	polyphon	T. 24/25: polyphon (Imitation) ab T. 26 z. T. Kopplung der Stimmen (T. 26: S1/A; T. 28: S2/T)
		ancor pia	homophon	T. 29/30: homophon (T29: S2/A/T/B, S1 pausiert; T. 30: S1/S2/A/B, T pausiert)
G	31 mit 33	Che l'amaro mio pianto	polyphon	T. 31: versetzte Einsätze in T/B/A
			homophone Stimmkopplung	T. 32: Kopplung S1/S2
H	34 mit 43	Cangerò, lieto, cangerò	homophon	T. 34/35: homophon (Einsatz S1 ab T. 35)
		lieto, in amoroso canto	polyphon	ab T. 35, 2. Hälfte (Taktwechsel): polyphon; T. 41 mit Auftakt: Kopplung S1/S2

Abkürzungen: T.: Takt; S1: Sopran 1; S2: Sopran 2; A: Alt; T: Tenor; B: Bass

■ **Lösungsvorschlag**

Das Madrigal *Itene, o miei sospiri* lässt sich in **acht Abschnitte** gliedern.

Der Abschnitt A („Itene, o miei sospiri") umfasst die Takte 1 und 2 und ist satztechnisch **homophon** gestaltet.

Es schließt sich ab Takt 3 bis einschließlich Takt 10 der Abschnitt B („Precipitate 'l volo") an. Geprägt ist dieser Abschnitt von **Polyphonie mit Stimmkopplungen** in Takt 8/9 zwischen Sopran 2 und Bass sowie zwischen Sopran 1 und Alt.

Abschnitt C („A lei che m'è cagion d'aspri martiri") besteht aus den Takten 11 mit 16. Zunächst beginnt dieser Abschnitt in **homophoner Anlage** durch die gleiche rhythmische Struktur in Sopran 1, Sopran 2 und Bass sowie einer Kopplung von Alt und Bass und mündet in reine **Homophonie** am Ende des Taktes 12. Ab Takt 13 wird die homophone Anlage fortgeführt durch die Stimmkopplung von Sopran 1 und Alt, während Sopran 2 komplementär geführt ist. Ab Takt 15 mit Auftakt finden sich **Ansätze zur Polyphonie durch versetzte Einsätze** von Bass/Tenor sowie Sopran 1/Sopran 2.

Abschnitt D („Ditele, per pietà, del mio gran duolo") setzt sich aus den Takten 17 mit 22 zusammen. Dieser Abschnitt beginnt **zunächst weitgehend homophon**, zeigt ab Takt 21 **Ansätze zur Polyphonie** und läuft **kontrapunktisch** aus.

Die Takte 23 mit 24 stellen den homophon gestalteten Abschnitt E („C' ormai ella mi sia") dar.

Abschnitt F („Come bella ancor pia"), der in Takt 24 beginnt, ist **zunächst polyphon** strukturiert und enthält dabei auch Kopplungen einzelner Stimmpaare: so zum Beispiel Sopran 1 und Alt in Takt 27 und Sopran 2 und Tenor in Takt 28. Ab Takt 29 ist die Satzanlage **homophon**.

Die Takte 31 mit 33 bilden Abschnitt G („Che l'amaro mio pianto"). Hier finden sich **imitatorisch versetzte Einsätze** von Tenor, Bass und Alt, die in Takt 32 von der homophonen Stimmkopplung zwischen Sopran 1 und Sopran 2 abgerundet werden.

Abschnitt H („Cangerò, lieto, in amoroso canto") erstreckt sich von Takt 34 bis 43. In den ersten eineinhalb Takten dieses Abschnitts ist der Satz **homophon** gestaltet, wobei Sopran 1 verspätet hinzutritt. Ab der zweiten Hälfte von Takt 35 (Taktwechsel) werden die Stimmen **polyphon** geführt, lediglich in Takt 41 findet sich eine Kopplung von Sopran 1 und Sopran 2. Der Abschnitt H wird komplett wiederholt.

26 | Renaissance

Beispielaufgabe

Aufzeigen der Verbindung von Textinhalt und musikalischer Gestaltung

Zeigen Sie an drei unterschiedlichen Beispielen die Verbindung zwischen Textinhalt und musikalischer Gestaltung im Madrigal *Itene, o miei sospiri* von Carlo Gesualdo!

> **Notenbeispiel 1 (S. 1):**
> CARLO GESUALDO: *Itene, o miei sospiri* (V. Madrigalbuch, Nr. 3)

Carlo Gesualdo – Madrigals, Book 5 *(youtube, ab 6:24)*

■ Erschließen der Aufgabenstellung

Der **Operator „Zeigen Sie"** erfordert hier, Beispiele für die Verbindung zwischen Textinhalt und musikalischer Gestaltung am Notentext zu belegen. Hierzu ist sowohl die **Angabe der Takte** mit exakter Zählzeit als auch die der jeweiligen **Stimme** erforderlich. Empfehlenswert bei Vokalwerken ist es, zusätzlich die entsprechenden Wörter bzw. Silben zur eindeutigen Zuordnung anzuführen. Stellen Sie die Verbindung zwischen Textinhalt und musikalischer Gestaltung her, indem Sie zunächst die **Aussage des Textes** interpretieren. Belegen Sie anschließend diese Interpretation am Notentext, indem Sie geeignete **musikalische Gestaltungsmerkmale** aufzeigen.

Beispiele für die Verbindung von Textinhalt und musikalischer Gestaltung können sich bei einzelnen Schlagwörtern oder ganzen Textpassagen finden. Die musikalische Gestaltung kann sich dabei auf eine einzelne Stimme beziehen (auffällige melodische und/oder rhythmische Elemente) als auch auf mehrere Stimmen (markante harmonische und satztechnische Elemente).

> **Anmerkung:** *Je nach Vorgabe der Kursleiter wird von Ihnen ein zusammenhängender Text erwartet.*

TIPP

Wählen Sie markante **Textbeispiele**, die eindeutig sind und **auffällige musikalische Gestaltungsmerkmale** aufweisen.

■ Notizen zur Lösung

Textpassage	Übersetzung/Textinhalt	musikalische Gestaltung Auswahl
„sospiri" (T. 2)	„Seufzer"	in allen Stimmen: Pausen und gewagte Harmonik (f – A – D); Chromatik aufwärts in S1
„volo" (T. 4, zweite Hälfte S1, mit T. 10)	(eilend im) „Flug"	in allen Stimmen: kleine Notenwerte (Achtel/Sechzehntel), melismatische Ausschmückung, insgesamt aufwärts gerichtet; T. 4 (zweite Hälfte) mit T. 6: zunächst aufwärts, dann abwärts gerichtet in S1 T. 5 mit T. 6: wellenförmig in S2 T. 9/10: aufwärts gerichtet mit Quartsprung abwärts in S1
„d'aspri martiri" (T. 13 mit 16)	„herbe Qualen"	in allen Stimmen: abwärts gerichtete Linie in langen Notenwerten, z. T. Halbtonschritte
„mio grand duolo" (T. 21 zweite Hälfte und T. 22)	„mein großer Schmerz"	Bass in langen Notenwerten mit Tonwiederholung; abwärts gerichtete Melodik in S1/S2 in Sekundschritten
„bella" (T. 25 mit 29)	„schön"	in allen Stimmen: Melisma in kleinen Notenwerten
„Cangerò, lieto, cangerò" (T. 34/35)	„verwandeln, fröhlich, verwandeln"	in allen Stimmen: Ansätze zu Chromatik kühne Harmonik, auf jeder Silbe wechselnd: Es – c – E – a – B – g – H – e (Ausnahme: „lieto", T. 34: gleiche Harmonik bei beiden Silben)
„canto" (T. 36–43)	„(Liebes-)gesang" (Zerrissenheit zwischen Zweifel und Hoffnung)	Melisma in kleinen Notenwerten: abwärts gerichtet (außer T. 38 zweite Hälfte/39 und T. 41 mit Auftakt: Alt aufwärts), Oktavumfang (außer Septime T. 37 m. Auftakt: S2), z. T. mit Oktavsprung aufwärts (z. B. T. 36: S1; T. 39: T; T. 40: S2) aufwärts gerichtet, Oktavumfang mit abschließender Abwärtsbewegung (z. B. T. 38/39: A; T. 40/41: A)

Anmerkung: Großbuchstaben: Dur; Kleinbuchstaben: Moll
Abkürzungen: T.: Takt; S1: Sopran 1; S2: Sopran 2; A: Alt; T: Tenor; B: Bass

■ Lösungsvorschlag

Die Verbindung zwischen Textinhalt und musikalischer Gestaltung zeigt sich gleich zu Beginn des Madrigals in Takt 2 bei dem Wort „sospiri". Gesualdo zerteilt das Wort durch **Pausen im Chorsatz**. Die einzelnen Silben des Wortes werden mit jeweils **anderer Harmonik** versehen (f–A–D). Die Melodik in Sopran 1 ist **chromatisch** aufwärts geführt (c–cis–d). Dadurch findet die Bedeutung des Wortes „sospiri" (= Seufzer) in der Musik eindrucksvoll ihre Entsprechung.

In den Takten 4, zweite Hälfte (Sopran 1), mit 10 des Madrigals fällt die musikalische Gestaltung des Wortes **„volo"** auf. Der „Flug" wird in allen Stimmen durch die **melismatische Ausschmückung** des Wortes in kleinen Notenwerten (Achtel- und z. T. Sechzehntelnoten) zum Ausdruck gebracht. Dabei ist die melodische Bewegung **insgesamt aufwärts** gerichtet.

Die „herben Qualen" (**„d' aspri martiri"**) in den Takten 13 mit 16 werden durch **lange Notenwerte** in einer z. T. in **Halbtonschritten abwärts** geführten Linie musikalisch verdeutlicht. Dies findet sich in allen Stimmen.

Die musikalische Gestaltung des Textinhaltes **„mio gran duolo"** in den Takten 21 (zweite Hälfte) und 22 zeigt im Bass durch **ganze Notenwerte** (e–e–e–d) und die **dreimalige Wiederholung** des Tones e die Größe des Schmerzes. Sopran 1 und Sopran 2 unterstützen diese Charakterisierung durch die **abwärts gerichtete Melodik** in Sekundschritten.

Im Verlauf der Takte 25 bis 29 ist die Bedeutung des Wortes „bella", das sich in **polyphoner Satztechnik** durch alle Stimmen zieht, durch ein vornehmlich in Achtelnoten verlaufendes **Melisma** veranschaulicht und als bedeutsam hervorgehoben. Hier wird die Beschreibung der Angebeteten als „schön" augenscheinlich herausgestellt.

Eine besondere Verbindung zwischen Textinhalt und musikalischer Gestaltung findet sich in den Takten 34/35. Auffällig ist hier zunächst der **Taktwechsel**, der das Verwandeln („cangerò") deutlich aufzeigt. Des Weiteren wird dieses Verwandeln, das im Text wiederholt wird („Cangerò, lieto, cangerò") und dadurch in seiner Bedeutung hervorgehoben ist, durch die **ungewöhnliche Harmoniefolge** illustriert. Diese wechselt auf jeder Silbe (Es–c–E–a–B–g–H–e). In diesem raschen Harmoniewechsel wird lediglich das Wort „lieto" quasi als Ruhepol in der Verwandlung in beiden Silben mit derselben Harmonik (a) versehen. Die „fröhliche Verwandlung" wird zusätzlich in ihrer Aussagekraft durch die **Aufwärtsbewegung** mit Ansätzen zur Chromatik bei **„cangerò, lieto"** verstärkt, Sopran 1 folgt analog einen Takt später.

Im weiteren Verlauf fällt das Wort „canto" auf (T. 36–43). Hier verwendet Gesualdo zur Verdeutlichung des „(Liebes-)gesangs" in allen Stimmen **Melismen** in kleinen Notenwerten. Diese sind mehrheitlich abwärts gerichtet und umfassen bis auf Sopran 2 (T. 37) den Tonraum einer Oktave. Auffallend hierbei ist der abschließende Oktavsprung nach oben in Sopran 1 (T. 36), im Tenor (T. 39) sowie in Sopran 2 (T. 40). Eine Aufwärtsbewegung des Melismas auf dem Wort „canto" ist im Alt in den Takten 38/39 und 41 festzustellen, die mit einem abschließenden Quart- bzw. Quintsprung abwärts endet. Diese **gegensätzliche Gestaltung** des Wortes durch **Ab- bzw. Aufwärtsbewegungen** verdeutlicht die im Text angedeutete Zerrissenheit zwischen Zweifel und Hoffnung.

Übungsaufgaben

8 Gliedern Sie das Madrigal *O voi, troppo felici* von Carlo Gesualdo in sinnvolle Abschnitte und beschreiben Sie die Satztechnik der einzelnen Abschnitte im Überblick!

> Notenbeispiel 2 (S. 5):
> CARLO GESUALDO: *O voi, troppo felici* (V. Madrigalbuch, Nr. 12)

> Carlo Gesualdo – Madrigals, Book 5 *(youtube, ab 36:45)*

9 Zeigen Sie an drei unterschiedlichen Beispielen die Verbindung zwischen Textinhalt und musikalischer Gestaltung im Madrigal *O voi, troppo felici* von Carlo Gesualdo!

> Notenbeispiel 2 (S. 5):
> CARLO GESUALDO: *O voi, troppo felici* (V. Madrigalbuch, Nr. 12)

> Carlo Gesualdo – Madrigals, Book 5 *(youtube, ab 36:45)*

10 Gliedern Sie das Madrigal *Occhi del mio cor vita* von Carlo Gesualdo in sinnvolle Abschnitte und beschreiben Sie die Satztechnik der einzelnen Abschnitte im Überblick!

> **Notenbeispiel 3 (S. 8):**
> CARLO GESUALDO: *Occhi del mio cor vita* (V. Madrigalbuch, Nr. 9)

🎧 Carlo Gesualdo – Madrigals, Book 5 *(youtube, ab 25:20)*

11 Zeigen Sie an drei unterschiedlichen Beispielen die Verbindung zwischen Textinhalt und musikalischer Gestaltung im Madrigal *Occhi del mio cor vita* von Carlo Gesualdo!

> **Notenbeispiel 3 (S. 8):**
> CARLO GESUALDO: *Occhi del mio cor vita* (V. Madrigalbuch, Nr. 9)

🎧 Carlo Gesualdo – Madrigals, Book 5 *(youtube, ab 25:20)*

Chanson und Deutsches Chorlied

Die Chanson ist ein mehrstimmiges **weltliches Vokalwerk in französischer Sprache** und gilt als Gegenstück zur geistlichen lateinisch-sprachigen Motette. Die Melodik ist geprägt durch **volkstümliche Liedhaftigkeit**, die Texte sind meist wenig anspruchsvoll, z. T. findet sich eine effektvolle vokale Umsetzung von (Tier-)Stimmen, Geräuschen o. Ä. Eine Chanson kann dabei sowohl homophone als auch einfache polyphone Abschnitte enthalten.

Wichtige Vertreter sind u. a. Josquin Desprez, Guillaume Dufay, Clément Janequin, Guillaume de Machaut, Johannes Ockeghem.

Beispiel Einfache und volksliedhafte Melodik in homophoner Anlage

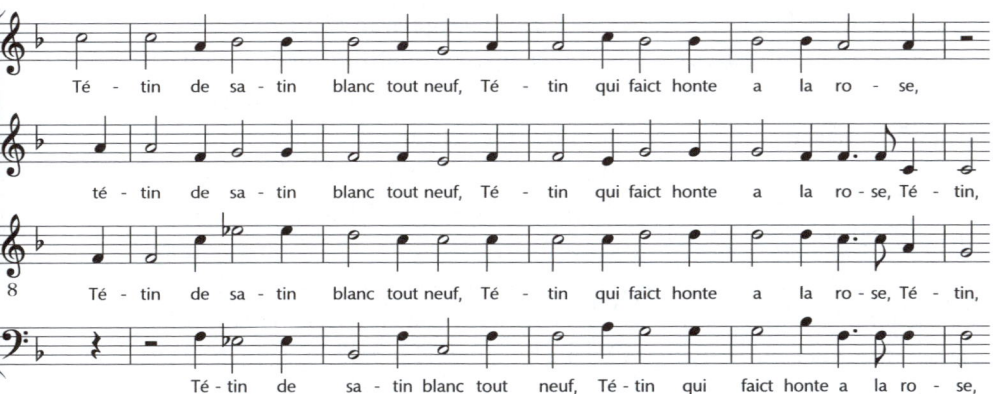

Quelle: Clément Janequin: Blaison du beau tétin

 Clement Janequin Un beau tétin (*youtube*)

Beispiel   Lautmalerische Effekte (hier: Kriegsgeräusche)

Quelle: Clément Janequin: La guerre

 La Guerre by Janequin 2008 Prom *(youtube)*

Das **Deutsche Chorlied** ist ebenfalls ein mehrstimmiges weltliches Vokalwerk, die Sprache ist Deutsch. Wie in der Chanson finden sich auch im Deutschen Chorlied einfache volksnahe Texte mit z. T. **lautmalerischen Effekten**. Häufig bilden Volkslieder oder Melodien mit **volkstümlichem Charakter** die Grundlage des musikalischen Materials, das zu Beginn der Entwicklung dieser Gattung im Tenor verarbeitet und von den anderen Stimmen kunstvoll umspielt wird. Daher stammt auch die Bezeichnung „**Tenorlied**". In der Folge wird die Melodie zunehmend auch in die Oberstimme übernommen und der Tenor als Hauptstimme mehr und mehr abgelöst, die Kontrapunktik wird durchsichtiger. Einfache Imitationen und Parallelführung von Stimmen sowie homophone Abschnitte kommen zum Einsatz. Der Chorsatz ist hinsichtlich der Ausdeutung des Textes gleichermaßen von **Schlichtheit** wie von **Farbigkeit** geprägt. Letztere wird mittels lautmalerischer Effekte oder subtil eingesetzter Darstellungsmittel erzielt. Dazu gehören z. B. überraschende Pausen oder bemerkenswerte Fermaten sowie die eigentümliche Gegenüberstellung von Stimmen oder Stimmpaaren o. Ä.

Bekannte Komponisten von Chorliedern sind u. a. Georg Forster, Heinrich Isaac, Orlando di Lasso und Ludwig Senfl.

Beispiele   **Lautmalerische Effekte (hier: Tierstimmen)**

Quelle: Lorenz Lemlin: Der Gutzgauch auf dem Zaune saß

 Deutsche Volkslieder aus drei Jahrhunderten *(youtube, ab 30:50)*

Lautmalerische Effekte (hier: Klänge)

Quelle: Ludwig Senfl: Das Geläut zu Speyer

 Das Geläut zu Speyer-Ludwig Senfl 1980 NDSU Concert Choir *(youtube)*

Beispielaufgabe

Erläutern von Lautmalerei im Deutschen Chorlied

 Erläutern Sie die lautmalerischen Effekte im Chorlied *Wohlauf, wohlauf, Jung und Alt* von Ludwig Senfl!

> **Notenbeispiel 4 (S. 12):**
> LUDWIG SENFL: *Wohlauf, wohlauf, Jung und Alt* (Kurtzweiliger guter frischer teutscher Liedlein, Theil II, Nr. 31)

 iTunes Music – Ludwig Senfl by Les Menestrels (Nr. 13: „Wohlauf, Wohlauf, Jung Und Alt", kostenloses Probehören T. 39 mit Auftakt bis T. 108)

■ **Erschließen der Aufgabenstellung**

Der **Operator „Erläutern Sie"** erfordert, dass Sie eine Behauptung/These mittels Beispielen aus dem Notentext veranschaulichen bzw. verdeutlichen. Sie müssen **passende Beispiele** finden, sie beschreiben und hinsichtlich ihrer **Bedeutung für die Behauptung/These erklären**. Der Operator „Erläutern Sie" beinhaltet also eigentlich zwei Operatoren, nämlich „Beschreiben Sie" (= ohne Wertung in Worte fassen, was dem Notentext entnehmbar ist) und „Erklären Sie" (= Zusammenhänge aufzeigen und werten/interpretieren). Stellen Sie Ihre Ergebnisse als zusammenhängenden Text dar.

Das Auftreten von lautmalerischen Effekten bildet die Behauptung/These der vorliegenden Aufgabenstellung. Lautmalerei, also die wirkungsvolle Nachahmung von Lauten, Geräuschen etc., kann z. T. mit satztechnischen oder formalen Auffälligkeiten kombiniert sein. Beschreiben und erklären Sie die **musikalische Gestaltung der Lautmalerei** und stellen Sie den **Bezug zum Text** des Chorliedes dar.

■ **Methodisches Vorgehen**

1. Markieren Sie die **lautmalerischen Effekte** im Notentext.
2. Beschreiben Sie in Ihrer Lösung die musikalische Gestaltung der Beispiele und erklären Sie diese. Hierzu müssen Sie den **Zusammenhang zum Text** herstellen und eine **Interpretation** vornehmen.
3. Gehen Sie **Takt für Takt oder Stimme für Stimme** durch. Welche Vorgehensweise zweckmäßiger ist, ergibt sich meist aus dem Notenbeispiel.
4. Beginnen Sie Ihre Lösung mit **einleitenden Worten**, in denen Sie den Inhalt des Textes und die lautmalerischen Effekte zusammenfassend benennen.

Notizen zur Lösung

Ab-schnitt	Beschreibung Auffälligkeiten	Erklärung Zusammenhang/Interpretation
44 bis 49	• z. T. Stimmpaarung (S/A, T/B) • z. T. kontrapunktische Ansätze • Syllabik in T/B, Syllabik und Melismatik in S/A • halbe und ganze Noten in T/B (bis T. 49); Achtel, Viertel und Halbe in S/A • Synkopen (S/A) • Dreiklangsbildungen • durchgehend A-Dur ab Takt 47, zweite Takthälfte Kadenzformel	Reaktion des Hunderudels auf Aufregung der Jäger (Mehrtextigkeit in den vorherigen Takten); Aufnahme der Witterung → aufgeregtes Durcheinanderbellen
56 bis 60	• homophon • Dreier-Takt • Ton- und Akkordwiederholungen (A-Dur) • Syllabik • Taktwechsel am Ende	Beruhigung der Hunde (folgt auf: „hernach ihr lieben Hund") → Gemeinschaft, Zusammenhalt, „lautes" Gebell
66 bis 70	• homophon • Dreier-Takt • Ton- und Akkordwiederholungen (A-Dur) • Syllabik • Taktwechsel am Ende	Hunde lassen sich nicht aus der Ruhe bringen, obwohl der Hirsch offensichtlich näherkommt („do lauft der edel Hirsch doher" ab T. 60) → Gemeinschaft, Zusammenhalt, „lautes" Gebell
81 mit 87	• z. T. kontrapunktische Ansätze (S/A) • Syllabik in T/B, Syllabik und Melismatik in S/A • halbe und ganze Noten in T/B, Achtel, Viertel und Halbe in S/A • Synkopen (S/A) • Dreiklangsbildungen • durchgehend A-Dur ab Takt 85, zweite Takthälfte/86 Kadenzformel	Jäger aufgeregt, Hirsch kommt näher („doher, doher, …") – Hunderudel aufgeregt; → aufgeregtes Durcheinanderbellen
98 bis 103	• homophon • Dreier-Takt • Ton- und Akkordwiederholungen (A-Dur) • Syllabik	Folgsamkeit und Konzentration des Hunderudels nach Lob („ihr lieben Hund' all!"); Erwartungshaltung → „lautes" Gebell, Gemeinschaft, Zusammenhalt

Abkürzungen: T.: Takt; S1: Sopran 1; S2: Sopran 2; A: Alt; T: Tenor; B: Bass

■ **Lösungsvorschlag**

Thema des Chorlieds *Wohlauf, wohlauf, Jung und Alt* von Ludwig Senfl ist eine Hirschjagd, bei der das **Bellen der Hunde** durch das Wort „Wuff" mehrfach lautmalerisch gleichzeitig in allen Stimmen umgesetzt und über mehrere Takte hinweg in den Text eingeschoben ist. Insgesamt sind **fünf Abschnitte** erkennbar, von denen sich zwei bzw. drei gleichen.

Der **erste Abschnitt**, in dem dieser lautmalerische Effekt eingesetzt wird, findet sich **ab Takt 44**. Tenor und Bass beginnen volltaktig, Sopran und Alt eine Viertel später. Die Bassstimme verwendet in den Takten 44 mit 46 eine halbe Note pro Takt, der durch eine halbe Pause vervollständigt wird. In Takt 47 ist die halbe Pause durch eine halbe Note ersetzt, Takt 48 wird durch eine ganze Note gestaltet. Auffallend sind die **vier** von A zu a auf- und abwärts geführten **Oktavsprünge** in den Takten 44 mit 47 (erste Hälfte) (B–A, B–S, B–A, B–S) sowie der abschließende abwärts gerichtete Quintsprung im Bass. Die Tenorstimme ist bis auf Takt 48 durchgehend auf zwei halbe Noten pro Takt beschränkt, lediglich der Anfang in Takt 44 beginnt mit einer von einer halben Pause gefolgten einzelnen halbe Note. In den Takten 45 mit 47 erscheint taktübergreifend zweimal der **abwärts gerichtete gebrochene Dreiklang** von A-Dur in Grundstellung. In Tenor und Bass ist das Wort „wuff" ausschließlich syllabisch umgesetzt. **Sopran und Alt** bewegen sich in Takt 44 in **Gegenbewegung** zueinander, in der Folge ab Takt 45 vornehmlich im Terz- bzw. Sextabstand, wobei die Sopranstimme in Takt 45/46 den abwärts gerichteten gebrochenen A-Dur-Dreiklang in Grundstellung synkopiert aus dem Tenor imitiert. Ab der zweiten Takthälfte von Takt 47 findet eine **eigenständige Führung der beiden Stimmen** statt. Die Altstimme beendet die Lautmalerei zu Beginn von Takt 48, Sopran, Tenor und Bass einen Takt später auf dem Ton A/a/a^1. Der Alt beginnt hier bereits mit dem Textabschnitt „hernach, ihr lieben Hund'". Sopran und Alt sind bis zu Takt 47 syllabisch, ab Takt 47 auch melismatisch geprägt. Hier werden Achtelnoten eingesetzt, während bis dahin bis auf vereinzelte Viertelnoten der Notenwert von halben Noten überwogen hat. Auffallend ist **die synkopische Gestaltung der Takte 45** (Zählzeit 4) **mit 47** (erste Achtel der Zählzeit 1). Dies ergibt in komplementärer Kombination mit den Notenwerten von Tenor und Bass einen durchgängigen **Viertelpuls** des Wortes „Wuff" **im Chorsatz**. Vorherrschende Tonart dieser lautmalerischen Passage ist A-Dur, die ersten Takte (44 mit 46) bestehen ausschließlich aus den Tönen des A-Dur-Dreiklangs.

Die auf diese Art musikalisch gestaltete Lautmalerei in diesem Abschnitt verdeutlicht das **Durcheinanderbellen der Hundemeute**, die aufgeregt und freudig der Jagd entgegengefiebert und die Witterung offensichtlich bereits aufgenommen hat. Das unruhige und gleichermaßen ungeduldige Verhalten der Jäger, das sich in der Überlagerung der beiden Textausschnitte „Hernach laß fahren, laß fahren ins Garen" und „Mich dunkt, es sei ein Hirsch gar noh'" unmittelbar davor im Chorsatz zeigt, überträgt sich auf die Hunde. Deren ausgiebiges Gebell macht die Unterhaltung der Jäger über mehrere Takte hinweg unmöglich, hier ist außer dem „Wuff" nichts zu hören. Erst gegen Ende gelingt es den Jägern, die Hunde mit „hernach, ihr lieben Hund'" zu beruhigen.

Ein **zweiter Abschnitt** mit Lautmalerei des Hundegebells findet sich **ab Takt 56**. Der Chorsatz ist satztechnisch **homophon** gestaltet, die Textverteilung **syllabisch**, es finden sich nur ganze und halbe Noten. Auffallend ist der **Taktwechsel** in Takt 56 (3/2-Takt bis einschließlich Takt 58). Eine weitere Besonderheit liegt in der mehrfachen Wiederholung der gleichen Töne in den einzelnen Stimmen, die im Zusammenklang den A-Dur-Dreiklang ergeben. Die Harmonik bleibt in diesem Abschnitt unverändert. Im Sopran ist die ganze Note aus Takt 59 mit einer halben Note zu Takt 60 überbunden, die Bassstimme bringt nach einer halben Pause als einzige Stimme noch einmal das lautmalerische Wort „Wuff" in der zweiten Hälfte von Takt 60.

Wie hypnotisiert durch den mehrfachen, fast penetranten Zuspruch des Jägers bzw. der Jäger („hernach, ihr lieben Hund") in nahezu gleichförmigem Sprachrhythmus, ist aus der aufgeregten und kaum zu beruhigenden Hundemeute ein starkes Rudel entstanden, deren **Gebell** – durch die musikalische Gestaltung impliziert – **an Lautstärke zugenommen** hat. Die Jäger kommen wieder nicht zu Wort, diesmal allerdings wegen der Einigkeit und Gemeinschaft im Rudel.

Ein **dritter Abschnitt**, in dem wiederum das „Wuff" der Hunde lautmalerisch gestaltet ist, schließt sich nur wenige Takte später an. **Ab Takt 66** wiederholt sich der bereits beschriebene zweite Abschnitt in fast identischer Form. Taktwechsel, Rhythmik, Tonalität und Textverteilung entsprechen sich. Lediglich Takt 66 weist eine **geringfügige Abweichung** auf: Während der Sopran bereits mit der Lautmalerei einsetzt, schließen Alt, Tenor und Bass zunächst den vorherigen Textabschnitt mit einer ganzen Note ab. In diesen Stimmen schließt sich eine halbe Pause an. Alt, Tenor und Bass stimmen schließlich in Takt 67 mit dem Wort „Wuff" in die Lautmalerei ein. Sopran, Alt und Tenor enden in Takt 69, die Bassstimme überbindet ihren Schlusston in den Takt 70.

Die **Beruhigung der Hunde** wirkt noch immer. Obwohl man der Ankündigung der Jäger, „do lauft der edel Hirsch doher", entnehmen muss, dass der Hirsch näher kommt, lässt sich die Hundemeute nicht aus der Ruhe bringen.

Kein Hund bellt noch ein „Wuff" hinterher. Lediglich einzelne Tiere – durch die Sopranstimme verdeutlicht – beginnen mit dem Gebell. Die Jäger lassen die Hunde gewähren und können dann ungestört mit „du hast noch recht, gueter G'sell" ihre Unterhaltung fortsetzen.

Ein **vierter lautmalerischer Abschnitt** beginnt in **Takt 82**, wobei die Altstimme diesen bereits in der zweiten Hälfte des Taktes 81 einleitet. Dieser Abschnitt ist in seiner musikalischen Gestaltung ähnlich angelegt wie der erste Abschnitt (T. 44 mit 55). Tenor und Bassstimme sowie die letzten vier Takte im Sopran sind identisch übernommen, der Schlusston im Tenor verlängert. Abwandlungen zum ersten Abschnitt zeigen sich im Sopran: die Tonhöhen sind identisch, erscheinen jedoch **synkopiert**. Die Altstimme eröffnet den Abschnitt in Takt 81 (zweite Hälfte) mit einer halben Note (a). Dies wiederholt sich in Takt 82. Ab Takt 84 mit Auftakt findet sich die Stimmpaarung analog zu Takt 47 mit Auftakt. Der Schlusston aus Takt 48 ist in Takt 87 zu einer ganzen Note verlängert. In Takt 87 enden nach dem **Taktwechsel** alle Stimmen und schließen die Passage gleichzeitig mit einer ganzen Note ab. Hier ist ein deutlicher Einschnitt zu erkennen: eine **Generalpause** beendet den lautmalerischen Abschnitt.

Die Jäger haben die Meute mit dem mehrfachen Ruf „doher" zu sich gerufen. Die Hunde sind aufgeregt und bellen erwartungsvoll durcheinander.

Der **fünfte Abschnitt (ab T. 98)** entspricht weitgehend dem zweiten Abschnitt. Lediglich am Ende sind die **Tondauern verändert:** Die Sopranstimme endet in Takt 101 mit einer ganzen Note – ohne Überbindung in den nachfolgenden Takt –, die Altstimme verkürzt den Schlusston auf eine halbe Note und beginnt in Takt 102 mit Auftakt mit dem neuen Textabschnitt „Do lauft der edel Hirsch doher". Der Tenor schließt in Takt 101 mit einer zu Takt 102 überbundenen ganzen Note ab, die Bassstimme ist bis einschließlich Takt 103 verlängert, ebenfalls durch Überbindungen von ganzen Noten. Das abschließende „Wuff" wie in Takt 60 fehlt daher.

Eingeleitet wird dieser Abschnitt durch den **Ruf der Jäger** „kumbt herfür, mit großem Schall [...]", der nach anfänglich strenger Homophonie in den Takten 88 mit 90 in das Lob „ihr lieben Hund'" mündet. Die Hunde sind stark, einig und bereit. Motiviert und aufmerksam erwarten sie die Worte und Aufforderungen der Jäger.

Übungsaufgaben

12 Erläutern Sie die lautmalerischen Effekte im Chorlied *Presulem sanctissimum* von Georg Forster!

> **Notenbeispiel 5 (S. 20):**
> **GEORG FORSTER:** *Presulem sanctissimum* (Kurtzweiliger guter frischer teutscher Liedlein, Theil II, Nr. 7)

> www.cpdl.org → Eingabe [search] „Presulem sanctissimum" → Bestätigen „Presulem sanctissimum" (Georg Forster) → Klick auf Lautsprechersymbol → Hörbeispiel als midi-file (ohne Text)

13 Erläutern Sie die lautmalerischen Effekte im Chorlied *Den besten Vogel den ich weiss*!

> **Notenbeispiel 6 (S. 23):**
> **ANONYMUS:** *Den besten Vogel den ich weiß* (Kurtzweiliger guter frischer teutscher Liedlein, Theil II, Nr. 6)

■ Ayres

Ayres sind Musikstücke für **Gesangsstimme und Laute** mit **weltlichen Texten**, die Ende des 16. Jahrhunderts in England entstanden und ihre Blüte während des sogenannten elisabethanischen Zeitalters erlebten. Kennzeichen sind eine **schlichte Melodik**, ein klarer und **einfacher Aufbau** sowie eine **unkomplizierte Rhythmik und Harmonik**. Die Lautenbegleitung unterstützt den Gesang und ordnet sich diesem unter. Ayres sind der Gegenpol zu den komplexen und kunstvollen Madrigalen und Motetten dieser Zeit.

Merkmale (Schlichtheit) der Ayre
- **Melodische Aspekte**, z. B. Wiederholung, Sequenz, Schrittmelodik, wenig Sprünge, geringer Tonumfang
- **Rhythmische Aspekte**, z. B. einfache Rhythmen und/oder rhythmische Muster, Wiederholungen rhythmischer Muster, Notenwerte
- **Harmonische Aspekte**, z. B. Pendeln zwischen Akkorden, einfache Harmonik, wenig harmonische Wechsel
- **Formale Aspekte**, z. B. klarer Aufbau, Wiederholungen
- **Begleitung**, z. B. Mitspielen und/oder Unterstützen der Gesangsstimme, Unterordnung, keine Eigenständigkeit
- **Wort-Ton-Verhältnis**, z. B. syllabische Textverteilung

Bekannte Komponisten von Ayres sind u. a. Thomas Campion, John Dowland, Thomas Morley, Francis Pilkington und Philip Rosseter.

Beispielaufgabe

Beschreiben der Schlichtheit in der Ayre – Unterstützung der Textverständlichkeit

Beschreiben Sie die Schlichtheit der Ayre *Come Away, Come Sweet Love* von John Dowland anhand selbst gewählter Parameter!
(*alternative Aufgabenstellung*: Beschreiben Sie, wie die Verständlichkeit des Textes in der Ayre *Come Away, Come Sweet Love* von John Dowland unterstützt wird!)

Notenbeispiel 7 (S. 25):
JOHN DOWLAND: *Come Away, Come Sweet Love* (The Firste Booke of Songes, Nr. 11)

Come away, come sweet love, 45calebt (*youtube*)

■ Erschließen der Aufgabenstellung

Der **Operator „Beschreiben Sie"** verlangt von Ihnen, Informationen, die am Notentext ablesbar sind, in einem **zusammenhängenden Text** wiederzugeben. In der Arbeitsanweisung wird nicht gefordert, dass sie eine Deutung und/oder Wertung abgeben. Das Vorgehen kann **anhand des formalen Aufbaus oder nach Parametern geordnet** erfolgen. Dies hängt vom Notenbeispiel ab. Die Angabe „anhand selbst gewählter Parameter" bedeutet, dass keine Vorgabe hinsichtlich der Anzahl der Parameter vorliegt. Von Vorteil ist daher die Analyse aller Parameter. Geeignet zum Nachweis der Schlichtheit bzw. der Unterstützung der Textverständlichkeit sind: Rhythmik, Melodik, Harmonik, Begleitung, Aufbau, Wort-Ton-Verhältnis.

Geeignete Parameter für die Analyse
- **Aufbau:** klar und überschaubar, Ähnlichkeit oder Wiederholung von Formteilen?
- **Melodik:** schrittweise Melodieführung, keine oder kaum Sprünge, geringer Tonumfang, Sequenzen, Wiederholungen?
- **Rhythmik:** einfache Muster, unkomplizierte Notenwerte?
- **Harmonik:** einfach, klar, überschaubar oder komplex?
- **Begleitung:** unterstützt Gesangsstimme durch Übernahme von rhythmischem Muster oder melodischen Formeln?

■ Methodisches Vorgehen

1. Erstellen Sie eine **tabellarische Übersicht** anhand des Aufbaus der Ayre auf Ihrem Konzeptpapier.
2. Vermerken Sie darin, nach Parametern geordnet, was sich zum **Nachweis der Schlichtheit** (bzw. der dadurch erreichten Unterstützung der Textverständlichkeit) anführen lässt.
3. Fassen Sie anschließend die **relevanten Eintragungen** als zusammenhängenden Text zusammen. Dies gewährleistet zeitsparendes und strukturiertes Arbeiten.

TIPP

Möglicherweise stoßen Sie bei der Analyse auf Erkenntnisse, bei denen Sie sich im Unklaren sind, inwiefern diese die Schlichtheit der Ayre kennzeichnen, ob diese zweifelhaft sind oder ihr möglicherweise sogar widersprechen. Sie können die für Sie **strittigen Erkenntnisse** mit aufnehmen und sprachlich geschickt einbinden, indem Sie **neutrale Formulierungen** benutzen oder darstellen, dass Abweichungen von den üblichen

> Merkmalen vorhanden sind. Geeignet ist die Kombination eines wertungsfreien Adjektivs mit der Substantivierung der von Ihnen festgestellten Auffälligkeit (z. B. „überraschende harmonische Wendung", „interessanter Einwurf in der Begleitung", „bemerkenswerter melodischer Verlauf", „ausschmückende rhythmische Figuration", „geschickte Melodieführung"). Der Nachweis der Schlichtheit (und somit der Textverständlichkeit) als Gesamtergebnis ist hierdurch nicht infrage gestellt.

Beachten Sie in jedem Fall bezüglich der Anforderungen an die Lösung die Vorgaben Ihrer Kursleiter.

■ Notizen zur Lösung

Melodik Überblick	Rhythmik Überblick (Gesangsstimme)	Harmonik Beginn/ Ende einer Phrase	Begleitung Bezug zur Gesangsstimme	Wort-Ton- Verhältnis Textverteilung
Teil A: 1–4 und 5–8				
Sekundschritte; Ambitus: Quarte; Verlauf abwärts, dann aufwärts	Viertelnoten und halbe Noten	G–D	gleicher Rhythmus in den ersten 3 Takten; Punktierung in T. 4 (bzw. 8)	syllabisch
Teil B: 9–18 und 19–Ende, unterteilt in: **B 1: T. 9/10 und 19/20**				
Sekundschritte, Terz; Ambitus: Sexte; Verlauf insgesamt abwärts	punktierte Viertelnote u. Achtelnote, Viertelnoten und halbe Noten	B–D	Anfangspunktierung auch in linker Hand (T. 9) (Unterstimme), gleicher Rhythmus (T. 10)	syllabisch
B 2: 11–14 (Zählzeit 2) und 21–24 (Zählzeit 2)				
Sekundschritte, Terz; Ambitus: Quinte; Sequenz T. 11/12; Verlauf insgesamt aufwärts	Taktwechsel, punktierte Viertelnote und zwei Sechzehntelnoten, Viertelnoten, Abschluss halbe Note	Es–B	rhythmisch-melodische Figur in Mittel- bzw. Oberstimme im Terzabstand übernommen (T. 11/12), T. 13 komplementär	syllabisch (Ausnahme: T. 11/12 „And sweet **ro**sy" bzw. T. 21/22 „**View**ing, **rue**ing")
B 3: 15 (mit Auftakt) – 18 und 25 (mit Auftakt) – Ende				
Sekundschritte, Terz; Ambitus: Sexte; Verlauf insgesamt abwärts	punktierte Viertelnote u. Achtelnoten, Viertelnoten und halbe Noten	B–G	gleiche rhythmische Figur in Mittelstimme (T. 15), gleicher Rhythmus in	syllabisch (Ausnahme: T. 15 „**mix** our" bzw. T. 25 „Pro-**cur'd** by")

Melodik Überblick	Rhythmik Überblick (Gesangsstimme)	Harmonik Beginn/ Ende einer Phrase	Begleitung Bezug zur Gesangs- stimme	Wort-Ton- Verhältnis Textverteilung
			Oberstimme (T. 16), Viertelpuls in Unterstimme (T. 17)	
Zusammenfassung Sekundschritte, z. T. Terzschritte, Tonumfang fis¹–f²	einfache, unkomplizierte Rhythmik	G–G einfach, deutliche harmonische Ruhepole am Ende der Phrasen	unterstützt rhythmisch die Gesangsstimme, ordnet sich unter	vorwiegend syllabische Textverteilung

■ Lösungsvorschlag

Die vorliegende Ayre ist durch Schlichtheit in der musikalischen Gestaltung gekennzeichnet (bzw. die Textverständlichkeit der vorliegenden Ayre wird durch seine Schlichtheit unterstützt).

Diese Schlichtheit zeigt sich zunächst in einem einfachen und überschaubaren **Aufbau**. Es ist eine **Grobgliederung in zwei Teile** erkennbar, die jeweils unmittelbar wiederholt werden: Teil A (T. 1 mit 4 und T. 5 mit 8) und Teil B (T. 9 mit 18 und T. 19–Ende). Teil B lässt sich in drei weitere Abschnitte unterteilen, die im Folgenden mit B1, B2 und B3 bezeichnet werden. Teil B1 umfasst die Takte 9 und 10 (bzw. 19/20), Teil B2 die Takte 11 mit 14, Zählzeit 2 (bzw. T. 21 mit 24, Zählzeit 2) und Teil B3 die Takte 15 mit Auftakt mit 18 (bzw. T. 25 mit Auftakt bis Ende).

Die **Melodik** der Ayre ist vornehmlich von **Sekundschritten** geprägt, gelegentlich finden sich Terzschritte (z. B. T. 9). Der Tonumfang beträgt insgesamt eine große Septime und erstreckt sich von fis¹ bis f². Innerhalb der einzelnen Abschnitte ist der **Ambitus gering**. In Teil A beträgt er eine Quarte, in den Teilen B1 und B3 eine Sexte, in Teil B2 eine Quinte.

Die **Rhythmik** ist insgesamt **einfach und unkompliziert**. In Teil A werden ausschließlich Viertelnoten und halbe Noten verwendet, in Teil B mit seinen Unterteilungen treten Punktierungen auf. Auffällig ist die punktierte Viertelnote mit den anschließenden Sechzehntelnoten in den Takten 11 und 12, die melodisch sequenziert sind. Hier findet ein Taktwechsel (³/₄-Takt) statt.

Die Ayre besitzt eine klare, **einfache und überschaubare Harmonik**. Sie beginnt und endet in G-Dur. Am Ende der einzelnen Formteile (A, B1, B2, B3) bildet die Harmonik einen **ausgewogenen Ruhepol**. Sie ist im Gesamten betrachtet übersichtlich gehalten. Teil A beginnt in G-Dur und endet in D-Dur, Teil B1 beginnt in B-Dur und endet in D-Dur, Teil B2 beginnt in Es-Dur und endet in B-Dur, Teil B3 beginnt in B-Dur und endet in G-Dur. Die Harmonik der einzelnen Teile ist in sich geschlossen. Eine **überraschende Wendung** bietet lediglich die harmonische Rückung von Takt 10 zu Takt 11: Hier folgt Es-Dur unmittelbar auf D-Dur. Der harmonische Verlauf ist insgesamt jedoch unauffällig und schlicht.

Die **Begleitung** ist ebenfalls geradlinig und **unterstützt die Gesangsstimme** durch ihre rhythmische Struktur (z. B. Takt 11/12). Lediglich Takt 13 zeigt in der Oberstimme einen rhythmisch komplementären Ansatz durch Überbindung und Synkope.

Das **Wort-Ton-Verhältnis** ist vornehmlich **syllabisch**. Abweichungen finden sich nur in den Takten 11/12 bei den Silben „And (sweet)" und „ro(-sy)" und in Takt 15 bei den Wörtern „mix our", analog dazu in den Takten 21/22 die Silben „View(-ing), rue(-ing)" und in Takt 25 „(Pro-)cur'd by".

Übungsaufgaben

14 Beschreiben Sie die Schlichtheit der Ayre *Come Again Sweet Love* von John Dowland anhand selbst gewählter Parameter!

> Notenbeispiel 8 (S. 27):
> JOHN DOWLAND: *Come Again Sweet Love (The Firste Booke of Songes, Nr. 17)*

> John Dowland's „Come Again: Sweet Love Doth Now Invite", William Ferguson *(youtube)*

15 Beschreiben Sie, wie die Verständlichkeit des Textes in der Ayre *Alas Fair Face* von Francis Pilkington unterstützt wird!

> Notenbeispiel 9 (S. 28):
> FRANCIS PILKINGTON: *Alas Fair Face (The Firste Booke of Songes, Nr. 4)*

■ Messe

Die Messe ist eine mehrteilige Komposition, in der sich die festen, **vom Kirchenjahr unabhängigen Teile des Messordinariums** zu einem Gesamtkunstwerk zusammenfügen. Eine besondere Form der Messe ist die **Parodiemesse**. Hier wird musikalisches Material aus anderen mehrstimmigen Vokalwerken verwendet. Dies kann auch der weltlichen Musik entnommen sein, wobei der weltliche Text gegen den liturgischen ausgetauscht wird.

Wichtige Vertreter sind u. a. Josquin Desprez, Guillaume Du Fay, Hans Leo Haßler, Orlando di Lasso, Johannes Ockeghem, Giovanni Pierluigi da Palestrina.

Besonderheiten der Messe
- Die festen Teile einer Messe (**Ordinarium/ordinarium missae**) sind Kyrie, Gloria, Credo, Sanctus (und Benedictus) und Agnus Dei.
- Zum **Proprium** oder auch **proprium missae** gehören Introitus, Graduale (Zwischengesang), Offertorium (Gabenbereitung) und Communio. Diese folgen inhaltlich dem Kirchenjahr.
- Die **Homophonie** als satztechnisches Gestaltungsmittel **tritt mehr und mehr zurück**.
- Die **Kontrapunktik (Polyphonie)** erfährt in den Messen ihren formvollendeten Höhepunkt.
- Die Imitation zu Beginn der einzelnen Abschnitte durch alle Stimmen (**Durchimitation**) wird zum festen Kompositionsprinzip. Dabei muss das **Sogetto** (vgl. S. 20) jedoch nicht vollständig verarbeitet werden.
- Zwischen den einzelnen Stimmen sind z. T. kunstvolle **kanonische Abschnitte** und **Imitationen** eingebaut, **Stimmpaare** werden gegenübergestellt.
- Motivische Grundlagen sind neben **neuen Melodiefolgen** auch **Gregorianische Choräle** oder weltliche Melodien z. B. aus Chansons. Diese können – z. T. kunstvoll verziert – in allen Stimmen eingearbeitet sein.

Die Gattung Messe ist häufig Prüfungsgegenstand in Klausuren und der Abiturprüfung. Neben Kenntnissen formaler und satztechnischer Gestaltung ist oft die Fertigkeit gefordert, die Einarbeitung der verwendeten Vorlage (Gregorianischer Choral, Chanson etc.) zu untersuchen und/oder zu beschreiben. Die Lösung einer solchen Aufgabenstellung kann nach dem im Folgenden dargestellten Muster erfolgen, unabhängig davon, welcher Epoche (Renaissance, Barock, Klassik …) und Gattung (Messe, Konzert, Kammermusik …) das zu untersuchende Beispiel entnommen ist und ob die Vorlage geistlicher (Gregorianischer Choral, Motette …) oder weltlicher Musik (Madrigal, Chanson, Volkslied …) entstammt.

Beispielaufgabe

Darstellen der Verarbeitung einer weltlichen Vorlage (Chanson) in einer Messe

 Die dreistimmige Chanson *Malor me bat* von Johannes Ockeghem (Notenbeispiel 10) liegt dem Mittelteil des Credo der Messe *Malheur me bat* von Josquin Desprez (Notenbeispiel 11) zugrunde. Stellen Sie dar, wie Desprez den Superius der Chanson im Credo seiner Messe verarbeitet!

 Notenbeispiel 10 (S. 30):
JOHANNES OCKEGHEM: Chanson (*Malor me bat*)

 Johannes Ockeghem – Malor me bat *(youtube; Fassung für Laute)*

 Notenbeispiel 11 (S. 31):
JOSQUIN DESPREZ: Credo (Messe *Malheur me bat*) (Teil 2)

 Josquin: Missa Malheur Me Bat [w/score – 2/4] *(youtube, ab 0:12)*

> **Anmerkung:** *Beide Notenbeispiele sind in alten Schlüsseln notiert. Für die Bearbeitung der Aufgabenstellung ist eine Transposition in die heute üblichen Schlüssel nicht erforderlich. Daher wurde auf eine Übertragung verzichtet, die Stimmenbezeichnungen (Superius, Contratenor, Altus, Tenor, Bassus) wurden aus dem Original übernommen. Diese Bezeichnungen finden sich z. T. auch in den Notenbeispielen der Übungsaufgaben.*

■ **Erschließen der Aufgabenstellung**

Der **Operator „Stellen Sie dar"** verlangt eine (ausformulierte) Wiedergabe von Informationen, die am Notentext ablesbar sind. Die Anweisung ermöglicht, eine Auflistung in Stichpunkten in die ausformulierte Lösung einzuarbeiten. Eine Interpretation und/ oder Wertung ist nicht gefordert.

Die Verarbeitung einer Chanson in einer Messe bedeutet, dass entweder Einzelstimmen oder der gesamte Chorsatz der Vorlage im geistlichen Werk Verwendung finden. Sie müssen deshalb das **Credo auf musikalisches Material aus der Chanson untersuchen.** Dieses Material kann einer einzigen Stimme wie auch mehreren Stimmen entnommen sein und sich dabei auf ganze Melodieabschnitte, wie auch auf Passagen aus diesen Abschnitten erstrecken. Das musikalische Material aus der Chanson kann in einer einzigen Stimme aber auch im gesamten Chorsatz sowohl vollständig als auch nur teilweise verarbeitet sein.

■ Methodisches Vorgehen

1. In einer dreistimmigen Chanson findet sich die Melodie meist in der Oberstimme. Gliedern Sie daher zuerst die **Oberstimme der Chanson** in Abschnitte und bezeichnen Sie diese mit Großbuchstaben. Orientieren Sie sich dabei an Text und/oder Zäsuren (Pausen) und markieren Sie sich diese Abschnitte.
2. Suchen Sie im Anschluss an diese Vorarbeiten nach **Entsprechungen** zwischen den markierten Passagen der Chanson und dem angegebenen Teil der Messe. Markieren Sie die Fundstellen analog zu den Markierungen in der Chanson.
3. Legen Sie sich eine **Tabelle** an und tragen Sie Ihre Ergebnisse ein. So behalten Sie den Überblick und können anschließend die Ergebnisse strukturiert und verständlich in Worte fassen.

TIPP

In vier- oder mehrstimmigen Chansons gibt es **meist keine einzelne melodieführende Stimme**, der Chorsatz ist in der Regel melodisch eigenständig und/oder imitatorisch angelegt. Daher sind alle Stimmen in die Untersuchungen mit einzubeziehen.

■ Notizen zur Lösung

	Chanson melodische Abschnitte – Superius	Credo Verarbeitung – Superius
A	T. 3–11	(keine Verarbeitung dieses Abschnitts)
B	T. 12–16 (Zählzeit 2)	(keine Verarbeitung dieses Abschnitts)
C	T. 16 (Zählzeit 4)–28	(keine Verarbeitung dieses Abschnitts)
D	T. 29 (Zählzeit 3)–38 (Zählzeit 2)	T. 93 (Zählzeit 3)–97: Übernahme der Takte 29 (Zählzeit 3)–33; Veränderung der Notenwerte aus T. 32/33 (Chanson): Zusammenfassung der Tonwiederholungen zu einem Notenwert (T. 96/97); T. 104 (Zählzeit 3)–116 (Zählzeit 2): vollständige und originalgetreue Übernahme des Abschnitts D mit Wiederholung (T. 109–111 in T. 112–114); Veränderung der Notenwerte aus T. 32/33 (Chanson): Zusammenfassung der Tonwiederholungen zu einem Notenwert (T. 107/108)

	Chanson melodische Abschnitte – Superius	Credo Verarbeitung – Superius
E	T. 38 (Zählzeit 4)–43	T. 116 (Zählzeit 4)–121: vollständige und originalgetreue Übernahme des Abschnitts E; T. 122–128: Wiederholung des Schlusstaktes aus Abschnitt D (Chanson: T. 37/38) in T. 122/123; ab T. 124 mit Auftakt vollständige und originalgetreue Übernahme des Abschnitts E
F	T. 44 (Zählzeit 3)–53 (Zählzeit 2)	T. 129 (Zählzeit 3)–147 (Zählzeit 2): Übernahme des Abschnitts F; dabei Wiederholungen zweier Passagen: T. 129 (Zählzeit 3)–132 wiederholt in den Takten 133 (Zählzeit 3)–136, T. 137–141 wiederholt in den Takten 142–146; Schlusston T. 147 (Zählzeit 2)
G	T. 54–60	T. 148–154: vollständige und originalgetreue Übernahme des Abschnitts G mit Verlängerung der Schlussnote (geringfügige Abweichung von T. 58 der Chanson, Notenwerte am Taktende verändert)

■ **Lösungsvorschlag**

Josquin Desprez hat in dem vorliegenden Ausschnitt des Credos seiner Messe *Malheur me bat* (Notenbeispiel 11) Teile der Superius-Stimme aus der Chanson *Malor me bat* von Johannes Ockeghem (Notenbeispiel 10) in der Superius-Stimme verarbeitet.

Der Superius der Chanson lässt sich in **sieben Abschnitte** gliedern:

Abschnitt A: T. 3 mit 11
Abschnitt B: T. 12 mit 16 (Zählzeit 2)
Abschnitt C: T. 16 (Zählzeit 4) mit 28
Abschnitt D: T. 29 (Zählzeit 3) mit 38 (Zählzeit 2)
Abschnitt E: T. 38 (Zählzeit 4) mit 43
Abschnitt F: T. 44 (Zählzeit 3) mit 53 (Zählzeit 2)
Abschnitt G: T. 54 mit 60

Die melodischen **Abschnitte A, B und C** werden im vorliegenden Notenbeispiel **nicht verarbeitet**. Die melodischen Abschnitte D mit G des Superius der Chanson finden sich z. T. vollständig und originalgetreu in der Superius-Stimme des Credo wieder.

Die Anfangstakte des **Abschnitts D** der Chanson (T. 29, Zählzeit 3, bis 33) werden in der Messe zunächst in den Takten 93 (Zählzeit 3) mit 97 verwendet. Dabei ist lediglich eine **geringfügige Veränderung** hinsichtlich **der Noten-**

werte festzustellen: Im Credo dauern die beiden Töne der Takte 96 und 97 jeweils einen ganzen Takt, in der Chanson sind die entsprechenden Takte 32 und 33 durch Tonwiederholungen in zwei ganze Noten geteilt.

In den Takten 104 (Zählzeit 3) mit 116 (Zählzeit 2) zeigt sich eine vollständige und **originalgetreue Übernahme** des Abschnitts D im Superius, in deren Verlauf die Takte 109–111 in den Takten 112 mit 114 wiederholt werden. Die Tonwiederholungen aus den Takten 32/33 der Chanson sind in den Takten 107/108 ebenfalls jeweils zu einem Notenwert zusammengefasst.

Die Takte 116 (Zählzeit 4) mit 121 des Credo sind eine vollständige und originalgetreue Übernahme des entsprechenden **Abschnitts E** der Chanson (Superius), die wiederum durch eine **Wiederholung** auffällt. Die Melodik des Superius der Takte 116 (Zählzeit 4) mit 121 ist in Takt 123 (Zählzeit 4) mit 128 ein zweites Mal verarbeitet, eingeleitet durch die Wiederaufnahme der Schlusstakte aus Abschnitt D (T. 122 mit 123, Zählzeit 2).

Im Credo der Messe *Malheur me bat* schließt sich mit Takt 129 (Zählzeit 3) die Verarbeitung von **Abschnitt F** aus der Chanson an (T. 44, Zählzeit 3, mit T. 53, Zählzeit 2). Bemerkenswert ist hierbei, dass sich **Wiederholungen zweier Passagen** finden: Die Anfangstakte, Takt 129 (Zählzeit 3) mit 132, treten erneut in den Takten 133 (Zählzeit 3) mit 136 auf. Die Takte 137 mit 141 werden in den Takten 142 mit 146 aufgegriffen und in Takt 147 mit dem Schlusston beendet.

Der **Abschnitt G** der Superius-Melodie der Chanson kehrt in den Takten 148 mit 156 des Credo wieder. Hier erfolgt eine vollständige und originalgetreue Übernahme mit Verlängerung der Schlussnote. Lediglich in der Schlusswendung findet sich eine **geringfügige Abweichung des Taktes 58** der Chanson: die Melodik enthält keinen Terzschritt, die Notenwerte am Taktende sind verändert.

Übungsaufgaben

16 Die dreistimmige Chanson *D'ung aultre amer* von Johannes Ockeghem (Notenbeispiel 12) liegt dem Sanctus der gleichnamigen Messe von Josquin Desprez (Notenbeispiel 13) zugrunde. Stellen Sie dar, wie Desprez den Superius der Chanson im Sanctus seiner Messe verarbeitet!

Notenbeispiel 12 (S. 33):
JOHANNES OCKEGHEM: Chanson (*D'ung aultre amer*)

Johannes Ockeghem (1410–1497) – D'ung aultre amer *(youtube)*

 Notenbeispiel 13 (S. 34):
JOSQUIN DESPREZ: Sanctus (Messe *D'ung aultre amer*) (Teil 1)

17 Die vierstimmige Chanson *La Bataille de Marignan* (*La Guerre*) von Clément Janequin (Notenbeispiel 14) liegt dem Kyrie seiner Messe *La Bataille* (Notenbeispiel 15) zugrunde. Stellen Sie dar, wie Janequin die einzelnen Stimmen der Chanson im Kyrie seiner Messe verarbeitet!

Notenbeispiel 14 (S. 36):
CLÉMENT JANEQUIN: Chanson (*La Bataille de Marignan*) (Prima Pars)

La Guerre – Janequin *(youtube)*

Notenbeispiel 15 (S. 38):
CLÉMENT JANEQUIN: Kyrie (Messe *La Bataille*) (Prima Pars)

Clément Janequin: Missa „La Bataille" (Ensemble Clément Janequin) *(youtube, bis 3:02)*

Hintergrundwissen: Alte Schlüssel
In der Notation der Renaissance sind C-Schlüssel üblich, sie bestimmen die Lage des Tones c¹.

Sopranschlüssel

Mezzosopranschlüssel

Altschlüssel

Tenorschlüssel

Baritonschlüssel

Heute werden z. T. noch Altschlüssel (= Bratschenschlüssel) und Tenorschlüssel verwendet, Grundkenntnisse sind daher erforderlich.

Barock

■ Einblick in die Epoche

Die Epoche des Barock umfasst in etwa den Zeitraum des **17. und 18. Jahrhunderts** und wird auch als **Generalbasszeitalter** oder **Zeitalter des konzertierenden Stils** bezeichnet.

Unterteilt wird diese Epoche in drei Abschnitte:
- Frühbarock   ca. 1600 bis 1650
- Hochbarock   ca. 1650 bis 1720
- Spätbarock   ca. 1720 bis 1750

Ziel der Musik dieser Zeit ist es, den Menschen in **Affekte** (= Gemütsbewegungen) zu versetzen. Damit geht die Barockmusik über die Ansprüche der Renaissancemusik (Auslösen von Affekten) hinaus. Das Versetzen in einen bestimmten Affekt wird durch den Einsatz entsprechender musikalischer Gestaltungsmittel (Melodik, Rhythmik, Harmonik und Dissonanzen, Taktart, Tonart, Tempo u. a.), in der Vokalmusik insbesondere durch den Einsatz **musikalisch-rhetorischer Figuren** erreicht.

Die gestalterische und harmonische Basis der Barockmusik bilden **Generalbass** und **basso continuo (b.c.)**. Ein durchgehend spielendes Akkordinstrument ist als Bassstimme mit Bezifferung notiert **(Generalbass)** und wird z. T. durch ein tiefes Melodieinstrument verstärkt. Die Bezifferungen geben die zu spielenden Akkorde an, die dem ausführenden Künstler Raum für Improvisationen und Verzierungen bieten.

In der Epoche des Barock setzt sich die **Dur-Moll-Harmonik** durch. Moderne **Notenschrift** (heutige Form der Notation), die Gliederung der Musik in **Takte** und das Hinzufügen von **Tempoangaben** zu Beginn eines Werkes sind Neuerungen dieser Zeit, die noch heute gebräuchlich sind.

In der **Vokalmusik** entsteht die **Monodie** (Sologesang mit Begleitung), die als Gegenpol zum mehrstimmigen Gesang zur neuen Ausdrucksform wird. Aus der Monodie entwickeln sich u. a. **Rezitativ** und **Arie**, die u. a. in der neu in Italien aufgekommenen und sich von dort aus verbreitenden **Oper** eine tragende Rolle spielen. In den kunstvoll und virtuos gestalteten Barock-Opern erlebt der Kastratengesang seinen Höhepunkt. Neben der Oper kommen neue Gattungen wie **Oratorium** und **Passion**, **Kantate** und **Choral** (evangelisches Kirchenlied) auf.

Die eigenständige **Instrumentalmusik**, zu der neben Orchester- und Kammermusikwerken auch solistische Werke gehören, entfaltet und emanzipiert sich. Die Besetzung des Orchesters erfährt ihre Standardisierung, Violine, Traversflöte und Cembalo sind zentrale Instrumente, die Orgel erlebt ihre Blütezeit. Das **konzertierende Prinzip** wird u. a. im **Concerto grosso** kennzeichnendes Merkmal der barocken Instrumentalmusik. Hier sind zwei mit-/bzw. gegeneinander musizierende Gruppen gegenübergestellt: die Gruppe von Solisten (**Concertino**/Solo) dem (Streich-)Orchester (**Ripieno**/Tutti). Dadurch ergibt sich eine kontrastierende Dynamik- und Klangwirkung.

Neben dem Concerto grosso bildet sich das **Solokonzert** mit einem oder mehreren solistisch eingesetzten Instrumenten als **Ritornellkonzert** aus, bei dem die Motivik der sich wiederholenden Tutti-/Ritornellteile in den Soloteilen verarbeitet und/oder weitergeführt wird. Eine weitere Gattung der Instrumentalmusik ist die **Suite**, bestehend auf einer Abfolge von Tanzsätzen, sowie Musik für **Ballett**, das in Frankreich ihre Blüte erlebt. Gattungen im Bereich der solistischen Instrumentalmusik sind u. a. **Präludium**, **Fuge**, **Invention**, **Passacaglia**, **Toccata**, **Solosonate**.

Die Aufstellung des Ensembles, die Bauweise der Instrumente, dadurch bedingt auch deren Klang(-farben) sowie die Spielweise weichen erheblich von den heutigen Gegebenheiten ab. Im Zuge der historischen Aufführungspraxis wird jedoch versucht, dieser Ursprünglichkeit wieder gerecht zu werden.

Wichtige Komponisten dieser Epoche sind z. B. Johann Sebastian Bach, Christoph Bernhard, Dietrich Buxtehude, Arcangelo Corelli, Heinrich Grimm, Georg Friedrich Händel, Johann Philipp Krieger, Jean-Baptiste Lully, Claudio Monteverdi, Georg Muffat, Johann Pachelbel, Johann Christoph Pepusch, Henry Purcell, Johann Joachim Quantz, Heinrich Schütz, Alessandro Scarlatti, Domenico Scarlatti, Georg Philipp Telemann, Guiseppe Torelli, Antonio Vivaldi, Matthias Weckmann.

■ Generalbass

Der Generalbass – oder auch bezifferter Bass – ist eine **Akkordschrift**, bei der die zu spielenden Akkorde durch **Ziffern unter dem Basston** angegeben sind. Diese Ziffern stehen für die jeweiligen **Intervalle**, die vom Basston aus gebildet werden. Notiert ist lediglich die Bassstimme mit Ziffern, die Akkorde ergeben sich aus dieser Bezifferung. Die künstlerische Ausgestaltung, z. B. durch Verzierungen, ist dem Ausführenden am Akkordinstrument (z. B. Orgel, Cembalo) überlassen.

Das Erstellen und/oder Ergänzen einer Bezifferung auf Basis von Chor-, Orchesterstimmen und/oder einer Klavierstimme ist eine häufige Aufgabe in Klausuren der Oberstufe oder der Abiturprüfung. Sie sollten die Grundlagen und das Prinzip der Generalbassbezifferung sicher beherrschen.

Generalbass
Ziffern
- geben die **Intervalle** an und stehen stellvertretend für diese:
  Sekunde = 2, Terz = 3, Quarte = 4, Quinte = 5, Sexte = 6, Septime = 7, Oktave = 8,
  None ≙ Sekunde = 2, Dezime ≙ Terz = 3, …*
- sind immer **auf den Basston** bezogen und werden von diesem ausgehend bestimmt,
- sind **unter der Bassstimme** notiert,
- stehen mit **0** bzw. **t. s.** (tasto solo) für einen **Basston ohne Akkord**.

Alterationen (= chromatische Veränderungen ♯ ♭ ♮)
- werden nur **berücksichtigt**, wenn sie **leiterfremd** (nicht zur Grundtonart gehörend/ keine Vorzeichnung am Anfang der Notenzeile) sind,
- sind **einen Takt gültig**, müssen jedoch **für jeden Akkord beziffert** werden,
- werden durch **Versetzungszeichen hinter der Ziffer** angegeben (anstelle des Kreuzvorzeichens kann bei Sekunde und Quarte auch ein Pluszeichen verwendet, bei der Sexte ein Schrägstrich an die Ziffer gefügt werden),
- werden bei der **Terz** (= 3) immer **ohne Ziffer** notiert.

* Bezifferter Intervallraum ist eine Oktave, größere Ziffern/Intervalle werden auf den Oktavraum umgerechnet. Ausnahme: Vorhalte (siehe S. 60)

Tabellarische Übersicht der gebräuchlichsten Bezifferungen

(ohne Berücksichtigung von Stimmführungsregeln)

Beispiel **Ohne Alterationen**

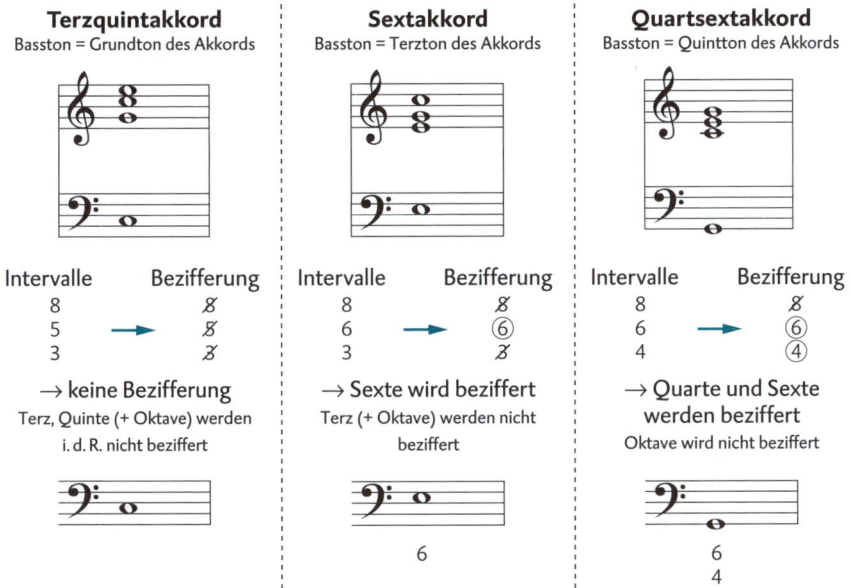

Durchgestrichene Ziffern sind nicht in die Bezifferung zu übernehmen, umkreiste Ziffern werden als Bezifferung übernommen.

Septakkorde

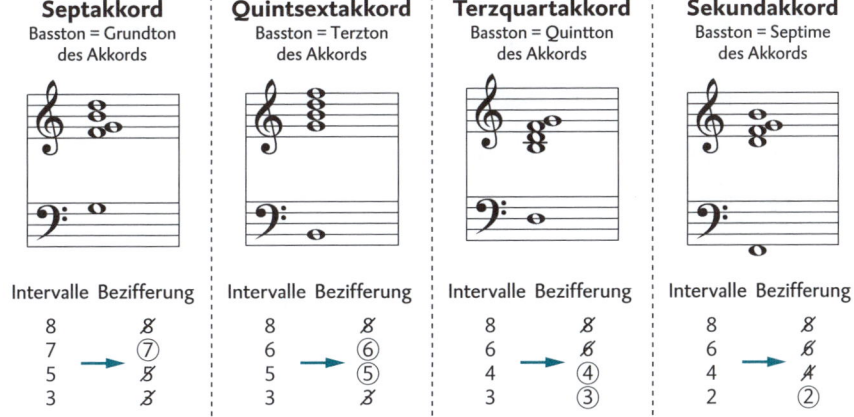

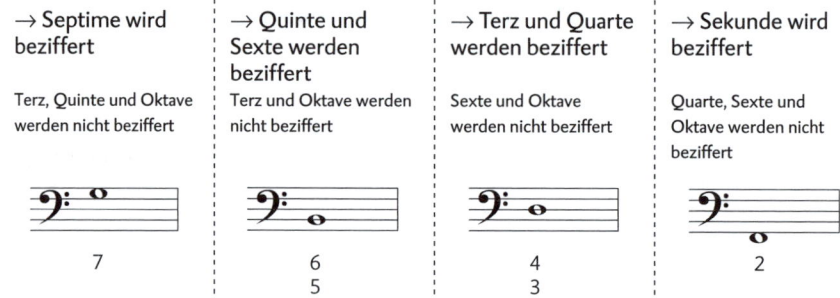

Anmerkung: Hier ist nur ein möglicher Lösungsvorschlag gezeigt, andere Bezifferungen sind ebenfalls möglich. Es gelten in jedem Fall die Vorgaben der Kursleiter!

Mit Alterationen

Ziffern mit Alterationen werden immer notiert. Ausnahme: Alterationen bei der Terz – hier wird nur das Versetzungszeichen notiert, nicht aber die Ziffer.

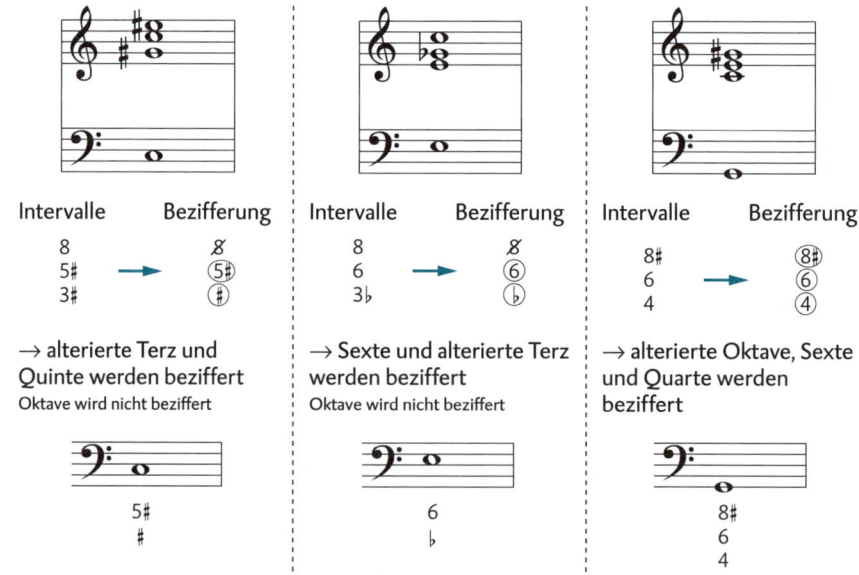

Septakkorde

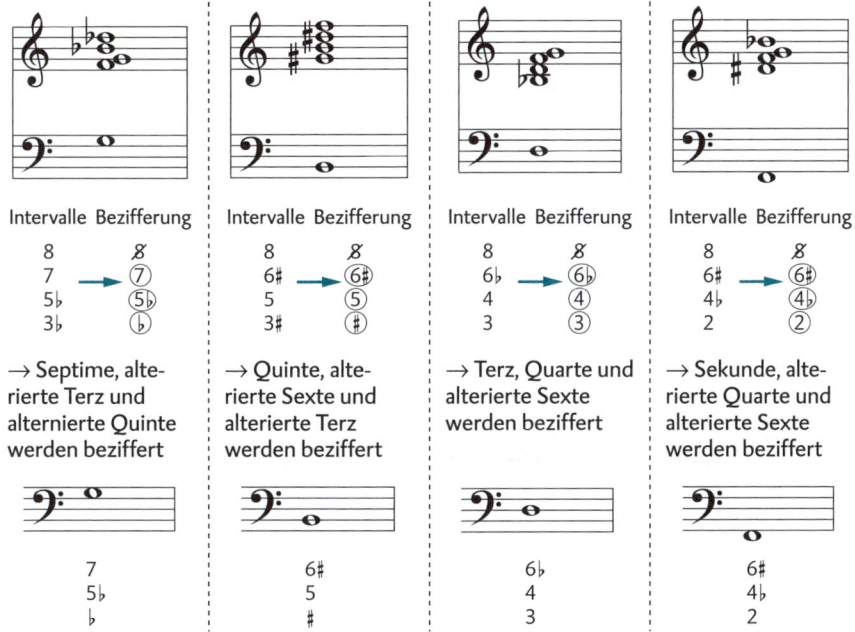

Eine harmonische Analyse und/oder Bestimmung der Harmonik sowie möglicher Funktionen der Akkorde ist unerheblich und bleibt in der Generalbassbezifferung unberücksichtigt.

Die gewählten Notenbeispiele dienen der Veranschaulichung von Bezifferungsmöglichkeiten. Als Übungsmaterial zur Akkordbestimmung sind sie nicht konzipiert und geeignet.

■ Methodisches Vorgehen beim Ergänzen einer Generalbassbezifferung

1. Notieren Sie die zu beziffernde **Bassstimme** ohne Rhythmisierung in eine Notenzeile auf ein gesondertes Notenpapier. Lassen Sie für die zu übertragenden Akkordtöne die Notenzeile darüber frei. Setzen Sie ggf. die **Vorzeichen** der vorgegebenen Tonart (= leitereigene Alterationen) an den Anfang der Notenzeilen.

2. Übertragen Sie nun die **Töne der Instrumental- bzw. Chorstimmen** als Akkorde in die freie Notenzeile.

3. Bestimmen Sie die **Intervalle** ausgehend vom Baston und notieren Sie diese als **Ziffern**. Fügen Sie diesen ggf. das/die Alterationszeichen hinzu.

4. Ordnen Sie diese Ziffern von Groß nach Klein und schreiben Sie die **Ziffern übereinander** (jede Ziffer nur einmal).

5. Streichen Sie nun ggf. nicht relevante Ziffern.

6. Übertragen Sie Ihr Ergebnis auf das Aufgabenblatt.

Bei einer zu ergänzenden/zu erstellenden Bezifferung einer Klavierstimme entfallen die Schritte 1 und 2.

> **Anmerkung:** *Alternativ zum hier beschriebenen Vorgehen können Sie die den Intervallen entsprechenden Ziffern direkt in den Notentext notieren.*

Beispiel Generalbassbezifferung – Schritt für Schritt

1. und 2. Schritt	3. Schritt	4. Schritt	5. Schritt	6. Schritt
Übertragen der Bassstimme und der Töne der Instrumental- und/oder Chorstimmen als Akkorde	Bestimmen und Notieren aller Intervalle als Ziffern *Notation auch nebeneinander möglich!*	Ordnen der Ziffern von Groß nach Klein	Streichen der Ziffern laut Tabelle	Übertragen des Ergebnisses
	3 5 8 3 8 5	8 5 3	8̶ 5̶ 3̶ Terzquintakkord keine Alterationen	Keine Bezifferung
	5 3 5 8 3♮	8 5 3♮	Terzquintakkord Alteration der Terz	♮
	5 8 5 3♯ 5	8 5 3♯	8̶ 5̶ 3̶♯ Terzquintakkord Alteration der Terz	♯

Generalbass | 59

1. und 2. Schritt	3. Schritt	4. Schritt	5. Schritt	6. Schritt
(Notenbeispiel)	6 3♮ 6 5 3♮	6 5 ♮	keine Streichung Quintsextakkord Alteration der Terz	6 5 ♮

TIPP

Achten Sie auf die **Schlüssel** der einzelnen Chor- bzw. Instrumentalstimmen. Hier können auch alte Schlüssel (siehe S. 50) vorkommen.

Berücksichtigen Sie die zusätzlichen **Alterationen**. Diese müssen für jeden Akkord einzeln angegeben werden, auch wenn Sie in der Notentextvorlage für einen ganzen Takt gelten. Unbeachtet bleiben lediglich die Vorzeichen, die zu Beginn der Notenzeile als tonartbestimmend angegeben sind. Diese werden nicht den Ziffern hinzugefügt.

Sonderform Vorhalt (bezogen auf die Akkordstimmen)

- findet sich auf einer **betonten Zählzeit** (Auflösung auf der nachfolgenden unbetonten Zählzeit),
- steht **anstelle des zu erwartenden Akkordtons**,
- löst sich **sekundweise abwärts** in diesen auf,
- wird **immer beziffert**, auch Oktave (= 8) und None (= 9),
- erfordert die **Bezifferung der** nachfolgenden **Auflösung**,
- kann **in allen Stimmen** verwendet sein, **in mehreren Stimmen gleichzeitig** erscheinen und/oder auch **kombiniert** auftreten,
- besitzt einen **gleichbleibenden Baston** (ausgehalten, als Tonwiederholungen und/oder oktaviert) und ist u. a. daran erkennbar.

Tabellarische Übersicht der gebräuchlichsten Vorhalte

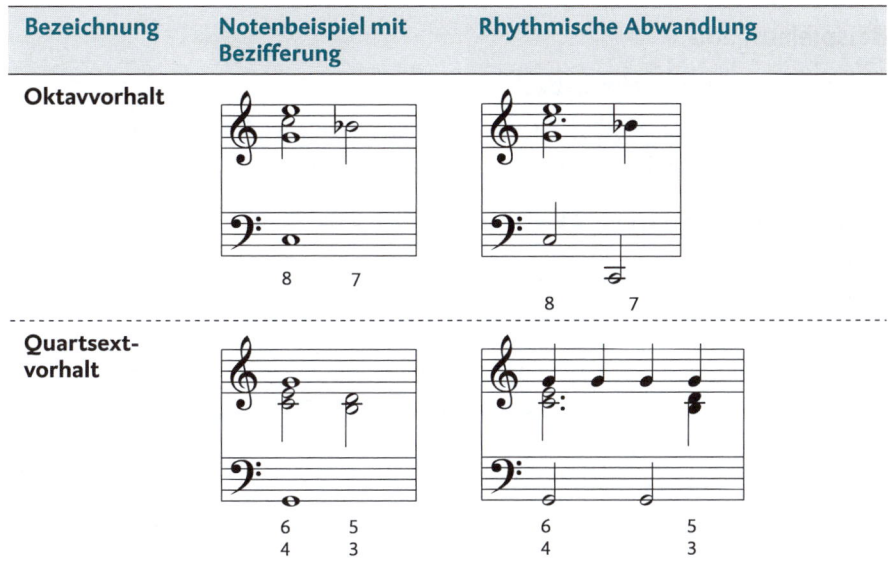

Anmerkung: *Bei einer Aufgabenstellung, die das Aussetzen eines Generalbasses erfordert, gilt die umgekehrte Vorgehensweise. Hier wird von Ihnen verlangt, die Bezifferungen einer vorgegebenen Bassstimme als Akkorde auszuführen, wobei Sie die Stimmführungsregeln (Verbot von Quint- und Oktavparallelen, korrekte Auflösung der Akkorde u. a.) beachten müssen. Als Übungsmaterial können Sie die bezifferten Bassstimmen aus den Lösungsvorschlägen zu den Übungsaufgaben (siehe S. 165 ff.) heranziehen.*

Beispielaufgabe

Ergänzen einer Generalbass-Bezifferung

Ergänzen Sie die Generalbass-Bezifferung auf der Basis der Instrumentalstimmen! Fassen Sie dabei die Noten einer Zählzeit zu einem Akkord zusammen!

Antonio Vivaldi: Konzert für 2 Violinen, RV 522, 1. Satz (Ende)

geringfügige Änderungen durch die Autorin

■ **Erschließen der Aufgabenstellung**

Der **Operator „Ergänzen Sie"** verlangt hier von Ihnen, dass Sie die entsprechenden **Ziffern und Alterationen** unter der vorgegebenen Bassstimme **vervollständigen bzw. hinzufügen**. Hierbei sind nach vorgegebenen Regeln (vgl. Tabellen S. 55 ff. bzw. Vorgaben der Kursleiter) nur bestimmte Bezifferungen zu notieren. Der zweite Teil der Aufgabenstellung **(Operator „Fassen Sie zusammen")** enthält den Hinweis, dass Sie kleinere Notenwerte (im vorliegenden Beispiel Achtelnoten) innerhalb einer Zählzeit zu einem Akkord zusammenziehen sollen.

TIPP

In der angeführten Aufgabenstellung findet sich die **Einschränkung auf die Instrumentalstimmen**. Sollte Ihnen bei einem solchen Arbeitsauftrag ein Notenbeispiel vorgelegt werden, in dem zusätzlich Chorstimmen abgedruckt sind, müssen Sie diese nicht berücksichtigen. Dasselbe gilt für eine Aufgabenstellung, bei der die Generalbass-bezifferung auf Basis des Streichersatzes zu erstellen ist. Bläserstimmen, möglicherweise transponierend, können Sie in diesem Fall unberücksichtigt lassen. Eine Bezifferung auf Grundlage der Chorstimmen zu ergänzen bedeutet die Nichtberücksichtigung von Instrumentalstimmen.

Lesen Sie die Aufgabenstellung also genau!

■ **Hinweise zur Lösung**

Die Anweisung verlangt von Ihnen, dass Sie die **Noten einer Zählzeit zu einem Akkord zusammenfassen**. Das vorgegebene Notenbeispiel beginnt mit einer **Achtelnote** in allen Stimmen. Diese Zählzeit müssen Sie bereits als Akkord notieren und ggf. beziffern. Danach verläuft die **Bassstimme** in halben Noten. Möglicherweise erfolgt in den Stimmen darüber ein **Akkordwechsel**, daher sollten Sie – wenn Sie sich nicht sicher sind – die halben Noten der Bassstimme teilen und jeweils als zwei (ganze) Noten auf Ihrem separaten Notenblatt notieren. Bei der anschließenden **punktierten Viertel mit nachfolgender Achtel** gilt, dass Sie die Akkorde über diesen beiden Tönen notieren und beziffern müssen. Hier ist sofort erkennbar, dass bei der punktierten Viertel kein Akkordwechsel in den anderen Stimmen stattfindet. Daher können Sie die dazugehörigen (drei) Achtelnoten zu einem Akkord zusammenfassen.

TIPP

Kennzeichnen Sie die **Basstöne** im vorgegebenen Notenbeispiel z. B. mit Ⓐ Ⓑ etc. und übertragen Sie diese Kennzeichnung analog dazu auf das separate Notenblatt mit der dort notierten Bassstimme.
Beachten Sie bei der Übertragung der Stimmen den **Altschlüssel der Bratschenstimme** und markieren Sie sich diese! Schreiben Sie ggf. die Notennamen in die Partitur.
Berücksichtigen Sie außerdem ggf. die (zusätzlichen) **Alterationen** in den Stimmen.

Übertragung der Akkorde

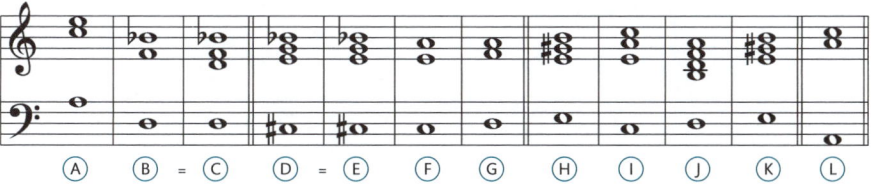

Mögliches Ergebnis auf dem gesonderten Notenblatt

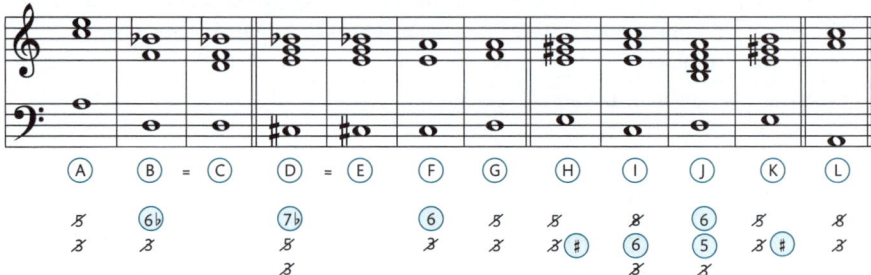

■ **Lösungsvorschlag**

Übertragung der Lösung/Bezifferung in den Notentext der Aufgabenstellung

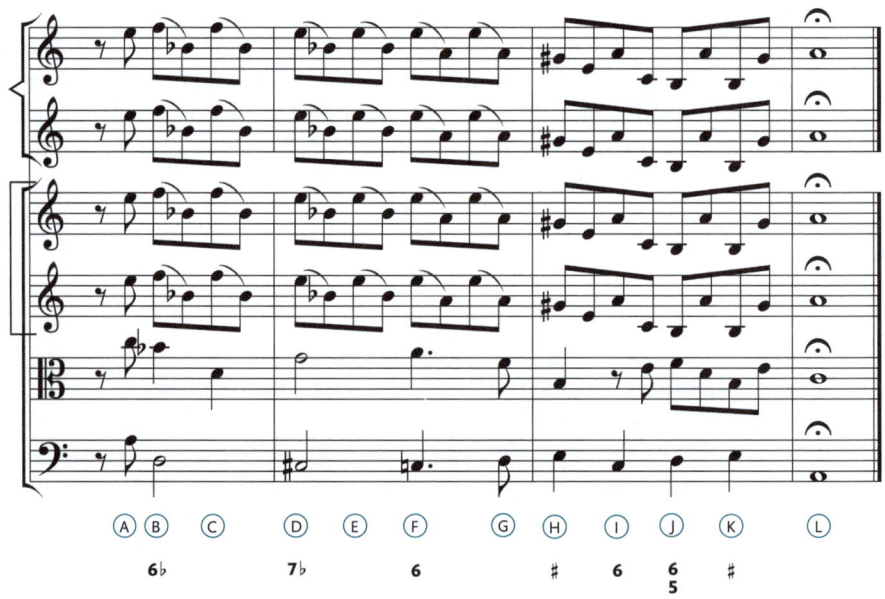

Übungsaufgaben

18 Ergänzen Sie die Generalbass-Bezifferung auf der Basis der Instrumentalstimmen! Fassen Sie die Akkorde taktweise zusammen!

Antonio Vivaldi: Konzert für 2 Violinen, RV 522, 3. Satz (Ausschnitt)

geringfügige Änderungen durch die Autorin

19 Ergänzen Sie die Generalbass-Bezifferung auf der Basis der Chorstimmen!

J. S. Bach: *Wer nur den lieben Gott lässt walten*, BWV 93 (Ausschnitt)

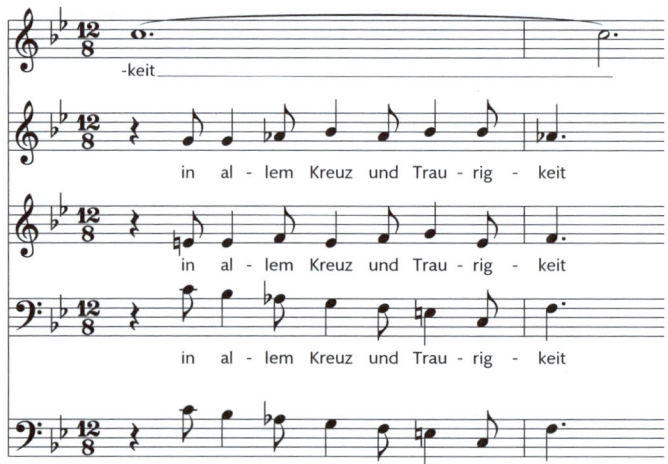

geringfügige Änderungen durch die Autorin

20 Ergänzen Sie die Generalbass-Bezifferung der Klavierstimme!

Antonio Vivaldi: Konzert für 2 Violinen, RV 522, 3. Satz (Ende)

geringfügige Änderungen durch die Autorin

Concerto grosso

Die Ursprünge des Concerto grosso sind in der Venezianischen Mehrchörigkeit zu finden, bei der zwei oder mehrere Chöre – durch Instrumentalstimmen verstärkt – mit- bzw. gegeneinander musizieren. Diese Methode wird im Concerto grosso auf die Instrumentalmusik übertragen. „Concerto grosso" bedeutet so viel wie „großes Konzert" und hat das **konzertierende Prinzip** zur Grundlage: Eine **Gruppe von Solisten (Concertino/Solo)** ist dem **(Streich-) Orchester (Ripieno/Tutti)** gegenübergestellt. Durch den Wechsel beider Gruppen wird eine klangliche und dynamische **Kontrastierung** erzielt. Das Concertino ist mit zwei hohen Melodieinstrumenten (Violinen, Flöten, Oboen …) und einem Bassinstrument (Violoncello, Fagott, Gambe …) besetzt. In der späteren Entwicklung finden sich erweiterte Instrumentierungen. Das Cembalo übernimmt – z. T. mit Unterstützung des Violoncellos – die Aufgabe der durchgängigen Begleitung **(basso continuo, b. c.)** und ist als bezifferte Bassstimme ohne darüber liegende Akkorde (= Generalbass, siehe S. 54 ff.) notiert. An die Stelle des Cembalos können auch andere Instrumente treten (Spinett, Laute …).

Der Aufbau ist **drei- bzw. viersätzig**. Die Tempi der einzelnen Sätze stehen im Wechsel zwischen schnell und langsam, z. T. finden sich auch tanzartige Sätze. Formal folgt das Concerto grosso der **Ritornellform**. Dabei wechseln sich Ritornelle (in verschiedenen Tonarten stehende Tuttiteile) und Episoden/ Couplets (modulierende Soloteile) ab.

In Klausuren der Oberstufe und in der Abiturprüfung werden Kenntnisse über Merkmale und Klangbild des Spätbarock am Beispiel eines Concerto grosso erwartet.

Merkmale des Concerto grosso
- **Konzertierendes Prinzip:** Wechselspiel (= Mit- und Gegeneinander) von **Concertino** (Solistengruppe) und **Ripieno** (Orchester) als alternierende Klanggruppen
- Mit deutlich voneinander **getrennten Tutti- und Soloabschnitten**, dabei z. T.
  - Mitspielen des Concertino in den Tutti-Abschnitten (als Bestandteil des Ripieno) und/oder
  - Begleitung des Concertino durch das Ripieno in den Solo-Abschnitten (in kleiner Besetzung)
- Dadurch Wirkung der **Kontrastierung** (Dynamik, Klangfarbe, Tonhöhe …)
- Cembalo (und/oder Violoncello) als **basso continuo** (b. c.) mit Notation als **bezifferter Bass (= Generalbass)**

Bekannte Komponisten von Concerti grossi sind u. a. Johann Sebastian Bach, Arcangelo Corelli, Georg Friedrich Händel, Johann Philipp Krieger, Georg Muffat, Johann Christoph Pepusch, Georg Philipp Telemann, Giuseppe Torelli, Alessandro Scarlatti und Antonio Vivaldi.

Beispielaufgabe

Nennen und Belegen von Merkmalen des Concerto grosso

Nennen Sie Merkmale des Concerto grosso und belegen Sie diese am 4. Satz des Konzertes op. 6/2 von Arcangelo Corelli!

Notenbeispiel 16 (S. 40):
ARCANGELO CORELLI: Konzert op. 6 Nr. 2, 4. Satz (Anfang) – modifiziert

Corelli – Concerto Grosso No. 2 in F Major The Garden of Harmony *(youtube, ab 8:11)*

■ **Erschließen der Aufgabenstellung**

Der **Operator „Nennen Sie"** verlangt, dass Sie die **Merkmale des Concerto grosso** unter Verwendung der Fachsprache auflisten und dies ggf. in vollständige Sätze fassen. Eine Darstellung als zusammenhängenden Text und die Erläuterung der Merkmale ist jedoch nicht notwendig.

Der **Operator „Belegen Sie"** erfordert den **Nachweis am Notentext**, wobei Sie Takt und/oder Stimme genau angeben müssen. Eine Beschreibung bzw. Erläuterung müssen Sie auch hier nicht vornehmen.

■ **Methodisches Vorgehen**

1. Legen Sie sich eine Tabelle an, in der Sie **Merkmale und Belegstellen gegenüberstellen** können. Tragen Sie zunächst alle Ihnen bekannten Merkmale in die Tabelle ein.
2. Untersuchen Sie das Notenbeispiel auf entsprechende typische Merkmale und tragen Sie Ihre „Fundstellen" in die Tabelle ein.
3. Die Fundstellen können z. T. mehreren Merkmalen als Belege zugeordnet werden. Sie können diese entsprechend mehrfach in die Tabelle aufnehmen; in Ihrer Lösung sollten Sie jedoch **möglichst unterschiedliche Belegstellen** für die einzelnen Merkmale angeben.
4. Formulieren Sie anschließend Ihre **Lösung in vollständigen Sätzen**.

Concerto grosso | 69

TIPP

Es finden sich möglicherweise nicht alle möglichen Merkmale in den zu untersuchenden Notenbeispielen. Lassen Sie sich hiervon nicht irritieren!

Die zu erreichenden Bewertungseinheiten geben z. T. keinen eindeutigen Hinweis auf die Anzahl der zu nennenden/darzustellenden Merkmale und deren Belegstellen. Es ist also nicht ratsam, daraus Schlüsse für Ihre Lösung zu ziehen.

■ Notizen zur Lösung*

Merkmale Concerto grosso	Beleg am Notentext, z. B.
konzertierendes Prinzip (Wechselspiel Concertino/Ripieno)	zweitaktiges Wechselspiel zwischen Concertino und Ripieno in den Takten 1 mit 8, dabei Mitspielen des Concertino als Bestandteil des Ripieno: T. 1/2: Concertino T. 3/4: Ripieno T. 5/6: Concertino T. 7/8: Ripieno
deutlich voneinander getrennte Tutti- und Solo-Abschnitte	Solo-Abschnitt T. 9 mit 12 (Begleitung des Concertino durch Einwürfe des Ripieno am Ende der zweitaktigen Phrasen); Tutti-Abschnitt T. 13 mit 18 (Mitspielen des Concertino als Bestandteil des Ripieno)
kontrastierende Wirkung	zweitaktiger Wechsel zwischen Tutti- und Solo-Abschnitten in den Takten 23 mit 30 (forte/piano-Effekt): T. 23/24: Concertino T. 25/26: Ripieno (Mitspielen des Concertino) T. 27/28: Concertino T. 29/30: Ripieno (Mitspielen des Concertino)
• Cembalo und Violoncello als basso continuo • Bassstimme des Cembalo mit Generalbass-Bezifferung	• durchgehende Bassstimme des Cembalo und Violoncello (T. 1 mit 30) • Bassstimme des Cembalo mit Generalbassbezifferung (T. 1 mit 30)

* Ohne Mehrfachnennung der Belege zu den einzelnen Merkmalen. Eine andere Zuordnung der ausgewählten Beispiele zu Merkmalen des Concerto grosso ist ebenfalls möglich.

■ Lösungsvorschlag

Merkmale des Concerto grosso sind:

- **Konzertierendes Prinzip** (Wechselspiel Concertino/Ripieno), nachweisbar am zweitaktigen Wechselspiel zwischen Concertino und Ripieno in den Takten 1 mit 8, dabei Mitspielen des Concertino als Bestandteil des Ripieno (T. 1/2: Concertino, T. 3/4: Ripieno, T. 5/6: Concertino, T. 7/8: Ripieno)

- Deutlich voneinander getrennte **Tutti- und Soloabschnitte**, nachweisbar an Soloabschnitt Takt 9 mit 12 (Begleitung des Concertino durch Einwürfe des Ripieno am Ende der zweitaktigen Phrasen) und Tuttiabschnitt T. 13 mit 16 (Mitspielen des Concertino als Bestandteil des Ripieno)
- **Kontrastierende Wirkung**, nachweisbar am zweitaktigen Wechsel zwischen Tutti- und Soloabschnitten (forte/piano-Effekt) in den Takten 23 mit 30, dabei Mitspielen des Concertino als Bestandteil des Ripieno (T. 23/24: Concertino, T. 25/26: Ripieno, T. 27/28: Concertino, T. 29/30: Ripieno)
- Cembalo und Violoncello als **basso continuo** und Bassstimme des Cembalo mit **Generalbass-Bezifferung**, nachweisbar an der durchgehenden Bassstimme des Cembalo und Violoncello (T. 1 mit 30) und der Bassstimme des Cembalo mit Generalbassbezifferung (T. 1 mit 30)

Übungsaufgaben

21 Nennen Sie Merkmale des Concerto grosso und belegen Sie diese am 5. Satz des Konzertes op. 6/5 von Arcangelo Corelli!

> Notenbeispiel 17 (S. 42):
> ARCANGELO CORELLI: Konzert op. 6 Nr. 5, 5. Satz (Anfang) – modifiziert

> Corelli Concerti Grossi No. 5 in B flat major, Op. 6 / Fabio Biondi Europa Galante (*youtube, ab 8:00*)

22 Nennen Sie Merkmale des Concerto grosso und belegen Sie diese am 5. Satz des Konzertes *Armonico tributo* Nr. IV von Georg Muffat!

> Notenbeispiel 18 (S. 44):
> GEORG MUFFAT: *Armonico tributo* Nr. IV, 5. Satz (Anfang) – modifiziert

> Georg Muffat-Sonate no. 4 en mi mineur-Ensemble 415. (*youtube, ab 6:17*)

Höraufgabe ohne Vorlage des Notentextes: Begründete Zuordnung zur Gattung Concerto grosso

Sie hören zweimal ein Concerto grosso, das Ihnen nicht als Notentext vorliegt. Begründen Sie die Zuordnung zur Gattung Concerto grosso!

■ Erschließen der Aufgabenstellung

Der Operator **„Begründen Sie"** erfordert eine Darstellung Ihrer Ergebnisse als zusammenhängenden Text, wobei Sie die Gattung des Concerto grosso **aufgrund Ihres Höreindrucks** anhand ausgewählter Beispiele **belegen** sollen. Woran Sie diese Zuordnung beim Hören erkannt haben, müssen Sie in nachvollziehbaren Aussagen und Argumenten zu Papier bringen. Eine kritische Diskussion ist nicht gefordert, daher genügt es, Höreindrücke festzuhalten, die die Zuordnung zur Gattung Concerto grosso stützen.

■ Methodisches Vorgehen

1. Legen Sie sich eine Tabelle an und notieren Sie sich **allgemeine Merkmale** eines Concerto grosso.
2. Verfolgen Sie das Hörbeispiel im Hinblick auf diese Merkmale und notieren Sie sich Ihre **Eindrücke**. Die Belegstellen müssen Sie nicht als genaue Taktangaben anführen, da die Begründung für die Zuordnung zur Gattung des Concerto grosso ohne Einblick in den Notentext erfolgt.
3. Verwenden Sie für Ihre Aussagen und Argumente eindeutig nachvollziehbare, möglichst **konkrete und unmissverständliche Hinweise** für die Fundstellen, die Sie als Belege heranziehen (z. B. „gleich zu Beginn", „unmittelbar am Anfang", „nach wenigen Takten", „nach dem dritten Tutti-Einsatz", „im weiteren Verlauf", „etwa in der Mitte", „gegen Ende", „am Ende").
4. Erstellen Sie anschließend aus diesen Notizen einen fortlaufenden Text.

■ Notizen zur Lösung

Merkmale Concerto grosso	Höreindruck
konzertierendes Prinzip (Wechselspiel Concertino/Ripieno)	deutlicher Wechsel zwischen Concertino und Ripieno (z. B. *gleich zu Beginn*)
deutlich voneinander getrennte Tutti- und Solo-Abschnitte	durchgehend deutlich hörbare Wechsel zwischen Tutti- und Solo-Abschnitten (*im weiteren Verlauf*) des Hörbeispiels

Merkmale Concerto grosso	Höreindruck
kontrastierende Wirkung	kontrastierende Wirkung durch piano/forte-Eindruck durch den Wechsel zwischen Concertino und Ripieno *(im gesamten Hörbeispiel, insbesondere am Ende)*
Cembalo und Violoncello als basso continuo	durchgehende Bassstimme des Cembalo und Violoncello

■ **Lösungsvorschlag**

> **Hinweis:** *Der hier angeführte Lösungsvorschlag bietet mögliche Formulierungs- und Argumentationsmöglichkeiten. Diese sind auf von Ihnen ausgewählte Hörbeispiele übertragbar. Mögliche Fundstellen sind daher farbig gesetzt und je nach gewähltem Hörbeispiel zu verändern. Zur Übung eignen sich Concerti grossi von Komponisten des Barock, die Sie problemlos im Internet finden können.*

Die Zuordnung zur Gattung Concerto grosso lässt sich durch den Höreindruck begründen. **Gleich zu Beginn** des Hörbeispiels wird das konzertierende Prinzip durch den deutlichen Wechsel zwischen Concertino und Ripieno deutlich. **Im weiteren Verlauf** sind klar voneinander getrennte, sich abwechselnde Tutti- und Solo-Abschnitte zu erkennen. **Im gesamten Hörbeispiel, insbesondere am Ende**, entsteht der Eindruck dynamischer Kontraste von forte und piano. Diese Wirkung wird ebenfalls durch das Wechselspiel von Concertino und Ripieno hervorgerufen. Cembalo und Violoncello sind durchgängig zu hören und bieten als basso continuo das durchlaufende Fundament des Werkes.

■ **Weitere Übungsmöglichkeiten**

Analog zu dieser Beispielaufgabe können Sie selbst gewählte Hörbeispiele bearbeiten. Übungsmöglichkeiten finden Sie z. B. auf YouTube unter den Schlagworten „Concerto grosso" + Name eines Komponisten der Barockzeit. Geeignet sind hierfür u. a. Arcangelo Corelli, Georg Friedrich Händel, Georg Muffat.

Bildhafte Gestik in Vokalmusik

Mit „Bildhafter Gestik" ist das **direkte Abbilden** und/oder **die Steigerung einer Textaussage** durch die Musik gemeint. Hierzu werden bestimmte musikalisch-rhetorische Figuren eingesetzt, die der Sprechstimme und Rhetorik folgen. Diese musikalisch-rhetorischen Figuren wurden vielfach durch Musiktheoretiker in **Figurenlehren** kategorisiert. Da sich diese Figurenkataloge bezüglich Inhalt und Umfang z. T. erheblich voneinander unterscheiden, finden sich nur bedingt einheitliche und allgemeingültige lateinische und/oder griechische Bezeichnungen der einzelnen musikalisch-rhetorischen Figuren.

In Werken von Johann Sebastian Bach, Christoph Bernhard, Heinrich Grimm, Heinrich Schütz oder Matthias Weckmann u. a. lässt sich diese bildhafte Gestik finden.

In Abituraufgaben und Klausuren ist häufig der Nachweis/das Aufzeigen von bildhafter Ausdeutung des Textes verlangt. Eine Benennung mit Fachbegriffen und eine Einordnung der einzelnen musikalisch-rhetorischen Figuren in Kategorien ist in der Regel nicht erforderlich. Daher wird in den folgenden Lösungsvorschlägen darauf verzichtet.

> **Anmerkung:** *Bezüglich des Anforderungsniveaus hinsichtlich Benennung und/oder Einordnung der musikalisch-rhetorischen Figuren gelten in jedem Fall die Vorgaben der Kursleiter!*

Kategorisierung musikalisch-rhetorischer Figuren
- **Hypotyposis** (= Abbildung): der Inhalt des Textes wird musikalisch unmittelbar und deutlich sicht- und hörbar abgebildet, z. B. durch:
  – absteigende/aufsteigende Linien (auch chromatisch)
  – Aufwärts-/Abwärtssprünge
  – (kleine/große) Notenwerte
  – Tonwiederholungen
- **Emphasis** (= Steigerung des Ausdrucks): die Aussage des Textes wird musikalisch gesteigert, z. B. durch:
  – Vorhaltbildungen
  – Dissonanzen
  – Chromatik
  – Synkopen
  – „Seufzer"-Melodik
  – Pausen (unerwartete Pausen innerhalb eines melodischen Abschnitts, Generalpausen)
  – Textwiederholungen

Beispiel   **Beispiele für musikalisch-rhetorische Figuren***

absteigende Linie (Himmel → Erde), *Katabasis*
→ Erde, Hölle, Sterben, Tod, Erniedrigung, Abstieg

aufsteigende Linie (Sehnen nach dem Herrn), *Anabasis*
→ Auferstehung, Himmel, Gott, Hochschätzung, Anstieg

aufsteigende Linie (als Frage), *Interrogatio*
→ Frage

chromatische Abwärtslinie („Trauer"), *Passus duriusculus* (im Intervallbereich der Quarte)
→ Sünde, Buße, Qual, Trauer, Leid, Falschheit, Bosheit

umkreisende Melodiebewegung („Erde", (um-)kreisen"), *Circulatio*
→ umschlingen, umkreisen, umzingeln, fesseln, binden

Sprung nach oben (Ausruf), *Exclamatio*
→ bitten, flehen, schreien, ausrufen, anrufen

Liegetöne – große Notenwerte („große" Schuld), *Extensio*
→ Größe, Ruhe, ewig, dauernd, unendlich, unvergänglich

Bildhafte Gestik in Vokalmusik 75

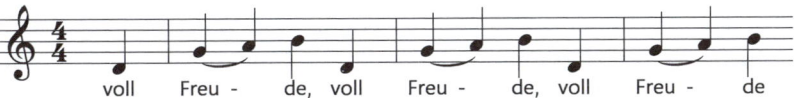

voll Freu - de, voll Freu - de, voll Freu - de

Wiederholung (Freude), *Analepsis*
→ Steigerung, Verdeutlichung, Hervorhebung, Verstärkung, Bekräftigung

mit Müh' und Plag', voll Sorg' und Leid

„Seufzer" + gleichzeitig Sequenz (Mühen), *Suspiratio + Climax/Hyperbaton*
→ Sehnsucht, Seufzer, Last, Kummer, Freude, Jubel, Glück

ach könnt ich ver-trau-en und tief da - ran glau -ben

Unterbrechen der Melodie durch abrupte Pausen (Seufzen, Sehnsucht), *Tmesis*
→ Seufzer, Mühe, Last, Unglück, Leid, Verzweiflung, Hilflosigkeit

* Auswahl der lateinischen bzw. griechischen Bezeichnungen durch die Autorin; aufgrund der Vorgaben der Kursleiter ggf. andere Bezeichnungen erforderlich

Beispielaufgabe

Nachweis von bildhafter Gestik in Vokalmusik

 Weisen Sie an zwei unterschiedlichen Stellen nach, wie Heinrich Schütz den Text bildhaft ausdeutet!

 Notenbeispiel 19 (S. 46):
HEINRICH SCHÜTZ: *Himmel und Erde vergehen* (Kleine geistliche Konzerte I, op. 8, SWV 300)

 Heinrich Schütz – Kleine geistliche Concerte SWV 282-305 *(youtube, ab 46:47)*

■ Erschließen der Aufgabenstellung

Der **Operator „Weisen Sie nach"** erfordert immer einen exakten Beleg der entsprechenden Stelle am Notentext, wobei Sie **Takt und/oder Stimme genau angeben** müssen. Hier ist verlangt, dass Sie einen **Bezug zwischen Text-(aussage) und bildhafter (musikalischer) Gestaltung** herstellen. Eine detaillierte Beschreibung bzw. Erläuterung ist nicht notwendig. Bildhafte Textausdeutung erfolgt durch die Anwendung von musikalisch-rhetorischen Figuren, in denen z. T. auch der gezielte Einsatz von Pausen, Wiederholungen u. Ä. Verwendung findet. Auf Harmonik und/oder Satztechnik müssen Sie aufgrund der Formulierung „bildhaft" in der Aufgabenstellung nicht eingehen.

> **Anmerkung:** *Bei einer Aufgabenstellung, die die Beschreibung/den Nachweis/ das Aufzeigen der „Ausdeutung des Textes durch musikalische Mittel" erfordert, sollen harmonische und satztechnische Aspekte jedoch berücksichtigt werden. Achten Sie auf diese Abgrenzung zu einer Aufgabenstellung, die sich auf die rein bildhafte Ausdeutung beschränkt.*

■ Methodisches Vorgehen

1. Untersuchen Sie den Text auf **Wörter und/oder Textpassagen**, die sich aufgrund ihrer **deutlichen Aussagekraft** für eine bildhafte Ausdeutung anbieten, und markieren Sie diese im Text und/oder Notentext.
2. Untersuchen Sie nun das Notenbeispiel auf bildhafte musikalische Ausgestaltung der ausgewählten/markierten Textbeispiele.
3. Halten Sie Ihre **Ergebnisse tabellarisch** fest. (Ergänzungen bzw. Streichungen sind so jederzeit übersichtlich und strukturiert möglich.)
4. Formulieren Sie Ihre Ergebnisse – falls gefordert – in einem zusammenhängenden Text aus.

■ Lösungsvorschlag

Text	Takt-/Stimmen-angabe	Bildhafte Ausdeutung (Beleg am Notentext) z. B.
„Himmel und Erde vergehen"	Bass 1: T. 1/2; Bass 2: T. 2/3; Bass 3: T. 3/4;	• insgesamt abwärts gerichtete Melodik • (kleine) Sekunde abwärts bei „Himmel", ganze und halbe Note. Pause nach „Himmel" als Abgrenzung zu „Erde" • Dreiklangsmelodik „und Erde ver(gehen)", halbe und Viertelnoten; bekräftigender Quintsprung auf- und abwärts bei „(ver)gehen" *(Imitatorische Einsätze der drei Gesangsstimmen)* → zeigt die Vergänglichkeit von Himmel und Erde

„aber meine Wort vergehen nicht"	Bass 2: T. 10 (zweite Takthälfte); Bass 2: T. 13; Bass 1: T. 15 (zweite Takthälfte);	• fast ausschließlich halbe Noten („aber meine Wort") mit abschließender Pause, insgesamt aufwärts gerichtet • anschließend Melisma in Achtelnoten („vergehen nicht"), insgesamt abwärts gerichtet mit umkreisender Figur • abschließende Quintsprünge auf- und abwärts („vergehen nicht") *(Wiederholung in allen drei Stimmen)* → zeigt die Unvergänglichkeit des Wortes

Übungsaufgaben

23 Weisen Sie an zwei unterschiedlichen Stellen nach, wie Heinrich Schütz im Kleinen geistlichen Konzert *Ich liege und schlafe* den Text bildhaft ausdeutet!

> **Notenbeispiel 20 (S. 48):**
> **HEINRICH SCHÜTZ:** *Ich liege und schlafe* **(Kleine geistliche Konzerte I, op. 8, SWV 310)**

> Heinrich Schütz: Ich liege und schlafe SWV 310 *(youtube)*

24 Weisen Sie an zwei unterschiedlichen Stellen nach, wie Heinrich Schütz im Kleinen geistlichen Konzert *Ich beuge meine Knie* den Text bildhaft ausdeutet!

> **Notenbeispiel 21 (S. 50):**
> **HEINRICH SCHÜTZ:** *Ich beuge meine Knie* **(Kleine geistliche Konzerte I, op. 8, SWV 319)**

> „Ich beuge meine Knie" by Heinrich Schütz *(youtube)*

Klassik

Einblick in die Epoche

Die musikalische Epoche der Klassik umfasst in etwa den Zeitraum des frühen **18. Jahrhunderts** und beginnenden **19. Jahrhunderts**.

Unterteilt wird diese Epoche in zwei Abschnitte:
- Frühklassik ca. 1720 bis ca. 1770
- Wiener Klassik ca. 1770 bis ca. 1830

Der Umbruch in der Gesellschaft und die veränderten Klangideale der Musik leiten ab den 1720er-Jahren einen **Stilwandel** ein, der parallel zum Spätbarock verläuft (galanter Stil, empfindsamer Stil). Gekennzeichnet ist dieser Stilwandel durch die Abkehr von der strengen Kontrapunktik des Barock. Im Vordergrund stehen nun eine **kantable Melodik** und **klare Harmonik**.

Die Musik der **Wiener Klassik** zeichnet sich durch Klarheit, Überschaubarkeit, Einfachheit und Natürlichkeit aus. Im Vordergrund steht eine insgesamt **liedhafte Melodik** mit Gliederung in einzelne Motive und Perioden, also in meist 8 Takte, die zweiteilig, z. T. symmetrisch aufgebaut sind. Der Verlauf des musikalischen Geschehens ist von der kunstvollen Verarbeitung dieses motivisch-thematischen Materials geprägt. Das Thema kann dabei in seinem Ablauf auf verschiedene Stimmen aufgeteilt sein. Diese Kompositionstechnik wird als „durchbrochener Stil" oder „durchbrochene Arbeit" bezeichnet. Die **Harmonik** der Musik dieser Zeit ist insgesamt **schlicht** und der Melodik **untergeordnet**.

Im formalen Bereich findet sich allmählich eine feste Satzfolge. Die Sonatenform (auch **Sonatenhauptsatzform**) setzt sich mehr und mehr durch. Der Aufbau des Kopfsatzes (1. Satz) folgt dabei einem festen Schema: der Komponist stellt im Anfangsteil, in der **Exposition**, die in der Regel kontrastierenden Themen (dualistisches Prinzip/**Themendualismus**) nacheinander vor, verarbeitet diese anschließend in der **Durchführung**, wiederholt die Exposition auf einer anderen Tonstufe (**Reprise**) und rundet den Satz mit einer **Coda** (Schlussgruppe) ab.

Sonatenhauptsatzform

Exposition	Durchführung	Reprise	Coda
Vorstellung der (meist kontrastierenden) Themen	Verarbeitung der Themen	Wiederholung der Exposition	Abschluss des Satzes

Besondere Bedeutung für die Entwicklung der Musik der Wiener Klassik kommt der **Mannheimer Schule** (musikalische Stilrichtung am kurfürstlichen Hof in Mannheim) zu. Deren Einfluss bezieht sich dabei gleichermaßen auf Formbildung, Besetzung, melodische Charakteristika etc. wie auf die Disziplin des Orchesters im Hinblick auf die musikalische Ausführung (z. B. Präzision, einheitlicher Bogenstrich). Die **Dynamik** wird erweitert, es finden sich extreme dynamische Kontraste und Steigerungen sowie fließende Dynamik- und **Tempoübergänge**. Daneben sind zahlreiche Effekte in den Werken der Mannheimer Schule zu finden, die als **Mannheimer Manieren** bezeichnet werden und nachfolgende Komponisten nachhaltig prägten. Dazu zählen die **Mannheimer Walze** (crescendierende aufwärts gerichtete melodische Figur mit Sequenzierung), die **Mannheimer Rakete** (crescendierende aufwärtssteigende Bewegung als gebrochener Dreiklang oder Tonleitermotiv zu einem Spitzenton), der **Mannheimer Vorhang** (Akkordwiederholungen im forte zu Beginn eines schnellen Satzes, meist in Viertelnoten), Seufzermotive, Tremoli u. v. a.

Neue Gattungen der Klassik sind **Streichquartett** und **Symphonie**. Die **Oper** bleibt als Gattung bestehen, die Texte werden jedoch zunehmend gesellschaftskritischer. Neben der opera seria (ernste Oper) entwickelt sich die opera buffa (komische Oper) und das **Singspiel**, dem tänzerische Einlagen und gesprochene Texte hinzugefügt werden. Die Instrumentalmusik erlebt durch das öffentliche **bürgerliche Konzertwesen** einen Aufschwung. **Hausmusikabende** erfreuen sich zunehmender Beliebtheit.

Wichtige Komponisten in der Epoche der Klassik sind u. a. Carl Philipp Emanuel Bach, François Couperin, Christoph Willibald Gluck (galanter Stil/empfindsamer Stil), Christopher Pepusch, Alessandro und Domenico Scarlatti sowie Joseph Haydn, Wolfgang Amadeus Mozart und Ludwig van Beethoven (Wiener Klassik).

■ Notenausgaben (Editionen)

Die Ausführung bzw. Interpretation von Kompositionen erfordert neben Kenntnissen über die Stilistik der jeweiligen Epoche und ggf. den Personalstil des Komponisten ein genaues Studium des Notentextes. In der Verlagslandschaft findet sich eine Vielzahl von z. T. erheblich voneinander abweichenden Notenausgaben ein und desselben Werkes. Diese **Editionsvielfalt** trägt den unterschiedlichen Erwartungen und Ansprüchen der verschiedenen Zielgruppen Rechnung.

Lernende und Laienmusiker greifen gerne auf **bearbeitete Ausgaben** zurück, die z. B. Spielhilfen (Fingersätze, Pedal- und Stricheinzeichnungen etc.) und weiterführende Hinweise zur Ausführung (Phrasierung, Artikulation, Dynamik, Tempo etc.) enthalten. Bei derartigen Bearbeitungen handelt es sich um Interpretationen des jeweiligen Herausgebers mit der Zielsetzung, eine Einstudierung zu erleichtern und es zu ermöglichen, sich dem entsprechenden Werk schrittweise anzunähern.

Lehrende und professionelle Musiker bevorzugen dagegen Ausgaben, die den Willen des Komponisten möglichst unverfälscht wiedergeben. Hierzu zählen neben **Erstausgaben**, die auf den originalen Handschriften basieren, die sogenannten **Urtextausgaben**, in denen der Herausgeber wissenschaftliche Quellen hinzuzieht, diese aus- und bewertet und auf dieser Grundlage eine Ausgabe erstellt, die den Notentext möglichst unverfälscht wiedergibt. Die Kennzeichnung und Begründung eventueller Zusätze erfolgt in der Regel im Vorwort, mittels Fußnoten, Einzeichnungen im Notentext etc. Der Vorteil dieser Ausgaben liegt darin, dass der Interpret der Ausführung der Komposition eine besondere, persönliche und dabei doch dem Komponisten und seiner Zeit gerecht werdende Klanglichkeit verleiht. Dieser Freiheit sind jedoch Grenzen gesetzt, da der Stilistik der jeweiligen Epoche und ggf. dem Personalstil des Komponisten Rechnung getragen werden muss.

In Klausuren der Oberstufe wie auch in Abituraufgaben können Vergleiche verschiedener Notenausgaben verlangt werden. Daher müssen Ihnen Aspekte, die sich für einen qualifizierten Vergleich eignen, geläufig sein.

Mögliche Aspekte zum Vergleich verschiedener Notenausgaben
- **Tempo:** Tempoangaben (z. T. durch Metronomzahlen), Tempowechsel …
- **Artikulation:** staccato, portato, legato …
- **Dynamik:** grundlegende Angaben (forte, piano …), Zwischenstufen (crescendo, decrescendo …) …

- **Taktart:** ⁴/₄tel – alla breve ...
- **Phrasierung:** Phrasierungsbögen ...
- **Spielhilfen:** Fingersätze, ausnotierte Triller und/oder Verzierungen, Pedal/Dämpfer (Klavier), Stricharten (Auf- bzw. Abstrich), Atemzeichen ...
- **Notenbild/Notation:** übersichtlich/unübersichtlich („überladen"), alte Schlüssel, alte Notation, mehr- bzw. zweizeiliger Chorsatz, Generalbass (ausgesetzt und/oder beziffert) ...
- **Besetzung:** angegebene Begleitinstrumente (Cembalo, Orgel, Klavier ...), Hinweise zu Solo-und/oder Tutti-Partien (Solokonzert), Instrumentalsatz oder Klavierauszug ...

Beispielaufgabe

Gegenüberstellen zweier Notenausgaben (Editionen)

Der Anfang des 1. Satzes der Klaviersonate op. 13 von Ludwig van Beethoven liegt Ihnen in den Ausgaben A und B vor.
Stellen Sie die Unterschiede der beiden Ausgaben anhand von fünf selbst gewählten Aspekten einander tabellarisch gegenüber!

Notenbeispiel 22 (A und B) (S. 53 f.):
LUDWIG VAN BEETHOVEN: Klaviersonate op. 13, 1. Satz (Anfang)

Beethoven Piano Sonata No. 8 in C minor „Pathetique" Op. 13 – Schnabel *(youtube)*

■ **Erschließen der Aufgabenstellung**

Der **Operator „Stellen Sie gegenüber"** erfordert das Aufzeigen von Unterschieden anhand geeigneter Aspekte. Die aufgelisteten **Unterschiede** sollen Sie **exemplarisch belegen**, indem Sie die Taktangaben der Fundstellen angeben. Die Aufgabe ist in Tabellenform zu bearbeiten, d. h., eine Ausformulierung und/oder Wertung ist laut Aufgabenstellung nicht gefordert.

> **TIPP**
>
> Erstellen Sie zunächst eine Tabelle, in die Sie viele **verschiedene Aspekte als mögliche Vergleichspunkte** aufnehmen. Untersuchen Sie anschließend die beiden Ausgaben und wählen Sie die **aussagekräftigsten Vergleichspunkte** für Ihre Lösung aus. Lassen Sie Aspekte, bei denen Sie keine Unterschiede in den beiden Ausgaben gefunden haben, unberücksichtigt!

Anmerkung: *Aufgabenstellungen, die einen Vergleich von Notenausgaben zum Inhalt haben, erscheinen in der Regel nicht als isolierte Aufgaben. Meist ist damit eine nachfolgende Teilaufgabe verbunden, für die die Ergebnisse der Gegenüberstellung relevant sind. Hier wird zumeist Folgendes von Ihnen erwartet:*
- *eine kritische Stellungnahme,*
- *eine allgemeine Beurteilung hinsichtlich der Vor- und Nachteile der verschiedenen Ausgaben aus Ihrer Sicht oder aus der eines professionellen Musikers,*
- *die Beurteilung der Eignung für eine der historischen Aufführungspraxis entsprechenden Interpretation,*
- *das Verfassen einer Musikkritik o. Ä.*

Beachten Sie daher bei der Auswahl der zu vergleichenden Aspekte bezüglich der verwertbaren Informationen die möglicherweise nachfolgende Teilaufgabe!

■ **Lösungsvorschlag**

Aspekt	Ausgabe A	Ausgabe B
Tempo	Grave	Grave, zusätzlich detaillierte Metronom-Angabe (♪ = 69)
Artikulation	keine Angaben außer • Abphrasierung T. 4, Zz. 3 • portato T. 9, Zz. 2, T. 10, Zz. 2	zusätzliche, erweiterte Angaben, z. B. • portato (staccato mit legato-Bogen) T. 1/2 und T. 5/6, Ober- und Unterstimmen • tenuto T. 9 (Oberstimmen) und T. 10 (Unterstimmen)
Dynamik	differenzierte Angaben z. B. *fp* in T. 1, 2, 3 *sf* in T. 3 und 4 *sfp* in T. 9 cresc. in T. 4 und 8	zusätzliche, erweiterte Angaben z. B. ⟨ ⟩ in T. 1/2 etc. *f* in T. 4 und T. 10 cresc. in T. 10 Akzente in T. 7/8
Spielhilfen	keine Fingersätze	Fingersätze
Notenbild, Notation	übersichtlich	z. T. unübersichtlich; Trennung der Querbalken in den Figurationen der Oberstimme T. 4 (64tel) und T. 10 (128tel)

Übungsaufgaben

25 Der Anfang des 1. Satzes der Klaviersonate KV 576 von Wolfgang Amadeus Mozart liegt Ihnen in den Ausgaben A und B vor.
Stellen Sie die Unterschiede der beiden Ausgaben anhand von fünf selbst gewählten Aspekten einander tabellarisch gegenüber!

> **Notenbeispiel 23 (A und B) (S. 55 f.):**
> WOLFGANG AMADEUS MOZART: Klaviersonate KV 576, 1. Satz (Anfang)

> Mozart Piano Sonata No 18 C major K 576 Barenboim *(youtube)*

26 Der Anfang des Chores Nr. 14 *Die Himmel erzählen* aus dem Oratorium *Die Schöpfung* von Joseph Haydn liegt Ihnen in den Ausgaben A und B vor.
Stellen Sie die Unterschiede der beiden Ausgaben anhand von fünf selbst gewählten Aspekten einander tabellarisch gegenüber!

> **Notenbeispiel 24 (A und B) (S. 57 f.):**
> JOSEPH HAYDN: Chor Nr. 14 *Die Himmel erzählen die Ehre Gottes*, Oratorium *Die Schöpfung*, Hob. XXI:2 (Anfang)

> Christmas in Vienna – Joseph Haydn – Die Schöpfung – Die Himmel erzählen *(youtube)*

Motivisch-thematische Arbeit

Die Motive eines Themas oder einer themenähnlichen Gestalt stellen quasi die Keimzelle der Komposition dar, aus der sich deren weiterer Verlauf entwickelt. Sie bleiben auch bei (rhythmischer und/oder melodischer) Abwandlung als **(rhythmische und/oder melodische) Muster** erkennbar. Die Motive können dabei sowohl originalgetreu als auch verändert und dabei in unterschiedlichen daraus möglichen Kombinationen in allen Stimmen verarbeitet sein, wobei einzelne Stimmen unter Umständen auch kein motivisch-thematisches Material aufweisen können. Die unterschiedliche Verarbeitung von Motiven und/oder eines Themas sind Kennzeichen für motivisch-thematische Arbeit, d. h. **kompositorisches Umgehen mit den Motiven eines Themas** bzw. einer themenähnlichen Gestalt, welche über einen längeren Zeitraum das musikalische Geschehen prägen.

Die Analyse eines Werkes im Hinblick auf das motivisch-thematische Material ist häufig Gegenstand von Abituraufgaben und Klausuren der Oberstufe. Sie sollten Möglichkeiten der Verarbeitung und Abwandlung von Motiven kennen.

Möglichkeiten der Verarbeitung von motivisch-thematischem Material
- **Aufgreifen des gesamten Materials originalgetreu** und/oder **transponiert**, dabei u. U. Wiederholung auf anderen Tonstufen unmittelbar aufeinanderfolgend (Sequenz)
- **Aufgreifen einzelner Motive** des Themas/der themenähnlichen Gestalt **originalgetreu** und/oder **transponiert**, dabei z. T.
  - **rhythmisch verändert** durch z. B.
    Augmentation
    Diminution
    Abänderung einzelner Notenwerte
  - **melodisch verändert** durch z. B.
    Umkehrung
    Krebs
    Krebsumkehrung
    Abänderung einzelner Intervalle
  - als **Ausschnitt** (= **Abspaltung**)
  - als **Sequenzen** (unmittelbare Wiederholung auf einer anderen Tonstufe)
  - als **rhythmische Muster**
  - als **melodische Muster**

Beispiel   Abwandlungen von motivischem Material

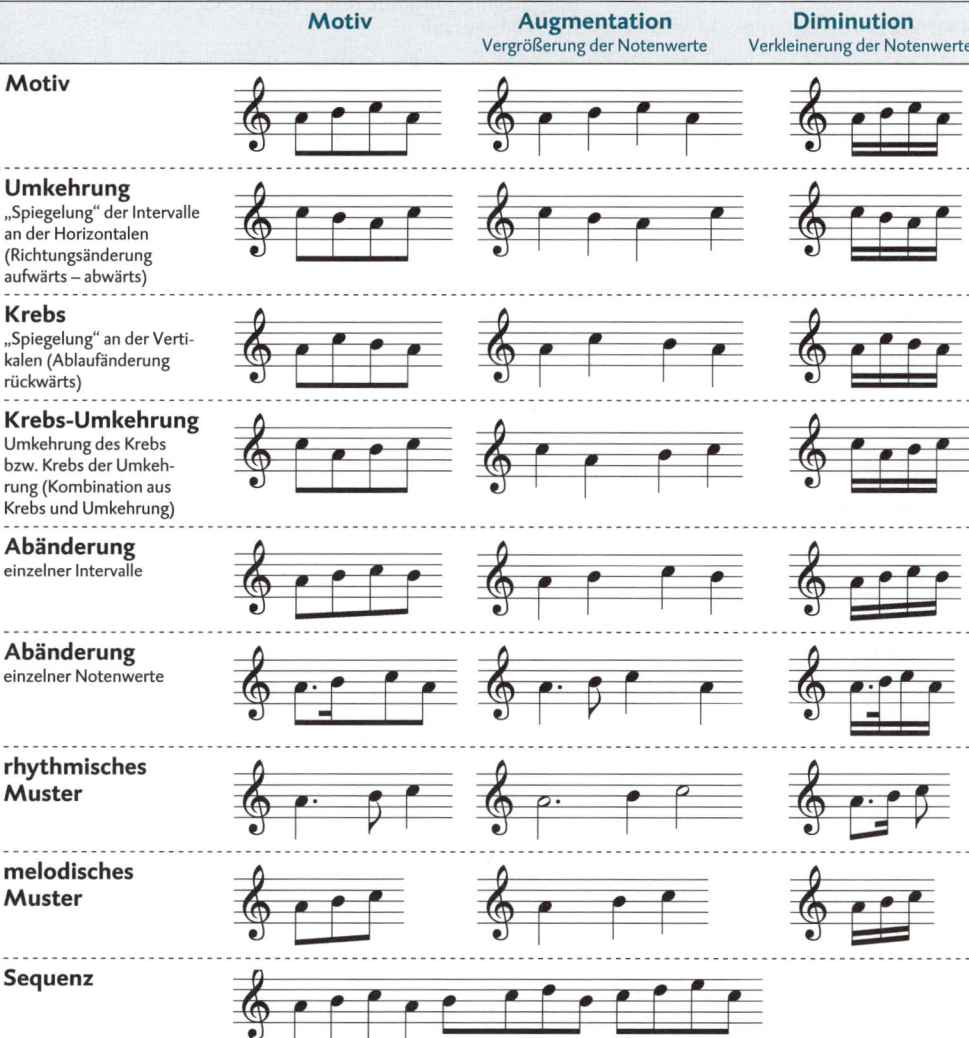

Beispielaufgabe

Nachweis von motivisch-thematischem Material

Weisen Sie das motivisch-thematische Material der Takte 1 mit 4, Zählzeit 1 (Wolfgang Amadeus Mozart, Streichquartett KV 464, 4. Satz, Violine 1) im weiteren Verlauf des Satzes nach!

> **Notenbeispiel 25 (S. 59):**
> **WOLFGANG AMADEUS MOZART: Streichquartett KV 464, 4. Satz (Anfang)**

Mozart K.464 String Quartet #18 in A 4th mov. Allegro *(youtube)*

■ **Erschließen der Aufgabenstellung**

Aus dem **Operator „Weisen Sie nach"** können Sie schließen, dass Sie entsprechende Stellen (hier das motivisch-thematische Material) im Notentext exakt belegen sollen. Hierzu müssen Sie sowohl die **Takte mit genauer Zählzeit** als auch die **jeweilige Instrumentalstimme** genau angeben. Motivisch-thematisches Material kann im Gesamten wie auch nur in Ausschnitten sowohl original als auch verändert verarbeitet sein. Der **Anteil der einzelnen Stimmen** an der motivisch-thematischen Arbeit kann unterschiedlich ausfallen – möglicherweise gibt es in einzelnen Stimmen gar kein motivisch-thematisches Material. Je nach Analyse-Ergebnis kann es sinnvoll sein, die Ergebnisse in tabellarischer Form festzuhalten.

> **Anmerkung:** *Die Tiefe der Darstellung, z. B. ob detaillierte Angaben zu den Veränderungen der Motive gewünscht sind und ob eine Ausformulierung als zusammenhängender Text gefordert wird, richtet sich nach den Vorgaben der Kursleiter!*

■ **Methodisches Vorgehen**

1. Markieren Sie sich das **motivisch-thematische Material** der in der Aufgabenstellung vorgegebenen Takte mit Farbe und nehmen Sie **Unterteilungen in einzelne Motive** vor.

2. Bezeichnen Sie diese Motive mit Kleinbuchstaben. Verwenden Sie dabei für gleiche Motive gleiche Buchstaben (z. B. a–a), für neue Motive andere Buchstaben (z. B. b, c) und für ähnliche Motive Bezeichnungen wie a' bzw. b'.

3. Analysieren Sie nun den gesamten Notentext sowohl auf die **Verarbeitung** des gesamten Themas/der gesamten thematischen Gestalt als auch auf einzelne Motive daraus.

Motivisch-thematische Arbeit | 89

4. Markieren Sie sich alle Stellen, in denen motivisch-thematisches Material sichtbar ist. Kennzeichnen Sie dieses entsprechend Ihrer vorgenommenen Unterteilung des vorgegebenen Materials und vermerken Sie **rhythmische und/oder melodische Veränderungen**.
5. Tragen Sie die Fundstellen – nach Stimmen und motivisch-thematischem Material geordnet – in eine Tabelle ein.
6. Überprüfen Sie anschließend auch die Fundstellen, in denen lediglich **rhythmische bzw. melodische Muster** der Motive erkennbar sind.
7. Formulieren Sie Ihre Ergebnisse ggf. in einem zusammenhängenden Text aus.

---TIPP---

Manchmal kann es sinnvoll sein, **mehrere Motive zu einem Abschnitt** zusammenzufassen. Für diese Abschnitte ist eine Bezeichnung mit Großbuchstaben empfehlenswert. Benutzen Sie ggf. zusätzlich zu den Kleinbuchstaben Farben und/oder Formen (Umkreisung, Rechteck) zur Hervorhebung des motivisch-thematischen Materials. Ihre **Einzeichnungen und Vermerke**, die Sie während Ihrer Analyse direkt im Notentext vornehmen, können möglicherweise bei der Bewertung Berücksichtigung finden. Sie ersetzen jedoch nicht die Niederschrift der Untersuchungsergebnisse z. B. in tabellarischer Form!

■ **Lösungsvorschlag**

Unterteilung des motivisch-thematischen Materials

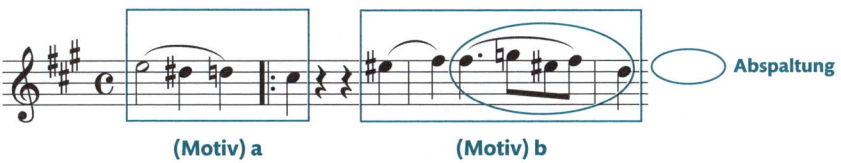

(Motiv) a   (Motiv) b   Abspaltung

Nachweis des motivisch-thematischen Materials* in tabellarischer Form

Violine 1	Violine 2	Viola	Violoncello
vorgegebenes Material: Takte 1 mit 4, Zz. 1			
Takte 5, 17, 21 (originalgetreue Übernahme, dabei auch transponiert)			
Motiv a: Takte 1 mit 2, Zz. 1 (originalgetreue Übernahme, dabei auch transponiert)			
Takte 40, 43, 48, 79, 81, 88, 93	Takte 18, 23, 42, 45, 79, 87, 90, 92	Takte 18, 23, 41, 46, 47, 80, 86, 91	Takt 82

Violine 1	Violine 2	Viola	Violoncello
Motiv b: Abspaltung Takt 3, Zz. 2, mit Takt 4, Zz. 1 (originalgetreue Übernahme, dabei auch transponiert)			
Takte 9, 11, 13*, 14*, 15*, 25, 26, 28, 32, 35, 44, 49, 50*, 51*, 52*, 53*, 89, 94 (* = Sequenz)	Takte 4, 9, 11, 14, 15, 25 (Zz. 4), 26 (Zz. 4), 31 (Zz. 4), 32 (Zz. 4), 39	Takte 4, 8, 10, 12, 28 (Zz. 4), 29 (Zz. 4), 50*, 51*, 52*, 53* (* = Sequenz)	Takte 8, 10, 12, 29, 30, 55*, 56*, 57* (* = Sequenz)
melodisches Muster aus Motiv a: (als Umkehrung und/oder mit veränderter Rhythmik und Melodik)			
Takt 54 (Zz. 2) Viertelnoten mit veränderten Intervallen	Takte 3, 7, 23 (jeweils Zz. 2) Umkehrung in Viertelnoten mit veränderten Intervallen	Takte 14, 23 (jeweils Zz. 2) Umkehrung in Viertelnoten mit veränderten Intervallen	Takte 4, 19, 20, 23, 25, 32 (jeweils Zz. 2) Umkehrung in Viertelnoten mit veränderten Intervallen T. 78, 80 (Zz. 1) Umkehrung mit veränderten Intervallen
rhythmisches Muster aus Motiv b: (mit veränderter Melodik)			
Takte 36, 37, 38	Takte 36 (Zz. 4), 39 (Zz. 2)	Takte 37 (Zz. 4), 39 (Zz. 2)	Takte 39 (Zz. 2)

* Die Taktangaben beziehen sich auf den jeweiligen Beginn des Motivs/Musters. Zählzeiten sind nur angegeben, wenn sie von der Vorlage abweichen!

Hinweis: Die Takte 43 mit 45, 48 mit 50 und 93 mit 95, jeweils Zz. 1 der Violine 1 könnten auch als verkürztes Thema/verkürzte thematische Gestalt gesehen werden (Zusammenziehen aus Motiv a und Abspaltung Motiv b).

■ **Ausformulierter Lösungsvorschlag**

Das **motivisch-thematische Material** der Takte 1 mit 4, Zählzeit 1, wird vollständig in den Takten 5 (transponiert), 17 (originalgetreu) und 21 (transponiert) in der Violine 1 wiederholt.

Das Motiv a (T. 1 mit 2, Zählzeit 1) wird in den Takten 40, 43, 48, 79, 81, 88, 93 von der Violine 1 aufgegriffen, in den Takten 18, 23, 42, 45, 79, 87, 90, 92 von der Violine 2, in den Takten 18, 23, 41, 46, 47, 80, 86, 91 von der Viola und in Takt 82 vom Violoncello. Die Verarbeitung erfolgt als originalgetreue Übernahme, aber auch transponiert.

Eine **Abspaltung von Motiv b** (T. 3, Zählzeit 2, mit T. 4, Zählzeit 1) findet sich, z. T. transponiert, in den Takten 9, 11, 13, 14, 15, 25, 26, 28, 32, 35, 44, 49, 50, 51, 52, 53, 89 und 94 in Violine 1 (Sequenz in den Takten 13 mit 15 und 50 mit 53), in den Takten 4, 9, 11, 14, 15, 25 (Zz. 4), 26 (Zz. 4), 31 (Zz. 4), 32 (Zz. 4) und 39 in der Violine 2, in den Takten 4, 8, 10, 12, 28 (Zz. 4), 29 (Zz. 4), 50, 51, 52 und 53 in der Viola (Sequenz in den Takten 50 mit 53) und in den Takten 8, 10, 12, 29, 30, 55, 56, 57 im Violoncello (Sequenz in den Takten 55 mit 57).

Das **melodische Muster aus Motiv a** (Abwärtslinie in Sekundschritten) zeigt sich als Umkehrung und/oder mit veränderter Rhythmik und Melodik in 54 (Zz. 2) in der Violine 1, in den Takten 3, 7 und 23 (jeweils Zz. 2) in Violine 2, in den Takten 14 und 23 (jeweils Zz. 2) in der Viola und in den Takten 4, 19, 20, 23, 25, 32 (jeweils Zz. 2), 78 und 80 (Zz. 1) im Violoncello.

Das **rhythmische Muster aus Motiv b** (punktierte Viertel mit drei anschließenden Achteln und abschließender Viertel) tritt mit veränderter Melodik in den Takten 36, 37 und 38 in der Violine 1 auf, in den Takten 36 (Zz. 4) und 39 (Zz. 2) in der Violine 2, in den Takten 37 (Zz. 4) und 39 (Zz. 2) in der Viola und in Takt 39 (Zz. 2) im Violoncello.

Übungsaufgaben

27 Weisen Sie das motivisch-thematische Material der Takte 1 mit 4, Zählzeit 1 (Joseph Haydn, Streichquartett op. 77/1, 1. Satz, Violine 1) im weiteren Verlauf des Satzes nach!

> Notenbeispiel 26 (S. 61):
> JOSEPH HAYDN: Streichquartett op. 77/1, 1. Satz, Hob. III:81 (Anfang)

> Haydn: String Quartet op. 77 (no.1 & no.2) *(youtube)*

28 Weisen Sie das motivisch-thematische Material der Takte 1 mit 4 (Joseph Haydn, Streichquartett op. 33/3, 4. Satz, Violine 1) im weiteren Verlauf des Satzes nach!

> Notenbeispiel 27 (S. 63):
> JOSEPH HAYDN: Streichquartett op. 33/3, 4. Satz, Hob. III:39 (Anfang)

> Attacca Quartet plays Haydn Op. 33 no. 3 „The Bird" – Fourth Movement *(youtube)*

Klavierauszug

Als Klavierauszug bezeichnet man die **Transkription von Instrumentalstimmen** einer Partitur, um diese **für Klavier** (bzw. Cembalo, Orgel…) spielbar zu machen. Klavierauszüge erfreuten sich ab der **Mitte des 18. Jahrhunderts großer Beliebtheit**. Die Komponisten nutzten diese, um der aufstrebenden bürgerlichen Gesellschaft ihre Werke zugänglich zu machen und sich somit durch das beginnende Verlagswesen eine zusätzliche Einnahmequelle zu sichern. Für das in der **Hausmusik** bevorzugte Instrument Klavier waren zunehmend Noten bekannter und beliebter Orchesterwerke gefragt, bei denen gleichermaßen den Möglichkeiten des Instrumentes wie auch den Fähigkeiten der Auszuführenden Rechnung zu tragen war. Bei diesen Klavierauszügen handelte es sich vielfach um Bearbeitungen und damit auch um Interpretationen durch andere Verfasser.

Darüber hinaus waren und sind Klavierauszüge vielfältig einsetzbar und insbesondere von Nutzen für:

- Proben und Einstudierung von einzelnen Stimmpartien (Korrepetition),
- Aufführungen mit Klavierbegleitung anstelle eines Orchesters,
- Einzeichnungen zu Aufführungs- und Bühnenabläufen sowie Regieanweisungen in übersichtlicher, überschaubarer und leicht zu handhabender Form (für Dirigenten, Souffleure, Choreografen etc.).

Das Anfertigen eines Klavierauszuges aus Instrumentalstimmen wie auch das Zusammenfassen von Chorstimmen zu einer Klavierstimme kann in Musik-Klausuren oder der Abiturprüfung gefordert sein.

Hinweise zum Anfertigen eines Klavierauszuges/einer Klavierstimme

- Alle Stimmen müssen **klingend notiert** werden (betrifft u. a. die Tenorstimme im Chorsatz und den Altschlüssel im Streichersatz).
- Der Klaviersatz muss **spielbar** sein (Aufteilung der Instrumentalstimmen je nach Realisierbarkeit bei der praktischen Ausführung).
- Alle **zusätzlichen Anweisungen** (Dynamik, Phrasierung, Artikulation etc.) sind zu notieren.
- Für die Richtung der **Notenhälse** innerhalb einer Notenzeile empfiehlt sich aus Gründen der Übersichtlichkeit:
    - **homophone** Stimmführung: **ein Notenhals** für alle Stimmen
    - **polyphone** Stimmführung: **unterschiedliche** Halsrichtung
    - **gleiche Note** in zwei Stimmen: ggf. **zwei Hälse** (je einen nach oben und nach unten)
- Die **Taktstriche** werden durchgezogen notiert.

Beispielaufgabe

Erstellen eines Klavierauszugs/Zusammenfassen von Chorstimmen

Fassen Sie die Takte 1 mit 5, Zählzeit 1, des Streichquartetts op. 54/2 (2. Satz) von Joseph Haydn in einem Klavierauszug zusammen!

Joseph Haydn: Streichquartett op. 54/2, 2. Satz, Hob. III:57 (Ausschnitt)

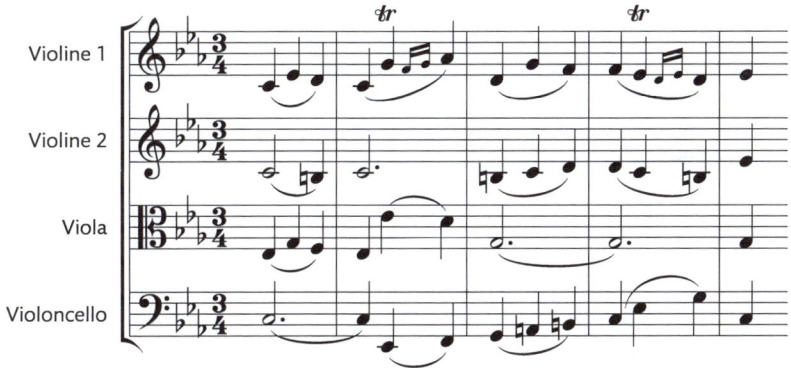

geringfügige Änderungen durch die Autorin

■ Erschließen der Aufgabenstellung

Der **Operator „Fassen Sie zusammen"** bedeutet hier, dass die einzelnen **Stimmen der Partitur** vollständig und originalgetreu **in eine Klaviernotation** (zwei Notenzeilen) übertragen werden müssen. Dabei sind alle zusätzlichen Angaben mit zu übernehmen. Achten Sie bei der Aufteilung der einzelnen Instrumentalstimmen auf die **Spielbarkeit** Ihrer Lösung.

> **TIPP**
>
> Bei der Aufteilung der Mittelstimmen und in Bezug auf die Richtung der Notenhälse sind **verschiedene Lösungsmöglichkeiten** denkbar. Oberste Entscheidungskriterien sind dabei **Übersichtlichkeit und Nachvollziehbarkeit**.
> Beachten Sie die Vorgaben der Kursleiter hinsichtlich der Ausrichtung der Notenhälse sowie in Bezug auf die Aufteilung der Mittelstimmen.

■ Methodisches Vorgehen

1. Verbinden Sie die beiden Notenzeilen durch eine **Akkolade** (geschweifte Klammer) und ergänzen Sie **Vorzeichen** und **Taktart** gemäß der Vorlage.
2. Übertragen Sie zunächst die **Randstimmen** (höchste und tiefste Stimme).

3. Fügen Sie anschließend die **Zwischenstimmen** ein und achten Sie dabei auf die Spielbarkeit.
4. Beachten Sie die **Schlüssel** (z. B. Bratschenstimme) und ggf. die **Tonlage** (z. B. Tenorstimme).
5. Ergänzen Sie alle **zusätzlichen Anweisungen**.
6. Notieren Sie durchgezogene **Taktstriche**.

---TIPP---
Achten Sie auf eine saubere und deutliche Schreibweise!

■ Lösungsvorschläge mit Varianten der Stimmverteilung/Richtung der Notenhälse

Variante 1

Variante 2

Variante 3

Übungsaufgaben

29 Fassen Sie die Takte 1 (mit Auftakt) mit 5, Zählzeit 2, des Streichquartetts op. 33/3 (2. Satz) von Joseph Haydn in einem Klavierauszug zusammen!

Joseph Haydn: Streichquartett op. 33/3, 2. Satz, Hob.III:39

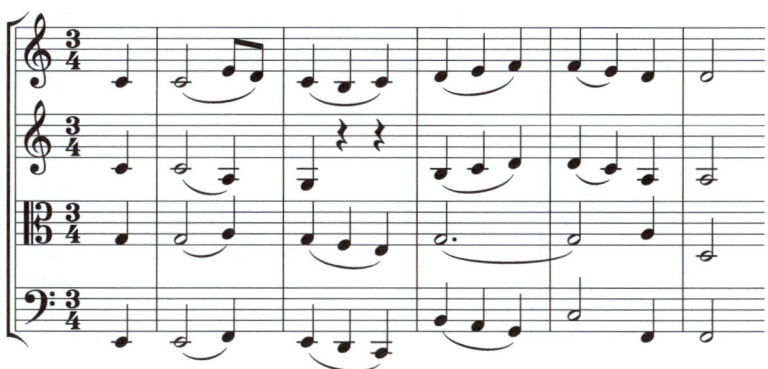

geringfügige Änderungen durch die Autorin

30 Fassen Sie die Takte 1 mit 8 (Streichersatz) des Violinkonzerts Nr. 3 KV 216 (3. Satz) von W. A. Mozart in einem Klavierauszug zusammen.

Wolfgang Amadeus Mozart: Violinkonzert KV 216, 3. Satz

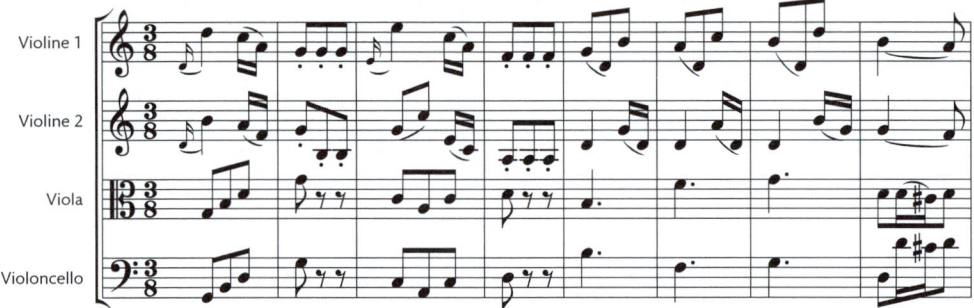

Romantik

■ Einblick in die Epoche

Die musikalische Epoche der Romantik umfasst in etwa den Zeitraum des **19. Jahrhunderts** – beginnend im ausgehenden 18. Jahrhundert und endend im frühen 20. Jahrhundert.

Unterteilt wird diese Epoche in drei Abschnitte:
- Frühromantik   ca. 1790 bis ca. 1820
- Hochromantik   ca. 1820 bis ca. 1850
- Spätromantik   ca. 1850 bis ca. 1910

Die Frühromantik entwickelt sich parallel zur Spätklassik, eine exakte Abgrenzung ist daher nicht möglich. Die **Blütezeit** der Epoche liegt in der **Hochromantik**. Die Spätromantik steht mit einem stark ausgeprägten Individualismus der Komponisten und der damit verbundenen neuen Tonsprache bereits an der Schwelle zur Neuen Musik/Moderne. Die Übergänge der einzelnen Abschnitte sind fließend und daher zeitlich nur grob zu definieren.

Die Idee der Romantik ist die Verschmelzung aller Künste. **Musik** gilt dabei als **universelle Sprache**. Im Vordergrund stehen Themen wie Sehnsucht und Leid, Traum und Fantasie, Sagen und Mystik, das Erleben der Natur und Naturerscheinungen. Insbesondere in der deutschen Romantik wird u. a. das **Kunstlied** durch die Verbindung von Poesie und Musik zur idealen Ausdrucksform für Gefühl und Wahrnehmung.

Daneben entwickeln sich **Nationale Schulen**. Hier verarbeiten die Komponisten landestypische volksmusikalische Elemente und Stile und/oder machen die Natur ihrer Heimat selbst zum Thema der Komposition. Vielfach finden sich in Werken der Romantik **Elemente fremder Kulturen**. Dies zeigt sich u. a. in neuartigen rhythmischen, harmonischen wie auch melodischen Strukturen sowie der instrumentalen Ausgestaltung.

Prägend für die Epoche der Romantik ist auch das **Virtuosentum**. Meisterhafte Solisten steigern die spieltechnischen Möglichkeiten ihres jeweiligen Instrumentes und stellen dies auch öffentlich zur Schau. Sie sind quasi die „Akrobaten der Musik". Frauen bleiben von einer öffentlichen Betätigung als Komponistin und/oder Solistin nach wie vor weitgehend ausgeschlossen. Eine Ausnahme bildet die Pianistin Clara Schumann, die sowohl als Klaviervirtuosin wie als Komponistin in der männerdominierten Welt große Erfolge feiert.

In der Musik der Romantik erfährt die **Harmonik** eine deutliche Erweiterung. Der **Tonraum** vergrößert sich erheblich. Die Weiterentwicklungen und

Neuerungen in der **Orchesterinstrumentierung** bieten einen neuen Reichtum an faszinierenden Klangfarben. In der **dynamischen Gestaltung** finden sich nun extreme Unterschiede. Die Angaben zu **Tempo** und **Temposchwankungen** werden sehr differenziert gestaltet. Im Zuge des **Nationalbewusstseins** zeigt sich eine Abkehr von der Verwendung italienischer Bezeichnungen, weshalb Vorschriften bezüglich Spielweise, Tempo etc. nun in der Landessprache angegeben werden, ebenso bedienen sich Oper und Lied u. a. in Deutschland der Nationalsprache. Formal bewegen sich die Komponisten der Romantik gleichermaßen zwischen **konservativ wie progressiv** geprägten Gattungen und Stilen. **Alte Meister** – wie Johann Sebastian Bach – werden wiederentdeckt, **klassische Formen** wie Sonate/Symphonie übernommen und weiterentwickelt. Daneben entsteht eine **Vielzahl neuer Gattungen** mit den damit verbundenen neuen Klangsprachen, wie **Programmmusik/Symphonische Dichtung**, **Miniaturen** und **Charakterstücke**, **Kunstlied**, **Operette** sowie national geprägte Werke wie **Polonaise**, **Mazurka** und **Ballett**. Das Klavier ist das zentrale Instrument der Romantik.

Wichtige Komponisten dieser Epoche sind u. a. Isaak Albéniz, Felix Mendelssohn-Bartholdy, Hector Berlioz, Georges Bizet, Johannes Brahms, Anton Bruckner, Frédéric Chopin, Claude Debussy, Antonín Dvořák, Manuel de Falla, César Franck, Edvard Grieg, Franz Liszt, Gustav Mahler, Modest Mussorgski, Niccolò Paganini, Max Reger, Nikolai Rimski-Korsakow, Gioacchino Rossini, Erik Satie, Franz Schubert, Robert Schumann, Jean Sibelius, Bedřich Smetana, Richard Strauss, Peter Tschaikowsky, Guiseppe Verdi, Richard Wagner und Carl Maria von Weber.

Formen des Kunstliedes

Das Kunstlied, auch klavierbegleitetes Sololied oder Klavierlied genannt, also der **Sologesang mit Klavierbegleitung**, verbindet Lyrik und Musik und gilt **in der Romantik als ideale Ausdrucksform**. Die Inhalte der vertonten Gedichte spiegeln die Gefühlswelt der Menschen dieser Zeit wieder. Neben innerer Zerrissenheit und Sehnsüchten wird Naturverbundenheit und Dämonisches sowie Intimität und individueller Drang nach Freiheit etc. zum Hauptanliegen und zur Botschaft. Durch die Musik interpretiert der Komponist diesen Inhalt auf emotionaler, atmosphärischer Ebene. Eine besondere **Bedeutung** kommt hierbei **der Klavierstimme** zu. Sie unterstützt die musikalische Anlage der Gesangsstimme oder steht in Kontrast zu dieser. Daneben gestaltet sie den Gedichtinhalt durch Klangmalerei effektvoll aus, löst dadurch unterschiedlichste Stimmungen aus und/oder verstärkt diese. In den (Klavier-)Vorspielen wird die Grundstimmung vorbereitet bzw. in diese eingeführt, in den Zwischenspielen wird die Verbindung zwischen den einzelnen Strophen hergestellt und in den Nachspielen das musikalisch-interpretatorische Geschehen ausklingend beendet. Je nach Gedichtvorlage und ihrer angestrebten Interpretation wählt der Komponist die Form des Kunstliedes: **Strophenlied, variiertes Strophenlied** oder **durchkomponiertes Lied**.

In der Abiturprüfung sowie in Klausuren der Oberstufe kann es gefordert sein, ein Kunstlied begründet einer der drei Formen zuzuordnen.

Formen des Kunstliedes
- **Strophenlied:** Die kompositorische Gestaltung der Gesangs- und Klavierstimme ist in allen Strophen gleich (dabei sind geringfügige rhythmische Abweichungen in der Gesangsstimme, bedingt durch die unterschiedliche Silbenanzahl in den einzelnen Gedichtversen, sowie ggf. z. B. Oktavierungen in der Klavierstimme möglich).
- **Variiertes Strophenlied:** Die kompositorische Gestaltung der Gesangs- und/oder Klavierstimme ist von Strophe zu Strophe leicht verändert (dabei können Gesangs- und/oder Klavierstimme in einzelnen Strophen gleich sein, mindestens eine Strophe muss jedoch verändert bzw. anders sein).
- **Durchkomponiertes Lied:** Die kompositorische Gestaltung der Gesangs- und Klavierstimme ist in jeder Strophe unterschiedlich, dem Geschehen innerhalb des Gedichts angepasst.

Wichtige Vertreter sind u. a. Felix Mendelssohn-Bartholdy, Johannes Brahms, Franz Schubert, Robert Schumann, Hugo Wolf.

Formen des Kunstliedes 101

Beispielaufgabe

Bestimmen der Form eines Kunstliedes

 Bestimmen Sie die Form des Kunstliedes *Mondnacht* von Johannes Brahms!

> **Notenbeispiel 28 (S. 65):**
> **JOHANNES BRAHMS:** *Mondnacht* **(WoO 21)**

 Mondnacht, Brahms. Dietrich Fischer-Dieskau (1925–2012) *(youtube)*

■ **Erschließen der Aufgabenstellung**

Der **Operator „Bestimmen Sie"** verlangt hier eine Zuordnung des vorliegenden Kunstlieds zu einer der drei Formen. Sie müssen entscheiden: Handelt es sich im vorliegenden Beispiel um ein **Strophenlied**, ein **variiertes Strophenlied** oder um ein **durchkomponiertes Lied**? Diese Entscheidung muss begründet erfolgen – achten Sie hier auf die Abgrenzung zum Operator „Benennen Sie".

■ **Methodisches Vorgehen**

1. Nehmen Sie zunächst eine **Gliederung des Liedes** anhand der Gedichtstrophen vor.
2. Untersuchen Sie anschließend die Vertonung der einzelnen Gedichtstrophen auf **Gemeinsamkeiten und Unterschiede** in der Gesangs- wie auch der Klavierstimme.
3. Halten Sie Ihr Ergebnis durch die **Bezeichnung mit Großbuchstaben** (A, B, C etc.) fest, indem Sie für kompositorisch identische Abschnitte gleiche Buchstaben, für ähnliche Abschnitte z. B. A' und für neu gestaltete Abschnitte weitere Buchstaben verwenden. Bestimmen Sie abschließend begründet die Form des Kunstliedes.
4. Formulieren Sie Ihr **begründetes Ergebnis** in einem zusammenhängenden Text.

> **Anmerkung:** *In den Vertonungen von Gedichten werden manchmal nicht alle Strophen vertont, z. T. finden sich Wiederholungen einzelner Verse oder ganzer Strophen. Diese durch die Komponisten vorgenommenen Abweichungen von der Gedichtvorlage sind für die Bestimmung der Form jedoch nicht relevant. Ein möglicher Kontext einer solchen Aufgabe ist beispielsweise die allgemeine Beschreibung der Formen eines Kunstlieds und/oder das Erstellen einer Grobgliederung.*

Romantik

> **TIPP**
>
> Zur Bearbeitung der Aufgabe hören Sie in der Regel das Kunstlied. Zeichnen Sie vor dem **Hörbeispiel** bereits Anfang und Ende der einzelnen Gedichtstrophen im Notentext ein (die Gedicht-Verse sind Ihnen vorgegeben), sodass Sie beim anschließenden Hören auf **Veränderungen in der Gesangs- und Klavierstimme** achten können. Halten Sie Auffälligkeiten durch Einzeichnungen im Notentext fest.
> Die Abgrenzung der beiden Formen „variiertes Strophenlied" und „durchkomponiertes Lied" gestaltet sich mitunter schwierig. Bei der Zuordnung ist daher die **entsprechende Begründung** durch aussagekräftige Belege am Notentext maßgeblich.

■ Notizen zur Lösung

Gliederung	Takte	Veränderungen	Abschnitt
Klaviervorspiel	T. 1 (mit Auftakt) mit T. 8, Zz. 2		
Strophe 1	T. 9 (mit Auftakt) mit T. 30, Zz. 1		A
Strophe 2	T. 31 (mit Auftakt) mit T. 52, Zz. 1	identisch mit Strophe 1, bis auf geringfügige Abweichungen in T. 31 mit Auftakt (Begleitung)	A
Strophe 3	T. 53 (mit Auftakt) mit T. 87	vollständige Abweichung bis auf T. 53 mit Auftakt, mit T. 58 (Übernahme der Begleitung aus T. 31 mit Auftakt, mit T. 36/2. Strophe)	B

■ Lösungsvorschlag

Das Kunstlied *Mondnacht* von Johannes Brahms lässt sich der Form eines **variierten Strophenliedes** zuordnen.

Die Gesangs- und Klavierstimme der **ersten beiden Strophen** sind **identisch**. Lediglich die Klavierstimme zeigt in Takt 31 (mit Auftakt), also zu Beginn der zweiten Strophe, eine geringfügige Abwandlung, die dem Abschluss der ersten Strophe klaviertechnisch angepasst ist.

Die Vertonung der **dritten Strophe** weicht melodisch vollständig von der der ersten beiden Strophen ab. In der **Gesangsstimme** finden sich keinerlei Bezüge oder Ähnlichkeiten. In der **Begleitung** übernimmt Brahms zunächst die Takte 53 (mit Auftakt) mit Takt 58 aus der Begleitung der Strophe 2 (Takt 31, mit Auftakt, mit Takt 36). Anschließend finden sich lediglich ähnliche Muster, z. B. die durchgehende, pendelnde Sechzehntelbewegung in der rechten Hand, weshalb die oben genannte Zuordnung zu rechtfertigen ist.

Übungsaufgaben

31 Bestimmen Sie die Form des Kunstliedes *Der Mond kommt still gegangen* von Clara Schumann!

> **Notenbeispiel 29 (S. 68):**
> CLARA SCHUMANN: *Der Mond kommt still gegangen* (op. 13, Nr. 4)

> C. Schumann: Der Mond kommt still gegangen v. Sarah Buder-Lind *(youtube)*

32 Bestimmen Sie die Form des Kunstliedes *Zwielicht* von Robert Schumann!

> **Notenbeispiel 30 (S. 70):**
> ROBERT SCHUMANN: *Zwielicht* (Liederkreis op. 39, Nr. 10)

> Dietrich Fischer-Dieskau „Zwielicht" Schumann *(youtube)*

■ Vergleich verschiedener Einspielungen/ Interpretationsvergleich (Höraufgabe)

Eine **Interpretation** einer Komposition, also deren klangliche Realisierung bzw. Reproduktion, ist das **individuelle Ergebnis** der persönlichen Auseinandersetzung mit dem Werk. Diese Auseinandersetzung erfolgt auf Basis der durch den Notentext festgehaltenen Intention des Komponisten, wobei das musikhistorische bzw. aufführungspraktische Umfeld der jeweiligen Zeit Einfluss nimmt. Auf dieser Basis entwickelt der Interpret/die Interpretin seine persönliche Ausgestaltung. Die Interpretation eines **Vokalwerkes** erfordert zusätzlich die **Beschäftigung mit der Textvorlage**. Aus deren Analyse und der sich daraus ergebenden Deutung resultieren die Unterschiede bei verschiedenen Interpretationen und Einspielungen, also Aufnahmen auf Tonträgern. Die Textausdeutung, insbesondere die der Gedichtvorlagen bei Kunstliedern, erfährt hier eine z. T. erheblich divergierende **Auslegung**, die sich in einer entsprechenden musikalischen Ausgestaltung widerspiegelt. Diese kann dabei die Vorgaben des Komponisten genau einhalten, sich an diesen orientieren, aber auch – beispielsweise in Tempo, Dynamik etc. – erheblich von diesen abweichen. Die von dem ausführenden Künstler in Anspruch genommene **künstlerische Freiheit** wird dabei je nach Zielgruppe und Hörerkreis durchaus unterschiedlich beurteilt.

Die Fähigkeit zu differenziertem Hören gehört zu den Kernkompetenzen im Fach Musik. Daher finden sich in Abiturprüfungen und Klausuren der Oberstufe häufig Aufgaben mit einem Vergleich verschiedener Einspielungen in Bezug auf den jeweiligen interpretatorischen Ansatz.

Mögliche Parameter für einen Hörvergleich
- **Besetzung/Instrumentierung:** Begleitinstrumente, solistische oder chorische Besetzung ...
- **Stimmlage** (bei Vokalwerken): Sopran, Alt, Tenor, Bass, Bariton, Mezzo-Sopran ...
- **Tempo:** Tempoangaben (z. T. durch Metronomzahlen), Tempowechsel (ritardando, accelerando) ...
- **Dynamik:** grundlegende Angaben (forte, piano ...), Zwischenstufen (crescendo, decrescendo ...) ...
- **Artikulation:** legato, staccato, portato etc., zusätzlich bei Vokalwerken Bildung von Vokalen/Konsonanten, Absprechen von Endsilben/-buchstaben
- **Werktreue:** Einhalten der Vorgaben aus dem Notentext (Tempo, Dynamik, Phrasierung, Verzierungen, staccato, portato, legato ...)
- **Charakter** (ableitbares Ergebnis aus den vorherigen Parametern)

Beispielaufgabe

Vergleich von Interpretationen

Sie hören das Kunstlied *Mondnacht* von Johannes Brahms in zwei Einspielungen (A und B) und zwar in der Reihenfolge A – B – A – B. Vergleichen Sie in tabellarischer Form die beiden Einspielungen anhand fünf selbst gewählter Parameter!

Notenbeispiel 28 (S. 65):
JOHANNES BRAHMS: *Mondnacht* (WoO 21)

Einspielung A: Dietrich Fischer-Dieskau
Mondnacht, Brahms. Dietrich Fischer-Dieskau (1925–2012) *(youtube)*

Einspielung B: Stefanie Irányi
Mondnacht, WoO 21 Stefanie Irányi;
https://play.spotify.com/album/1xvD1dO1daQEe/JcAHgXHC

■ **Erschließen der Aufgabenstellung**

Der Operator „**Vergleichen Sie**" erfordert, **Unterschiede, Ähnlichkeiten und Gemeinsamkeiten** der beiden Einspielungen zu ermitteln. Belegen Sie Ihre Feststellungen, indem Sie die Taktangaben exemplarischer Fundstellen nennen. Eine Wertung der Ergebnisse ist aufgrund der Aufgabenstellung nicht erforderlich.

■ **Methodisches Vorgehen**

1. Legen Sie vor dem Abspielen des ersten Tonbeispiels eine Tabelle mit allen für einen Vergleich **geeigneten Parametern** an.
2. Kennzeichnen Sie beim ersten Hördurchgang Auffälligkeiten bezüglich **Temposchwankungen, Dynamik** und **Artikulation** im Notentext, verwenden Sie hierzu die den Einspielungen entsprechenden Buchstaben (A/B) und/oder unterschiedliche Farben.
3. Überprüfen und ergänzen Sie ggf. diese Einzeichnungen beim zweiten Durchgang.
4. Halten Sie Feststellungen hinsichtlich **Besetzung/Instrumentierung, Stimmlage** sowie **Grundtempo** fest.
5. Übertragen Sie anschließend diese Ergebnisse unter **Angabe der Belegstelle** (Taktangabe, Zählzeit, Stimme) in die Tabelle. Parameter wie Werk-

treue und Charakter ergeben sich in der Regel aus den gewonnenen Erkenntnissen.

6. Wählen Sie nun aus der Tabelle die – wie in der Aufgabenstellung gefordert – fünf Parameter aus, die **aussagekräftige und deutliche Vergleichsmöglichkeiten** aufweisen und streichen Sie die nicht zu berücksichtigenden Tabellenzeilen.

> **TIPP**
>
> Versehen Sie die **Parameter** in der Tabelle mit **unterschiedlichen Farben** (Unterstreichung, Rahmen …). Verwenden Sie bei der Kennzeichnung der Auffälligkeiten im Notentext die den Parametern entsprechenden Farben sowie die den Einspielungen entsprechenden Buchstaben (A/B).

> *Anmerkung: Aufgabenstellungen, die einen Hörvergleich verschiedener Einspielungen zum Inhalt haben, erscheinen in der Regel nicht als isolierte Aufgaben. Meist ist damit eine nachfolgende Teilaufgabe verbunden, in der eine kritische Äußerung/Stellungnahme (zum jeweiligen interpretatorischen Ansatz, zur historischen Aufführungspraxis, zu Musikkritik, Textaussage, Charakter, Erwartungen der Zielgruppe etc.) als zusammenhängender Text verlangt ist. Die Ergebnisse der (tabellarischen) Gegenüberstellung stellen hierfür die Grundlage dar bzw. sind als Vorarbeit relevant. Eine Ausformulierung ist nicht erforderlich. Beachten Sie jedoch die Vorgaben der Kursleiter!*

■ **Lösungsvorschlag in tabellarischer Form**

	Einspielung A	Einspielung B
Besetzung/ Instrumentierung	Gesang, Klavier	Gesang, Klavier
Stimmlage	Männerstimme (Bariton)	Frauenstimme (Mezzosopran)
Tempo	(sehr) langsam Metrum/Puls: 3/8tel-Takt	bewegter Metrum/Puls: ganztaktig
Dynamik	deutlich differenzierte dynamische Umsetzung der Vorgaben, z. B. T. 43 mit Auftakt (cresc.), T. 77 mit Auftakt (f), ab T. 71 mit Auftakt (langes allmähliches cresc. mit Steigerung in T. 75 zum ff)	wenig differenzierte dynamische Umsetzung der Vorgaben (z. B. T. 26, T. 48, T. 67, T. 77 mit Auftakt, T. 81 mit Auftakt)

Artikulation	klar artikuliert, z. B.: • ab T. 13 mit Auftakt; • deutliches Absprechen der letzten Silbe, z. B. T. 15	weiche, z. T. wenig deutliche Artikulation, z. B.: • ab T. 9 mit Auftakt; • z. T. fehlendes Absprechen der letzten Silbe, z. B. T. 15, 37, 87 • Konsonant „r" z. T. sehr hervorstechend (z. B. T. 13, 22, 26, 44, 45)

Werktreue	Tempo:
	• deutliche und klare Ausführung der Vorgabe, z. B.:
	  – T. 28: deutliche Umsetzung der Vorgaben (rit.)
	  – T. 53 (cresc. e con anima): dezente Ausführung
	  – T. 78 ff.: genau umgesetzte Ausführung (dim. e rit. poco a poco sin al Fine)
	Text:
	• Abweichung T. 49–51 („klar die Nacht" statt „sternklar"), T. 69 („Lande" statt „Räume")
	Klavierbegleitung:
	• durchgehend legato statt portato (z. B. T. 9ff.);
	• T. 7, Zz. 2: nach unten oktaviert
	• T. 70: nach oben oktaviert
	• T. 86: Pause Unterstimme fehlt
	Dynamik:
	• deutlich differenzierte Umsetzung der Vorgaben
		Tempo:
		• z. T. keine deutliche und klare Ausführung der Vorgabe, z. B.:
		  – T. 28: kaum spürbare Umsetzung von rit.
		  – T. 53 (cresc. e con anima): sehr verhaltene Ausführung
		  – T. 78 ff.: kaum umgesetzte Ausführung (dim. e rit. poco a poco sin al Fine)
		Text:
		• Abweichung T. 49–51 („sternenklar" statt „sternklar")
		
		Klavierbegleitung:
		• durchgehend legato statt portato (z. B. T. 9 ff.)
		
		Dynamik:
		• z. T. wenig differenzierte Abstufung

Charakter	ruhig, melancholisch, nachdenklich, träumerisch, versunken	ausgeglichen, jedoch lebendig, schwungvoll, munter

→ Die Auswahl der durch Sie auszuwählenden fünf Parameter, wie sie in der Aufgabenstellung gefordert ist, orientiert sich an der ggf. damit verbundenen nachfolgenden Teilaufgabe (vgl. S. 106).

Übungsaufgaben

33 Sie hören zweimal das Kunstlied *Der Mond kommt still gegangen* von Clara Schumann in zwei Einspielungen (A und B) und zwar in der Reihenfolge A–B–A–B. Vergleichen Sie die beiden Einspielungen anhand vier selbst gewählter Parameter!

> **Notenbeispiel 29 (S. 68):**
> CLARA SCHUMANN: *Der Mond kommt still gegangen* (op. 13, Nr. 4)

> Einspielung A: Sarah Buder-Lind
> C. Schumann: „Der Mond kommt still gegangen" v. Sarah Buder-Lind *(youtube)*

> Einspielung B: Hayley Tevelow
> „Der Mond kommt still gegangen" and „Liebst du um Schönheit" – Clara Schumann *(youtube)*

34 Sie hören zweimal das Kunstlied *Zwielicht* von Robert Schumann in zwei Einspielungen (A und B) und zwar in der Reihenfolge A–B–A–B. Vergleichen Sie die beiden Einspielungen anhand vier selbst gewählter Parameter!

> **Notenbeispiel 30 (S. 70):**
> ROBERT SCHUMANN: *Zwielicht* (Liederkreis, op. 39, Nr. 10)

> Einspielung A: Matthias Goerne
> Matthias Goerne Liederkreis, Op 39 „Zwielicht" *(youtube)*

> Einspielung B: Mitsuko Shirai
> Mitsuko Shirai sings Schumann Liederkreis op. 39 *(youtube, ab 20:40)*

Bearbeitungen

Bearbeitungen sind **Einrichtungen eines Werkes für eine andere Besetzung** als vom Komponisten festgelegt und können sowohl vom Komponisten selbst als auch von anderen erstellt sein. Komponisten empfanden es als Auszeichnung, wenn ihre Werke von anderen bearbeitet wurden. Durch diese Bearbeitungen eröffneten sich neue Möglichkeiten: Die Werke erfuhren eine Verbreitung und wurden einem größeren/anderen Publikum zugänglich gemacht.

Bearbeitungen sind eine **besondere Form der Interpretation**, die durch die Auswahl der Besetzung/Instrumentierung mit den damit verbundenen Möglichkeiten die individuelle Intention und Ausgestaltung zum Ausdruck bringt.

Eine Bearbeitung kann sowohl eine Erweiterung (Auswahl einer größeren Besetzung) wie auch eine Reduzierung (Auswahl einer kleineren Besetzung) der Originalkomposition darstellen. Wichtiger Aspekt ist der **Wiedererkennungswert** des Originals in der Bearbeitung. Mitunter erreichen Bearbeitungen einen höheren Bekanntheitsgrad als die Originalkomposition, z. B. die Neuinstrumentierung von Modest Mussorgskys *Bilder einer Ausstellung* durch Maurice Ravel.

Beispiel | **Original und Bearbeitung**

Original: J. S. Bach: Wohltemperiertes Klavier I, Fuge dis-Moll (Klavier) (Anfang)

Bearbeitung: W. A. Mozart: Präludien und Fugen, KV 404a, Fuge d-Moll (Streichtrio) (Anfang)

Maurizio Pollini – Bach Well Tempered Clavier Book 1 *(youtube, ab 33:17)*
W. A. Mozart – KV 404a – 6 Preludes & Fugues for string trio *(youtube, ab 4:18)*

Im Bereich von Jazz, Pop und Rock finden Begriffe wie **Crossover** (Übernahme/Adaption eines Werkes in eine andere Stilrichtung), **Remake** (Neuinterpretation/-abmischung durch den Komponisten selbst), **Coverversion** (Neufassung eines Werkes durch einen anderen Komponisten in enger Anlehnung an das Original) und **Arrangement** (Version einer Neuinterpretation/Neufassung durch eine neue/abgewandelte Gestaltung) ihre Anwendung.

Seit 1965 sind Werke der Musik durch das **Urheberrechtsgesetz** geschützt.

Das Anfertigen der Bearbeitung einer Klavierstimme für eine Besetzung mit einem Streichensemble kann Bestandteil von Abiturprüfung und Klausuren der Oberstufe sein. In der Aufgabenstellung ist in der Regel der Zusatz „möglichst originalgetreu" enthalten, eine individuelle Ausgestaltung (z. B. Arrangement) somit nicht möglich. Bezüglich des Anforderungsniveaus gelten die Vorgaben der Kursleiter.

Bearbeitungen | 111

Stimmumfang Streicher
- Violine: g – ~ a^4
- Viola/Bratsche: c – ~ a^3 (wird im Bratschenschlüssel/Altschlüssel notiert – hohe Töne: Wechsel in den Violinschlüssel)
- Violoncello: C – ~ a^2 (z. T. auch Tenorschlüssel)
- Kontrabass: 4-saitig Kontra E – ~ g^1 (wird im Bassschlüssel, eine Oktave höher notiert)

Traditionelle Besetzungen
- Streichquartett: 2 Violinen, Viola, Violoncello
- Streichquintett: 2 Violinen, 2 Viola, Violoncello
- Streichsextett: 2 Violinen, 2 Viola, 2 Violoncelli
- Streichseptett: 2 Violinen, 2 Viola, 2 Violoncelli, Kontrabass
- Streichoktett: 4 Violinen, 2 Violen, 2 Violoncelli

Beispielaufgabe

Anfertigen einer Bearbeitung für Streichquartett

Fertigen Sie eine originalgetreue Bearbeitung der Klavierstimme (Johannes Brahms, *Mondnacht,* Takt 1, mit Auftakt, mit 7, Zählzeit 1) für ein Streichquartett! Die Bratschenstimme kann im Violinschlüssel notiert werden!

Johannes Brahms: *Mondnacht* (WoO 21)

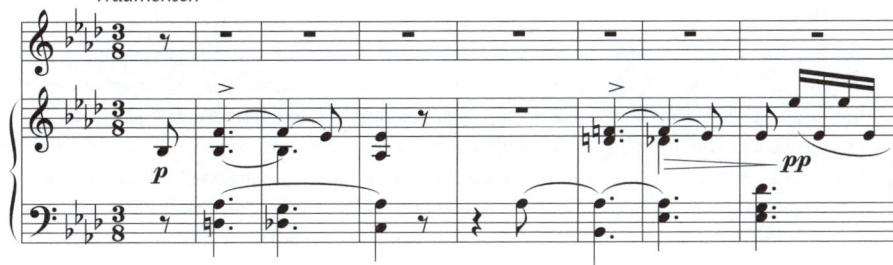

■ Erschließen der Aufgabenstellung

Der **Operator „Fertigen Sie an"** verlangt hier die **Übertragung des Notentextes** der Vorlage (hier: Klavierstimme) **auf die einzelnen Instrumente** der geforderten Besetzung (hier: Streichquartett). Die Vorgabe einer originalgetreuen Bearbeitung bedeutet, dass Sie Melodik und Rhythmik sowie die Tonlage des Originals nicht verändern dürfen. Enthält die Klavierstimme mehr als vier Akkordtöne, kann die **Verwendung von Doppelgriffen** (= zwei gleichzeitig gespielte Töne) oder eine **Streichung oktavierter Töne** etc. notwendig sein. Da die Spielbarkeit der Bearbeitung zu beachten ist, können Sie ggf. von der Stimmführung durch **Stimmkreuzung** abweichen. Alle **Angaben des Originals** (Dynamik, Phrasierung …) müssen Sie in die Bearbeitung übernehmen, die Bezeichnung der Instrumente ist hinzuzufügen. Die Bratschenstimme kann hier im Violinschlüssel notiert werden, üblich ist jedoch die Verwendung des Altschlüssels (vgl. S. 50).

■ Methodisches Vorgehen

1. Beschriften Sie zunächst die Partitur mit den **Stimmenbezeichnungen** für Violine 1, Violine 2, Viola/Bratsche, Violoncello.
2. Übertragen Sie die Stimmen des Klaviersatzes so, dass die **Oberstimme** des Klaviersatzes in **Violine 1** liegt, die **Unterstimme** in der **Violoncello-Stimme**.
3. Übertragen Sie die **Mittelstimmen** in Violine 2 bzw. Bratsche.
4. Übernehmen Sie alle Angaben bezüglich **Tempo, Dynamik, Phrasierungen, Artikulation**.

TIPP

Sollte die Aufgabenstellung die allgemeine Vorgabe „für ein (x-stimmiges) Streichensemble" oder „für ein Streichensemble (Ihrer Wahl)" enthalten, können Sie von einer herkömmlichen Besetzung (vgl. S. 111) abweichen und die **Bearbeitung für eine frei gewählte Besetzung**, z. B. für vier Violinen und Violoncello, anfertigen.
Bei einer Bearbeitung für ein **Bläserensemble** werden transponierende Instrumente in der Regel klingend – also in C – notiert, bei einer Bearbeitung für ein **Vokalwerk** ist der Text in allen Stimmen hinzuzufügen. Hier ist auf eine sinnvolle Textverteilung zu achten.

Anmerkung: Bezüglich der Ausrichtung der Notenhälse, Notation der Bratschenstimme im Altschlüssel, Verdopplung/Streichung von Tönen, abschließende Taktstriche etc. gelten die Vorgaben der Kursleiter!

■ Lösungsvorschläge

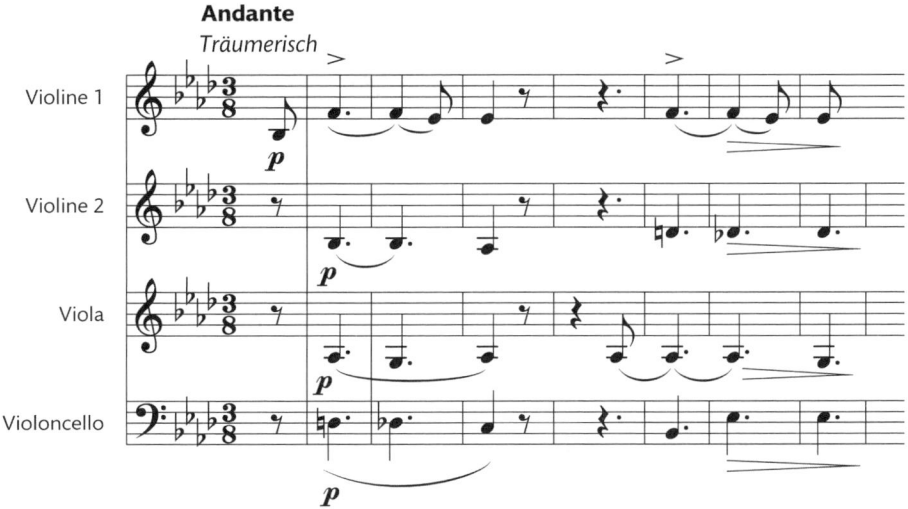

Der Schlusston in Violine 2, Viola und Violoncello kann alternativ als Achtel notiert werden. In diesem Fall entfällt der abschließende Taktstrich. (Es gelten die Vorgaben der Kursleiter.)

Alternative mit Notation der Bratschenstimme im Altschlüssel

Der Schlusston in Violine 2, Viola und Violoncello kann alternativ als Achtel notiert werden. In diesem Fall entfällt der abschließende Taktstrich. (Es gelten die Vorgaben der Kursleiter.)

Übungsaufgaben

35 Fertigen Sie eine originalgetreue Bearbeitung der Klavierstimme (Clara Schumann, *Der Mond kommt still gegangen,* Takt 28 mit 33) für ein Streichquartett! Die Bratschenstimme kann im Violinschlüssel notiert werden!

Clara Schumann: *Der Mond kommt still gegangen* **(op. 13, Nr. 4)**

36 Fertigen Sie eine originalgetreue Bearbeitung der Klavierstimme (Robert Schumann, *Waldesgespräch,* Takt 1 mit 5, Zählzeit 1) für ein Streichquartett! Die Bratschenstimme kann im Violinschlüssel notiert werden!

Robert Schumann: *Waldesgespräch* **(Liederkreis op. 39, Nr. 3)**

37 Fertigen Sie eine originalgetreue Bearbeitung der Klavierstimme (Franz Schubert, *Des Baches Wiegenlied,* Takt 1, mit Auftakt, mit Takt 4, Zählzeit 3) für ein Streichquartett! Die Bratschenstimme kann im Violinschlüssel notiert werden!

Franz Schubert: *Des Baches Wiegenlied* **(op. 25, Nr. 20)**

Musik des 20./21. Jahrhunderts

■ Einblick in die Epoche

Für die Musik des 20./21. Jahrhunderts existiert noch kein allgemeingültiger Epochenbegriff. Eine Unterteilung in **Moderne, zeitgenössische Musik, Neue Musik** und **Avantgarde** ist von den jeweiligen musikwissenschaftlichen Autoren abhängig und wird in den Publikationen z. T. unterschiedlich vorgenommen.

Häufig ist folgende Einteilung in Epochenbegriffe zu finden:
- Moderne: ca. 1890 – ca. 1910
- Neue Musik: ca. 1910 – ca. 1950
- Avantgarde: ab ca. 1950

Aktuell zeichnet sich die Tendenz ab, die Musik des 20./21. Jahrhunderts insgesamt als **Neue Musik** zu bezeichnen.

Die Musik des 20. Jahrhunderts ist geprägt von einem **Stilpluralismus**, der jeweils in engem Zusammenhang zu den individuellen Ideen und Persönlichkeitsmerkmalen der einzelnen Komponisten steht. Im 20. Jahrhundert gibt es keine einheitliche musikalische Richtung mehr. Es kommt zur vollständigen **Loslösung von traditionellen harmonischen und formalen Strukturen** in unterschiedlichsten Ausprägungen. **Verfremdungselemente** und **Einflüsse aus Folklore** und **außereuropäischen Kulturen** geben dem musikalischen Geschehen eine eigene Färbung. Die Vielfalt an Stilen zeigt sich bereits zu Beginn der Epoche an folgenden Richtungen:

- **Impressionismus:** Wiedergabe einer Stimmung durch Klangfarben, z. B. durch Mixturen
- **Expressionismus:** subjektive Ausdruckssteigerung, z. B. durch Dissonanzen
- **Neoklassizismus:** Streben nach Klarheit und Einfachheit in Anlehnung an Vorbilder des 18. Jahrhunderts
- **Futurismus:** Geräuschmusik
- **Zwölftonmusik** (siehe S. 120)

Nach 1950 entwickeln sich Stile wie:

- **Serielle Musik:** Weiterentwicklung der Zwölftonmusik mit mathematischer Festlegung von Tondauern, Lautstärke und Klangfarbe
- **Elektronische Musik:** elektronische Klangerzeugung und -wiedergabe
- **Aleatorik:** Zufallsmusik
- **Neue Einfachheit:** Streben nach leicht fasslicher Musik, z. B. durch tonale Bezüge
- **Experimentelle Musik:** Entstehungsprozess steht im Vordergrund, Realisation ist dem Ausführenden überlassen und daher nicht vorhersehbar
- **Klangflächenkompositionen:** vertikale und horizontale Klangverbindungen, z. B. durch Cluster und Glissandi
- **Collagen:** übergangsloses Zusammenfügen einzelner unabhängiger Kompositionen zu einem neuen Werk
- **Minimal Music:** einfache Patterns als Grundlage, die mit minimalen Veränderungen häufig wiederholt werden

Das Streben nach Erweiterung und größerer Freiheit spiegelt sich in den **harmonischen Merkmalen** in der Musik des 20./21. Jahrhunderts wieder, so z. B. in der Polytonalität/Bitonalität, bei der zwei oder mehr Tonarten gleichzeitig vorkommen, oder durch die Emanzipation der Dissonanz, indem Konsonanz und Dissonanz gleichwertig nebeneinander stehen. Freitonalität, bei der die Akkorde tonal deutbar sind, aber frei verbunden werden, also nicht mehr funktional als Tonika, Dominante, Subdominante deutbar sind, oder Atonalität sind ebenfalls typisch. Das **Tonsystem** erfährt eine Neugestaltung z. B. durch Mikrotonalität (Vierteltöne), exotische Tonsysteme (Ganztonsystem, Pentatonik) und durch die Wiedereinführung der Kirchentonarten (vgl. S. 17).

Auch bezüglich der **Melodik** findet eine Abkehr von traditioneller Gestaltung statt. Hier sind die Komponisten auf der Suche nach neuen Ausdrucksformen. Dies zeigt sich u. a. in der Verwendung ungewöhnlicher Intervalle oder in dem Bestreben, eine Melodik gänzlich zu vermeiden bzw. nur fragmentarisch einzusetzen. In der **Rhythmik** zeigen sich die Neuerungen z. B. durch den Einsatz unregelmäßiger Taktarten (starke und leichte Betonungen in unregelmäßiger Abfolge, z. B. Zusammensetzung eines 8/8tel-Taktes in 3+3+2), Polymetrik (zwei oder mehr Taktarten gleichzeitig) und häufiger Taktwechsel.

Wichtige Komponisten dieser Epoche sind u. a. Béla Bartók, Alban Berg, Pierre Boulez, John Cage, Richard St. Clair, George Gershwin, Philip Glass, Paul Hindemith, Arthur Honegger, Györgi Ligeti, Carl Orff, Arvo Pärt, Krzysztof Penderecki, Steve Reich, Wolfgang Rihm, Ulrich Schultheiss, Karlheinz Stockhausen, Igor Strawinsky, Anton Webern, Jörg Widmann.

Zwölftonmusik/-technik

Zwölftonmusik (= Dodekaphonie) ist ein Kompositionsstil, bei dem alle **zwölf Töne** unseres Tonsystems einander **gleichberechtigt** sind und **kein Bezug zu einem Grundton** besteht. Das Tonmaterial sind die Töne der chromatischen Tonleiter.

Beispiel **Chromatische Tonleiter**

Ausgangspunkt einer Zwölftonkomposition ist eine Grundreihe, die alle zwölf Töne enthält und keine Tonwiederholungen aufweist. Aus der Grundreihe sind weitere Modi ableitbar: **Krebs** (= Grundreihe rückwärts), **Umkehrung** (= Grundreihe mit Richtungsänderung der Intervalle als horizontale Spiegelung) und **Krebsumkehrung** (= Krebs mit Richtungsänderung der Intervalle als horizontale Spiegelung bzw. Krebs der Umkehrung). Die Modi können auf alle zwölf Töne **transponiert** werden. Die Oktavlage der Töne ist beliebig, enharmonische Verwechslung ist erlaubt. Die Rhythmisierung der Grundreihe wird nicht in die Modi übernommen und kann bei erneutem Auftreten der Grundreihe wie auch deren Modi vollständig verändert sein. Grundreihe und Modi können sowohl vertikal (melodisch) wie auch horizontal (akkordisch) in der Komposition verarbeitet sein.

Beispiel **Erscheinungsformen/Modi der Zwölftonreihe**

Umkehrung (der Grundreihe):

Krebsumkehrung (= Umkehrung des Krebses bzw. Krebs der Umkehrung):

Zwölftonmusik – Erklärung nach Arnold Schönberg
- Die Grundreihe umfasst alle 12 Töne.
- Der Umfang kann den Oktavraum übersteigen.
- Kein Ton wird innerhalb der Reihe wiederholt (mit Ausnahmen, z. B. Triller).
- Die Reihenfolge der Töne bleibt bestehen.
- Enharmonische Verwechslung und Oktavierung sind erlaubt.
- Konsonanz und Dissonanz sind nebeneinander möglich (Dur- und Mollklänge erlaubt).

Weiterentwicklung (z. B. bei Herbert Eimert)
- Kleine und große Tonschritte wechseln sich ab.
- Es kommen keine Dreiklangsbildungen vor.
- Es liegen maximal zwei gleich große Intervalle hintereinander.
- Quart- und Quintschritte kommen nur einmal vor.

Komponisten von Zwölftonmusik sind u. a. Alban Berg, Herbert Eimert, Josef Matthias Hauer, Arnold Schönberg, Anton Webern.

Beispielaufgabe

Belegen der Verarbeitung einer 12-Ton-Reihe

Der Komponist Richard St. Clair folgt in seinem kompositorischen Wirken sowohl traditioneller Tonalität als auch Elementen der Dissonanz.

"I have for many years admired Schoenberg's music, though I rarely write music in his strict serial vein anymore. My Bachiana Dodecafonica preludes and fugues are in strict 12-tone serial style." (Richard St. Clair, 2016)

(Übersetzung: Ich habe viele Jahre Schönbergs Musik bewundert, obwohl ich selten Musik in seiner strengen seriellen Art schreibe. Meine Bachiana Dodecafonica Präludien und Fugen sind im strikten 12-Ton-Stil.)

Belegen Sie den im Zitat benannten „12-Ton-Stil" nach Arnold Schönberg in der Fuga 3 (T. 1 mit T. 22, Zählzeit 1) von Richard St. Clair!

Notenbeispiel 31 (S. 73):
RICHARD ST. CLAIR: *Bachiana Dodecafonica, Fuga 3* (Anfang)

Richard St. Clair, Bachiana Dodecafonica *(youtube, ab 1:29)*

■ Erschließen der Aufgabenstellung

Der **Operator „Belegen Sie"** erfordert, dass Sie eine Aussage bzw. Behauptung am Notentext beweisen. In der vorliegenden Aufgabenstellung ist die **Aussage des Komponisten** zur Verwendung des 12-Ton-Stils in seinem Werk *Bachiana Dodecafonica* durch entsprechende **Nachweise im Notentext** zu stützen. Zunächst sollten Sie daher wesentliche Merkmale dieses Stils (vgl. S. 121) darstellen und diese anschließend unter genauer Angabe von Takt und Stimme in einem ausformulierten Text belegen.

■ Methodisches Vorgehen

1. Notieren Sie die **Grundreihe** in ganzen Noten und nummerieren Sie die Töne.
2. Bestimmen Sie die **Intervalle/Halbtonschritte** zwischen aufeinanderfolgenden Tönen, jeweils mit **Richtungsangabe** (aufwärts/abwärts).
3. Vergleichen Sie die Grundreihe mit dem Notentext (ggf. anhand der Halbton-Abfolgen), nehmen Sie dabei **Markierungen** vor und **nummerieren** Sie die Töne. (Achtung: Transpositionen, Enharmonik und Oktavlagen sind möglich!)
4. Notieren Sie den **Krebs** in ganzen Noten und **nummerieren** Sie die Töne.
5. Bestimmen Sie die **Intervalle/Halbtonschritte** zwischen aufeinanderfolgenden Tönen (mit Richtungsangabe).
6. Vergleichen Sie den Krebs mit dem Notentext (ggf. anhand der Halbton-Abfolgen), nehmen Sie dabei **Markierungen** vor und nummerieren Sie die Töne. (Achtung: Transpositionen, Enharmonik und Oktavlagen sind möglich!)
7. Gehen Sie ggf. für die Modi **Umkehrung** und **Krebsumkehrung** analog vor.
8. Formulieren Sie Ihren Text.

Zwölftonmusik/-technik 123

> **TIPP**
>
> Legen Sie sich eine **Tabelle** an, in der Sie Ihre Ergebnisse festhalten. Verwenden Sie **unterschiedliche Farben** für die Markierung und Nummerierung der verschiedenen Modi. Damit behalten Sie auch bei komplexem Notenmaterial den Überblick.

> **Anmerkung:** *Die verschiedenen Modi können sich auch überschneiden. Beachten Sie daher Stimmführung und -verlauf.*

■ Vorarbeiten

Grund-
reihe
T. 1, Zz. 4–
T. 5, Zz. 1/
Ober-
stimme)

	Halbtöne mit Richtungsangabe	
Ton 1 → Ton 2	4 HT	↓
Ton 2 → Ton 3	7 HT	↑
Ton 3 → Ton 4	2 HT	↓
Ton 4 → Ton 5	8 HT	↓
Ton 5 → Ton 6	5 HT	↑
Ton 6 → Ton 7	3 HT	↓
Ton 7 → Ton 8	5 HT	↓
Ton 8 → Ton 9	4 HT	↑
Ton 9 → Ton 10	2 HT	↓
Ton 10 → Ton 11	5 HT	↓
Ton 11 → Ton 12	2 HT	↓

Krebs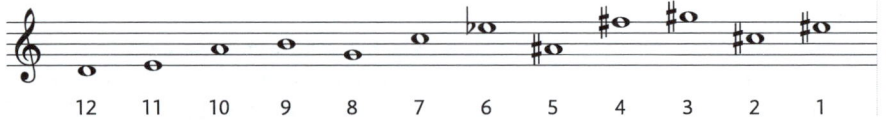

12 11 10 9 8 7 6 5 4 3 2 1

	Halbtöne mit Richtungsangabe	
Ton 12 → Ton 11	2 HT	↑
Ton 11 → Ton 10	5 HT	↑
Ton 10 → Ton 9	2 HT	↑
Ton 9 → Ton 8	4 HT	↓
Ton 8 → Ton 7	5 HT	↑
Ton 7 → Ton 6	3 HT	↑
Ton 6 → Ton 5	5 HT	↓
Ton 5 → Ton 4	8 HT	↑
Ton 4 → Ton 3	2 HT	↑
Ton 3 → Ton 2	7 HT	↓
Ton 2 → Ton 1	4 HT	↑

■ Notizen zur Lösung

	Takt	Stimme	Transposition auf Ton 1 bezogen	Vergleich zur Original-Reihe
Grundreihe	T. 4, Zz. 4 – T. 8, Zz. 1	Unterstimme	original (auf eis) (auf Ton 1 bezogen)	• Rhythmisierung wie Original • Abweichung: Tondauer Ton 12
	T. 8, Zz. 2 – T. 12, Zz. 1und	Mittelstimme	auf his	• Rhythmisierung Ton 1–8 wie Original • Ton 9 zu drei Achteln verlängert, Viertelpause nach Ton 10 fehlt • Abweichung: Tondauer Ton 12
	T. 12, Zz. 2 – T. 14, Zz. 4und	Oberstimme	auf e	• Rhythmisierung Ton 1–5 wie Original • Verkürzung der Pause nach Ton 5 • Ton 6 fehlt in der Oberstimme, erklingt/findet sich jedoch (oktaviert) in der Mittelstimme (d) – wahrnehmbar durch die gleichzeitige Pause in der Oberstimme, allerdings als Viertel statt Achtel • Ton 7 Achtel statt Viertel

Zwölftonmusik/-technik | 125

			• fehlende Pausen nach Ton 8 • zusätzliche Pausen nach Ton 9 • fehlende Pausen nach Ton 10 • Ton 11 Viertel statt Achtel (oktaviert) • Abweichung: Tondauer Ton 12
T. 13, Zz. 4 – T. 17, Zz. 3	Unterstimme	auf his	• Rhythmisierung wie Original • Abweichung: Tondauer Ton 12
T. 16, Zz. 2 – T. 18, Zz. 1	Oberstimme	auf f	• Rhythmisierung Ton 1–5 wie Original • Verkürzung der Pause nach Ton 5 • Achteltriole Ton 6, 7, 8 • fehlende Pausen nach Ton 8 • Ton 9 Viertel statt Achtel • fehlende Pausen nach Ton 10 • Abweichung: Tondauer Ton 12
T. 17, Zz. 4 – T. 22, Zz. 1 und	Unterstimme	auf ais	• Rhythmisierung wie Original • Abweichung: Tondauer Ton 12
T. 15, Zz. 2 und – T. 17, Zz. 4 und	Mittelstimme	ab Ton 4 – Ton 10 (Grundreihe mit Anfangston auf his)	• z. T. mit Oktavierung (Ton 6, 7, 8) • erhebliche rhythmische Abweichungen
T. 21, Zz. 3 – Zz. 4	Oberstimme	ab Ton 2 – Ton 4	• Ton 2 fehlt in der Oberstimme, erklingt/findet sich jedoch in der Mittelstimme (cis) – wahrnehmbar durch die gleichzeitige Pause in der Oberstimme • Ton 3 wiederholt

Krebs

Takt	Stimme	Transposition auf Ton 1 bezogen	Vergleich zur Original-Reihe
T. 5 – T. 7, Zz. 2	Oberstimme	original	freie rhythmische Gestaltung
T. 8, Zz. 4 und – T. 11, Zz. 4	Oberstimme	auf cis	freie rhythmische Gestaltung
T. 8, Zz. 4 und – T. 13, Zz. 2	Unterstimme	original (Anfangston Nr. 12 (d) fehlt)	freie rhythmische Gestaltung

T. 11, Zz. 3 – T. 13, Zz. 2	Mittelstimme	Ton 12–Ton 7 auf a (Ton 12 entspricht gleichzeitig Endton der Grundreihe aus T. 8 (Mittelstimme))	freie rhythmische Gestaltung
T. 18, Zz. 3 – T. 20, Zz. 3 und	Oberstimme	Ton 10–Ton 8 und Ton 5– Ton 2 original (Ton 7 und 6: Ganzton höher, Ton 1 fehlt)	• freie rhythmische Gestaltung • Tonwiederholungen
T. 20, Zz. 4 – T. 21, Zz. 3	Mittelstimme	Ton 10–Ton 7 auf dis	freie rhythmische Gestaltung

Keine Verwendung von Umkehrung und Krebsumkehrung

■ **Lösungsvorschlag**

Die Fuga 3 aus dem Zyklus *Bachiana Dodecafonica* von Richard St. Clair ist eine Zwölftonkomposition, in der eine **Grundreihe** (T. 1, Zz. 4 bis T. 5, Zz. 1) und deren Krebs das musikalische Geschehen bestimmen. Umkehrung sowie Krebsumkehrung sind nicht verwendet.

Die Grundreihe enthält alle zwölf Töne, Tonwiederholungen sind nicht vorhanden. Die Töne 1, 2 und 3 bilden einen Cis-Dur-Dreiklang, die Töne 6, 7 und 8 einen c-Moll-Dreiklang. Insgesamt weist die Grundreihe keinen Bezug zu einem Grundton oder tonalen Zentrum auf.

Die **Grundreihe** ist ab **Takt 4** (Unterstimme) **original** zu finden, lediglich Ton 12 ist auf eine Achtel verkürzt. Ab **Takt 8** ist diese auf his transponiert (Mittelstimme) und weist rhythmische Abweichungen auf: Ton 9 ist zu drei Achteln verlängert, die Viertelpause nach Ton 10 fehlt, die Tondauer von Ton 12 ist verändert. Ab **Takt 12** (Oberstimme) erfolgt die Transposition auf e, rhythmische Veränderungen sind die Verkürzung der Pause nach Ton 5, die Tondauer von Ton 7 (Achtel statt Viertel), die fehlenden Pausen nach Ton 8 und Ton 10, die zusätzlichen Pausen nach Ton 9 und die Tondauer von Ton 11 (Viertel statt Achtel, oktaviert). Eine Besonderheit stellt der Ton 6 (d) dar, der in der Oberstimme fehlt. Hier ist eine Pause notiert, jedoch erklingt dieser Ton oktaviert in der Mittelstimme (Viertel- statt Achtelnote) und ist durch die Pause in der Oberstimme deutlich hör- und wahrnehmbar. In Takt 13 (Unterstimme) ist eine Transposition der Grundreihe auf his verwendet, mit Abweichung der Tondauer von Ton 12. Ab **Takt 16** erscheint die Grundreihe in der Oberstimme, transponiert auf f. Hier wird die Pause nach Ton 5 verkürzt, die Töne 6, 7 und 8 sind als Achteltriole verarbeitet, Ton 9 ist eine Viertel- statt eine Achtelnote. Nach Ton 8 und Ton 10 fehlen die Pausen, Ton 12 ist verkürzt. Eine weitere Transposition der Grundreihe findet sich in Takt 17 (Unterstimme) auf ais mit Verlängerung des Tones 12.

Ausschnitte der Grundreihe sind ab Takt 15 und Takt 21 eingearbeitet. Ab **Takt 15** finden sich die Töne 4 mit 10 in der Mittelstimme (Transposition der Grundreihe auf his), wobei die Töne 6, 7 und 8 oktaviert sind und der Ausschnitt erhebliche rhythmische Abweichungen aufweist. In **Takt 21** erkennt man in der Oberstimme die Töne 2, 3 und 4, wobei der Ton 3 wiederholt ist und Ton 2 (cis) in der Oberstimme fehlt, stattdessen jedoch in der Mittelstimme notiert ist. Auch hier ist der fehlende Ton durch die Pause in der Oberstimme deutlich hör- und wahrnehmbar.

Alle **Krebsmodi** sind rhythmisch frei gestaltet. Ab **Takt 5** erscheint der Krebs der Grundreihe in der Oberstimme, ab **Takt 8** (ebenfalls Oberstimme) transponiert auf cis. Gleichzeitig ist dieser in der Unterstimme original zu finden, allerdings fehlt der Anfangston (d).

Krebs-Ausschnitte sind ab Takt 11, Takt 18 und Takt 20 verarbeitet: Ton 12 mit 7 (Mittelstimme – auf a) ab **Takt 11**, Ton 10 mit 8 und Ton 5 mit 2 ab Takt 18 (Oberstimme – original) und Ton 10 mit 7 in **Takt 20** (Mittelstimme – auf dis).

Übungsaufgaben

38 Der Komponist Richard St. Clair folgt in seinem kompositorischen Wirken sowohl traditioneller Tonalität als auch Elementen der Dissonanz.

"I have for many years admired Schoenberg's music, though I rarely write music in his strict serial vein anymore. My Bachiana Dodecafonica preludes and fugues are in strict 12-tone serial style." (Richard St. Clair, 2016)
(Übersetzung: Ich habe viele Jahre Schönbergs Musik bewundert, obwohl ich selten Musik in seiner strengen seriellen Art schreibe. Meine Bachiana Dodecafonica Präludien und Fugen sind im strikten 12-Ton-Stil.)

Belegen Sie den im Zitat benannten „12-Ton-Stil" nach Arnold Schönberg in der Fuga 1 (Takt 1 mit Takt 20, Zählzeit 1) von Richard St. Clair!

Notenbeispiel 32 (S. 74):
RICHARD ST. CLAIR: *Bachiana Dodecafonica, Fuga 1* (Anfang)

Richard St. Clair, Bachiana Dodecafonica *(youtube, ab 1:29)*

39 Der Komponist Richard St. Clair folgt in seinem kompositorischen Wirken sowohl traditioneller Tonalität als auch Elementen der Dissonanz.

"I have for many years admired Schoenberg's music, though I rarely write music in his strict serial vein anymore. My Bachiana Dodecafonica preludes and fugues are in strict 12-tone serial style." (Richard St. Clair, 2016)
(Übersetzung: Ich habe viele Jahre Schönbergs Musik bewundert, obwohl ich selten Musik in seiner strengen seriellen Art schreibe. Meine Bachiana Dodecafonica Präludien und Fugen sind im strikten 12-Ton-Stil.)

Belegen Sie den im Zitat benannten „12-Ton-Stil" nach Arnold Schönberg in der Fuga 2 (Takt 1 mit Takt 29, Zählzeit 1) von Richard St. Clair!

Notenbeispiel 33 (S. 75):
RICHARD ST. CLAIR: *Bachiana Dodecafonica, Fuga 2* (Anfang)

Richard St. Clair, Bachiana Dodecafonica *(youtube, ab 4:54)*

Funktionen der Klavierstimme im Sololied

Die Blütezeit des klavierbegleiteten Sololieds liegt in der Epoche der Romantik (vgl. S. 100 ff.), in deren Verlauf der Klavierpart zunehmend an Bedeutung gewinnt. Je nach Intention des Komponisten kann die **Klavierstimme den Text überhöhen**, ihn also über die reine Textaussage hinaus erweitern, z. B. auf eine neue gedankliche, emotionale Ebene, oder diesen verdeutlichen, atmosphärisch untermalen. Möglich ist auch, dass die Klavierstimme den **Text ironisiert** oder im **Gegensatz** zu diesem steht. Sie ist dabei in ihren verschiedenen Funktionen der Gesangsstimme gegenüber gleichberechtigt, ordnet sich dieser aber auch unter und/oder gestaltet das musikalische Geschehen unabhängig und eigenständig.

In der Folgezeit werden die verschiedenen Funktionen der Klavierstimme in Sololiedern weitergeführt/-entwickelt und erfahren eine individuelle Prägung durch den Personalstil des jeweiligen Komponisten.

Wichtige Vertreter (im 20./21. Jahrhundert) sind u. a. Alban Berg, Günter Bialas, Moritz Eggert, Peter Fulda, Paul Hindemith, Mauricio Kagel, Wolfgang Rihm, Arnold Schönberg, Ulrich Schultheiss, Richard St. Clair, Anton Webern.

Die Analyse der Klavierstimme im (klavierbegleiteten) Lied in Bezug auf deren Funktionen ist häufig Bestandteil von Abiturprüfung und/oder Klausuren der Oberstufe. Neben Beispielen aus der Musik des 20./21. Jahrhunderts finden sich in den Aufgabenstellungen vielfach auch Werke anderer Epochen, insbesondere der Romantik.

Funktionen der Klavierstimme

1. in Bezug auf **Vor-, Zwischen- und Nachspiel**
   - **Gliedernde Funktion:** Die Klavierstimme gliedert das musikalische Geschehen durch Vor-, Zwischen- und Nachspiel.
   - **Vorbereitende Funktion:** Die Klavierstimme bereitet die Stimmung des nachfolgenden musikalischen Geschehens vor (im Vor- und Zwischenspiel).
   - **Verbindende Funktion:** Die Klavierstimme verbindet das musikalische Geschehen der einzelnen Strophen.
   - **Ausklingende Funktion:** Die Klavierstimme lässt die Stimmung des musikalischen Geschehens (im Nachspiel) ausklingen, kann somit zusammenfassend wie auch weiterführend/ausblickend fungieren.

2. in Bezug auf **Gesangsstimme/Textinhalt**
- **Unterstützende Funktion:** Die Klavierstimme unterstützt die Gesangsstimme z. B. in der Melodik (z. B. Übernahme, Verdopplung, Parallelführung etc.) und Rhythmik (z. B. akkordisch).
- **Verstärkende Funktion:** Die Klavierstimme verstärkt die Gesangsstimme/Textaussage und geht dabei über die unterstützende Funktion hinaus (z. B. durch Dynamik, extreme Tonlagen, Vollgriffigkeit, Pausen etc.).
- **Kommentierende Funktion:** Die Klavierstimme erklärt/deutet den Text und geht dabei über die unterstützende sowie verstärkende Funktion hinaus (z. B. durch Klangmalerei, Tremoli etc.).
- **Kontrapunktierende Funktion:** Die Klavierstimme steht im Gegensatz zur Gesangsstimme/Textaussage als ironisierendes Moment und/oder Mittel der Spannung und Steigerung etc.
- **Eigenständige Funktion:** Die Klavierstimme verläuft unabhängig zur Gesangsstimme, Bezüge sind nicht oder kaum gegeben.

Anmerkung: *Vielfach überschneiden sich die einzelnen Funktionen, eine Abgrenzung und/oder strikte Trennung ist daher z. T. nur bedingt möglich.*

Beispielaufgabe

Aufzeigen von Funktionen der Klavierstimme

Zeigen Sie zwei unterschiedliche Funktionen der Klavierstimme am Lied *Geräusche* von Richard St. Clair!

Notenbeispiel 34 (S. 76):
RICHARD ST. CLAIR: *Geräusche* (Moabit Liederbuch, op. 66, Nr. 1)

■ Erschließen der Aufgabenstellung

Der **Operator „Zeigen Sie"** erfordert, dass Sie bestimmte Aspekte (hier: **Funktionen der Klavierstimme**) exakt am Notentext belegen, indem Sie die entsprechenden Stellen angeben und dabei die **genauen Taktangaben mit Zählzeit** nennen. Einzeichnungen und Vermerke direkt im Notentext sind hilfreich und können bei der Bewertung Berücksichtigung finden. Sie ersetzen jedoch nicht Ihre Darstellung der Lösung, z. B. in tabellarischer Form. Eine detaillierte Beschreibung bzw. Erläuterung der Funktionen sowie eine Ausformulierung der Ergebnisse ist aufgrund der Aufgabenstellung nicht notwendig.

■ Methodisches Vorgehen

1. Erfassen Sie Form (Aufbau) und Inhalt der **Textvorlage**.
2. Gliedern Sie das Lied anhand der formalen Textstruktur (= Strophen) und untersuchen Sie die Funktionen der Klavierstimme in Vor-, Zwischen- und/oder Nachspiel.
   → ermöglicht Aussagen über **gliedernde Funktion, vorbereitende Funktion, verbindende Funktion, ausklingende Funktion**
3. Untersuchen Sie die Klavierstimme in Bezug auf Gesangsstimme/Textinhalt.
   → ermöglicht Aussagen über **unterstützende Funktion, verstärkende Funktion, kommentierende Funktion, kontrapunktierende Funktion, eigenständige Funktion**

TIPP

Es empfiehlt sich, als Vorarbeit eine **tabellarische Übersicht** anzulegen. Tragen Sie hier zunächst alle **Funktionen** ein (vgl. S. 129 f.) und fügen Sie anschließend **exemplarische Belegstellen** hinzu. Sollten sich Fundstellen mehreren Funktionen zuordnen lassen, ergänzen Sie die Tabelle entsprechend. Halten Sie zusätzlich **Anmerkungen/Begründungen** in Stichpunkten fest. So sind Ihre Ergebnisse nachvollziehbar dargestellt. Wählen Sie anschließend zwei Funktionen aus. Markieren Sie diese in Ihrer Tabelle und streichen Sie diejenigen durch, die nicht zur Darstellung bestimmt sind.

Anmerkung: *Sollten Sie die in der Aufgabenstellung geforderte Anzahl an Funktionen der Klavierstimme bereits in Bezug auf Vor-, Zwischen- und Nachspiel nachweisen können, empfiehlt sich dennoch die weitere Analyse in Bezug auf Gesangsstimme/Textinhalt, da eine Beschränkung auf ausschließlich durch den formalen Aufbau bestimmte Funktionen möglicherweise zu einseitig ist. Beachten Sie dahingehend unbedingt die Vorgaben Ihrer Kursleiter, auch bezüglich der Darstellung sowie der Anzahl der anzuführenden Belegstellen für die einzelnen Funktionen.*

Musik des 20./21. Jahrhunderts

■ Notizen zur Lösung in tabellarischer Form

Funktionen der Klavierstimme in Bezug auf Vor-, Zwischen- und Nachspiel

Funktion	Belegstelle(n) z. B.	Anmerkung(en) /Begründung(en)
gliedernde Funktion	**Vorspiel:** T. 1, mit Auftakt – T. 6 **Zwischenspiel** (Strophen 2 und 3): T. 28, mit Auftakt – T. 33	deutliche zweiteilige Gliederung des Textes durch Zusammenfassen der Textinhalte der Strophen 1/2 sowie 3/4 zu jeweils einer Einheit
	keine Zwischenspiele (nur kurze Überleitungen) zwischen den Strophen 1 und 2 (T. 18, mit Auftakt – T. 18, Zz.3) und 3 und 4 (T. 41, Zz. 3 – T. 42, Zz. 3)	keine Gliederung anhand der Textstruktur zwischen Strophe 1/2 und 3/4
vorbereitende Funktion	**Vorspiel:** T. 1, mit Auftakt – T. 6	Vorbereitung/Einführung in das musikalische Geschehen u. a. durch: • Vorwegnahme musikalischen Materials, z. B.: – originalgetreues Wiederaufgreifen der T. 1–4 in T. 7–10, dabei Oktavierung der Bassstimme – originalgetreues Wiederaufgreifen im Zwischenspiel (T. 28, mit Auftakt – T. 33) mit Abweichungen: Bassstimme T. 31, Zz. 4 (b statt h), Oberstimme T. 33, Zz. 2 und (f statt g) – Wiederaufgreifen in T. 34 (Auftakt fehlt) mit Oktavierung der Bassstimme, Melodik aus T. 1 nun in der Mittelstimme, Haltenote c in der Oberstimme auf betonte Zählzeiten (kein synkopierter Rhythmus) • Rhythmik, z. B.: – punktierter Rhythmus (T. 1) wird von Gesangsstimme (z. B. T. 7, T. 8) aufgegriffen
verbindende Funktion	**Zwischenspiel** (Strophe 2 und 3): T. 28, mit Auftakt – T. 33	originalgetreues Wiederaufgreifen des Vorspiels (T. 1, mit Auftakt – T. 6) mit Abweichungen: Bassstimme T. 31, Zz. 4 (b statt h), Oberstimme T. 33, Zz. 2 und (f statt g) (vgl. oben „vorbereitende Funktion – Vorspiel")
	kurze Überleitung Strophen 1 und 2 (T. 18, mit Auftakt – T. 18, Zz. 3)	punktierter Rhythmus in der Oberstimme; Weiterführung der Tonrepetition (Ton b) in der Bassstimme aus T. 17, abwärts gerichteter Durchgang zu T. 19

Funktion	Belegstelle(n) z. B.	Anmerkung(en) /Begründung(en)
	kurze Überleitung Strophen 3 und 4 (T. 41, Zz. 3 – T. 42, Zz.3)	Haltenote in der Oberstimme (Ton c); Weiterführung der Tonrepetition (Ton f) in der Bassstimme aus T. 41; Vorwegnahme und Vorbereitung der Gesangsstimme in der Mittelstimme (Ton c)
ausklingende Funktion	– (kein Nachspiel)	–

Funktionen der Klavierstimme in Bezug auf Gesangsstimme/Textinhalt

Funktion	Belegstelle(n) z. B.	Anmerkung(en) /Begründung(en)
unterstützende Funktion	T. 24, Zz. 1 und – T. 24, Zz. 4 und	Gesangs- und Klavierstimme verlaufen unisono
	T. 43, mit Auftakt, mit T. 44	Mitspielen der Gesangsstimme in der Oberstimme, homophone Satzanlage, zusätzlich Übernahme der Melodie in der Oberstimme der linken Hand
	T. 53, mit Auftakt – T. 54, Zz.1	Gesangs- und Klavierstimme verlaufen unisono
kommentierende Funktion	T. 20, Zz. 2	Klangmalerei: Triolen im Bass → „Marsch(gesang)"
	T. 22, Zz. 3 – T. 23	Klangmalerei durch Wiederholung des synkopierten Rhythmus in der Oberstimme mit Sequenz und Wiederholung des Motivs (T. 22/23) → „Geschiebe"
	T. 40 – T. 41	Klangmalerei: Tonwiederholung mit Akzent in der Oberstimme (Ton c) → „spärlich […] Glocke"
	T. 45 – T. 46	Klangmalerei durch unisono geführte Triolen, in beiden Stimmen absteigend → „Frühlingswind"
	T. 54/55	Klangmalerei: Quint-/Quartklang (jeweils Zz. 2 und Zz. 4), T. 54; Pendelmotiv in der Mittelstimme → „Glockenreigen"
	T. 48 (ab Zz. 2)	Tonwiederholungen in Ober- und Mittelstimme (Ton c) → „Schweigen"
	T. 49 – T. 52	Textwiederholung „und Friedenläuten wird ein Glockenreigen": Wiederholung (außer Bassstimme) T. 49 in T. 51; Wiederholung T. 51 in T. 52 (alle Stimmen); Wiederholung T. 49/50 in T. 51/52 in Oberstimme und Mittelstimme: Quarte höher

■ Lösungsvorschlag

Bei der Analyse des Liedes *Geräusche* von Richard St. Clair lassen sich u. a. folgende zwei unterschiedliche Funktionen der Klavierstimme zeigen:

1. **unterstützende Funktion, z. B.:**

    T. 24: Gesangs- und Klavierstimme verlaufen unisono;

    T. 43, mit Auftakt – T. 44: Mitspielen der Gesangsstimme in der Oberstimme, homophone Satzanlage, zusätzlich Übernahme der Melodie in der Oberstimme der linken Hand

2. **kommentierende Funktion, z. B.:**

    T. 20, Zz. 2: Klangmalerei durch Triolen im Bass beim Wort „Marsch(gesang)";

    T. 22, Zz. 3 – T. 23: Klangmalerei durch Wiederholung des synkopierten Rhythmus in der Oberstimme mit Sequenz und Wiederholung des Motivs (T. 22/23) beim Wort „Geschiebe";

    T. 45 – T. 46: Klangmalerei durch unisono geführte Triolen, in beiden Stimmen absteigend beim Text „Frühlingswind"

Übungsaufgaben

40 Zeigen Sie zwei unterschiedliche Funktionen der Klavierstimme am Lied *Die Mücke* von Richard St. Clair!

> **Notenbeispiel 35 (S. 80):**
> RICHARD ST. CLAIR: *Die Mücke* (Moabit Liederbuch, op. 66, Nr. 9)

41 Zeigen Sie zwei unterschiedliche Funktionen der Klavierstimme am Lied *Spatzen* von Richard St. Clair!

> **Notenbeispiel 36 (S. 85):**
> RICHARD ST. CLAIR: *Spatzen* (Moabit Liederbuch, op. 66, Nr. 7)

Mittel musikalischer Gestaltung

Die Mittel musikalischer Gestaltung, z. B. Melodik, Rhythmik, Instrumentation, Tempo, Dynamik etc., sind quasi der Werkzeugkasten des Komponisten, aus dem er sich bedient. Auswahl und Einsatz dieser Mittel ermöglichen ihm, eine bestimmte **Grundstimmung, Wirkung** und/oder **Atmosphäre** zu erzeugen. Die Analyse der musikalischen Gestaltung geht der Frage nach, wie und wodurch dies dem Komponisten gelingt, also welche Mittel er verwendet und wie er dies tut.

Zu Beginn des 20. Jahrhunderts wird die der Tradition der Romantik folgende **Wahrnehmung von außermusikalischen Inhalten** und deren musikalische Darstellung (Landschaften, Natur, Beschreibungen, Ereignissen etc.) u. a. durch melodische, rhythmische, harmonische und klangliche Elemente erweitert und weiterentwickelt.

Die Beschreibung eines Werkes oder Ausschnitts hinsichtlich der musikalischen Gestaltung ist häufig Bestandteil von Klausuren oder der Abiturprüfung. Hierbei werden z. T. die zu untersuchenden Gestaltungsmittel vorgegeben.

Musikalische Gestaltung (= musikalische Mittel) beinhaltet z. B.:
- **Melodische Gestaltungsmittel:** z. B. Verlauf (schrittweise, sprunghaft, große bzw. kleine Sprünge, Chromatik, Tonwiederholungen, Dreiklangsmelodik, charakteristische Intervalle …), Richtung (aufwärts/abwärts, wellenförmig, kreisend …), Motivik (einzelne Motive, Motivreihungen, Phrasen …), Tonumfang, Tonvorrat, Tonlage, Verzierungen, Phrasierung, Artikulation, Ornamentierung
- **Rhythmische** (metrische) **Gestaltungsmittel:** z. B. Notenwerte, spezielle rhythmische Strukturen (Punktierungen, Triolen …) und rhythmische Figuren, Taktart, Ostinato, Pausen, Synkopen
- **Dynamische Gestaltungsmittel:** z. B. forte – piano, Zwischenstufen, dynamische Übergange und Zwischenstufen
- **Formale Gestaltungsmittel:** z. B. großformale Anlage (Wiederholung, Liedform, Rondo …), kleinformale Anlage (Wiederholungen, Variation, Kontrast …)
- **Harmonische Gestaltungsmittel:** z. B. tonal (Dur, Moll …), atonal, Pentatonik, Kirchentonarten
- **Satztechnische Gestaltungsmittel:** z. B. Homophonie, Polyphonie, Imitation
- **Tempo:** z. B. Tempoangaben (Allegro, Adagio …), Tempowechsel (ritardando, accelerando …)
- **Instrumentation:** z. B. auch klangliche Verfremdungen, Cluster, Klangflächen

Beispielaufgabe

Beschreiben der musikalischen Gestaltung

 Beschreiben Sie die musikalische Gestaltung der Takte 1 mit 11 aus *Cathédrales* op. 55, Nr. 3 von Louis Vierne! Berücksichtigen Sie dabei neben Melodik und Rhythmik weitere geeignete Parameter!

 Notenbeispiel 37 (S. 90):
LOUIS VIERNE: *Cathédrales* (Pièces de fantaisie, Suite IV, op. 55, Nr. 3) (Anfang)

 Louis Vierne, Cathédrales (op. 55) *(youtube)*

■ **Erschließen der Aufgabenstellung**

Der **Operator „Beschreiben Sie"** verlangt von Ihnen, dass Sie Informationen über geforderte Aspekte (hier: musikalische Mittel), die am Notentext ablesbar sind, in ausformulierter Form wiedergeben. Neben den Gestaltungsmitteln **Melodik und Rhythmik** sind weitere geeignete Parameter zu berücksichtigen. Diese können **Tempo, Dynamik, Form, Harmonik** (vgl. S. 135) etc. sein. Die Auswahl der Parameter müssen Sie selbst treffen und richtet sich nach dem zu analysierenden Notenbeispiel, die Anzahl ist nicht näher bestimmt. Die Formulierung „weitere Parameter" verlangt jedoch mindestens zwei. Eine Deutung und/oder Wertung der musikalischen Gestaltung ist hier nicht gefordert.

■ **Methodisches Vorgehen**

1. Beginnen Sie Ihre Analyse bei den **melodischen und rhythmischen Gestaltungsmitteln**. Nehmen Sie hierzu ggf. Eintragungen im Notentext vor und halten Sie Ihre Ergebnisse in Stichpunkten fest.
2. Achten Sie bereits auf mögliche **weitere geeignete Parameter**, wie in der Aufgabenstellung gefordert, und fertigen Sie Notizen dazu an.
3. Treffen Sie eine **Auswahl** daraus (mindestens zwei) und notieren Sie sich dazu ebenfalls die Ergebnisse Ihrer Untersuchung in Stichpunkten.
4. Formulieren Sie anschließend Ihre Lösung aus.

> **TIPP**
>
> Sie müssen die melodische und rhythmische Gestaltung sowie die weiteren Mittel nicht zwangsläufig getrennt beschreiben, sondern können diese in Ihrem Text auch direkt miteinander verknüpfen. In diesem Fall empfiehlt sich aber eine **Hervorhebung der Parameter** z. B. durch Unterstreichung, um Ihre Darstellung übersichtlich und nachvollziehbar zu gestalten.

Exkurs: Orgelnotation

Bei Notenbeispielen für Orgel ist Folgendes zu beachten:

- Der Notentext besteht aus **drei Notenzeilen**. Die **oberen beiden** Notenzeilen entsprechen der **Klaviernotation** und sind für das Spielen auf den Manualen (= Klaviaturen, die mit den Händen gespielt werden) bestimmt. Große Orgeln verfügen über bis zu fünf Manuale, die am Spieltisch terrassenförmig übereinander angeordnet sind.
- In der **unteren Notenzeile** ist die **Pedalstimme** notiert, die mit den Füßen auf einer auf dem Boden angebrachten Tastenreihe gespielt wird.
- Durch die unterschiedlichen **Register** (= Pfeifenreihen mit einem bestimmten Klang) und deren Kombinationen können die verschiedensten **Klangfarben** erzeugt werden. Seit der Romantik legen die Komponisten genau fest, welche Register zu benutzen sind.

Aus Gründen der Übersichtlichkeit wurde in den Notenbeispielen auf die Registeranweisungen des Komponisten verzichtet.

■ Notizen zur Lösung

Parameter	Manualstimmen	Pedalstimme
melodische Gestaltung	zweitaktiges, fünfstimmiges Ostinato (T. 1/2) in ganzen Noten von T. 1–T. 11 (T. 1/2 wiederholt in T. 3/4, T. 5/6, T. 7/8, T. 9/10), bestehend aus Liegeton a in Ober- und Unterstimme/rechte Hand und Unterstimme/linke Hand, dabei Ganztonfolge e–d–e–fis in Mittelstimme/rechte Hand und Oberstimme/linke Hand (Oktavabstand) legato	(ab T. 3) Melodieführung in zwei Phrasen: Phrase 1 (T. 3–6): • wellenförmige Melodieführung: von A (T. 3) aufwärts zum d (T. 4), abwärts zum Fis (T. 5), aufwärts zum d, Abschlusston cis (T. 6) – insgesamt leicht steigend (von A nach cis) • Ambitus Fis – d (kleine Sexte) • Intervallstruktur: Sekund- und Terzschritte, Quartsprung abwärts (T. 5) • Motivik: Motiv aus Takt 1/2 (a–h–d–cis) wiederholt ab T. 5, Zz. 4 Phrase 2 (T. 7–11): • insgesamt abwärts gerichtete Melodieführung: von fis nach H (T. 7), von e nach A (T. 8), von d nach Fis (T. 9) – Abschlusston A (T. 10/11) • Ambitus Fis – fis (Oktave) • Intervallstruktur: Sekund- und Terzschritte, Quartsprung aufwärts (T. 7/8, T. 8/9)

Parameter	Manualstimmen	Pedalstimme
		• Motivik: Motiv T. 7 in T. 8 Sekunde tiefer wiederholt (Abweichung: statt Sekundschritt zu Beginn T. 7 (fis–e) Terzschritt (e–cis) in T. 8; Motiv T. 9, Zz. 1/2 wiederholt in Zz. 3/4 (Quarte tiefer)
rhythmische Gestaltung	4/2-Takt T. 1–10 ganze Noten Abschluss T. 11: punktierte Ganze	4/2-Takt rhythmisches Muster T. 3 wiederholt in T. 4 rhythmisches Muster T. 5 wiederholt in T. 7 und T. 8 rhythmisches Muster T. 9, Zz. 1/2 wiederholt auf Zz. 3/4 T. 10/11: überbundener Halteton (A) Synkopierung in T. 5, 6, 7, 8 (jeweils ganze Note Zz. 2)
dynamische Gestaltung	durchgehend *p*	
formale Gestaltung	dreiteiliger Aufbau: • T. 1/2: einleitende Takte (Manualstimmen) • T. 3–T. 6: Phrase 1 (Pedalstimme) • T. 7–T. 11, Zz. 3: Phrase 2 (Pedalstimme)	
harmonische Gestaltung	Manualstimmen: Quint-/Quartklänge (T. 1–T. 2, Zz. 2), Terzklang (T. 2, Zz. 3), analog dazu T. 3/4, T. 5/6, T. 7/8, T. 9/10 Sekundreibungen zwischen Pedal- und Manualstimmen (z. B. T. 3, Zz. 4; T. 4, Zz. 1; T. 6, Zz. 1; T. 7, Zz. 1; T. 9, Zz. 1) Dur/Moll-Harmonik (z. B. D-Dur: T. 4, Zz. 3; T. 5, Zz. 3; T. 6, Zz. 3; T. 9, Zz. 4; fis-Moll: T. 4, Zz. 4; T. 6, Zz. 4; A-Dur: T. 7, Zz. 2; T. 8, Zz. 1und; T. 9, Zz. 1und) Quint-/Quartklänge durch Übernahme von Tönen aus Manualstimmen (z. B. T. 3, Zz. 1; T. 5, Zz. 1 und Zz. 4; T. 8, Zz. 4; T. 9, Zz. 3; T. 10/11)	
Tempo	Largo molto sostenuto ♩ = 66 (keine Tempiwechsel)	

■ **Lösungsvorschlag**

In der **melodischen Gestaltung** der Takte 1 mit 11 lassen sich zwei Ebenen erkennen: Manualstimmen und Pedalstimme.

Die **Manualstimmen** bestehen aus einem zweitaktigen, fünfstimmigen Ostinato, das in Takt 11 mit dem Anfangsklang aus Takt 1 abgeschlossen wird. Die rechte Hand übernimmt drei Stimmen, von denen Ober- und Unterstimme jeweils den Halteton a^2 bzw. a^1 ausführen. Die linke Hand ist zweistimmig geführt, in der Unterstimme findet sich der Halteton a. In der Mittelstimme der rechten Hand und der Oberstimme der linken Hand verläuft die Ganztonfolge e–d–e–fis im Oktavabstand.

Die **Pedalstimme** setzt in Takt 3 mit der Melodie ein. Diese lässt sich in zwei Phrasen teilen: Phrase 1, Takt 3 bis Takt 6, und Phrase 2, Takt 7 bis Takt 11, Zählzeit 3.

Phrase 1 zeigt einen wellenförmigen Verlauf von A (Takt 3) aufwärts zum d (Takt 4), abwärts zum Fis (Takt 5), aufwärts zum d und abwärts zum Abschlusston cis (Takt 6), und verzeichnet insgesamt einen leichten Anstieg (von A nach cis). Die Intervallstruktur besteht aus auf- und absteigenden Sekunden und Terzen, in Takt 5 findet sich ein Quartsprung abwärts. Der Tonumfang beträgt eine kleine Sexte (Fis–d). Das Motiv aus Takt 1/2 (a–h–d–cis) erscheint erneut ab Takt 5, Zählzeit 4, mit veränderter Rhythmik.

Phrase 2 zeigt insgesamt von fis zu A einen abwärts gerichteten Verlauf. Die Intervallstruktur besteht aus abwärts gerichteten Sekunden und Terzen und weist Quartsprünge aufwärts bei den Taktübergängen 7/8 und 8/9 auf. Lediglich zum Schlusston hin findet sich eine Terz aufwärts. Der Tonumfang beträgt eine Oktave (Fis–fis). Das Motiv aus Takt 7 wird in Takt 8 aufgegriffen, wobei der Sekundschritt zu Beginn des Taktes 7 (fis–e) nun zu einer Terz in Takt 8 (e–cis) verändert ist. In Takt 9 wird die Motivik der Zählzeiten 1 und 2 in der zweiten Takthälfte (Zählzeiten 3 und 4) eine Quarte tiefer wiederholt.

Die rhythmische Gestaltung der Manualstimmen verläuft durchgehend in ganzen Noten, z. T. werden Töne konstant ausgehalten, der Schlussklang in Takt 11 wird zu einer punktierten Ganzen verlängert.

Die Pedalstimme besteht aus rhythmischen Mustern, auf die im weiteren Verlauf zurückgegriffen wird. Das rhythmische Muster (punktierte Ganze – Halbe) aus Takt 3 wird in Takt 4 wiederholt, das rhythmische Muster (zwei Viertel – Ganze – Halbe) aus Takt 5 erscheint erneut in Takt 7 und in Takt 8. Innerhalb des Taktes 9 findet sich das Muster der Zählzeiten 1 und 2 (zwei Viertel – Halbe) in der zweiten Takthälfte (Zählzeiten 3 und 4) wieder. In den Takten 5, 6, 7 und 8, jeweils Zählzeit 2, fällt die Synkopierung auf.

Im Hinblick auf die **dynamische Gestaltung** fällt ein durchgehendes piano auf.

Die **formale Gestaltung** zeigt einen dreiteiligen Aufbau. Zu Beginn finden sich zwei einleitende Takte, die von den Manualstimmen gespielt werden. Die melodieführende Pedalstimme setzt in Takt 3 ein und unterteilt das nachfolgende musikalische Geschehen in zwei Phrasen. Phrase 1 erstreckt sich von Takt 3 bis Takt 6, Phrase 2 von Takt 7 bis Takt 11, Zählzeit 3.

Die **harmonische Gestaltung** des zweitaktigen Ostinatos in den Manualstimmen, das sich bis einschließlich Takt 11 erstreckt, besteht aus Quint- und Quartklängen (Takt 1 bis Takt 2, Zählzeit 2); in Takt 2, Zählzeit 3, schließt sich ein Terzklang an. Die Quint-/Quartklänge werden durch Übernahme von Tönen aus den Manualstimmen in die Pedalstimme verstärkt, z. B. Takt 3, Zählzeit 1, Takt 5, Zählzeit 1 und 4, Takt 8, Zählzeit 1, Takt 10, Zählzeit 1 und Takt 11. Des Weiteren entstehen aus der Kombination mit der Pedalstimme auch Dur- bzw. Mollklänge, so z. B. D-Dur in Takt 4, Zählzeit 3, in Takt 5, Zählzeit 3, T. 6, Zählzeit 3 und in Takt 9, Zählzeit 4; fis-Moll in Takt 4, Zählzeit 4, und in Takt 6, Zählzeit 4; A-Dur in Takt 7, Zählzeit 2, in Takt 8, Zählzeit 1und sowie in Takt 9, Zählzeit 1und. Daneben kommt es zu Sekundreibungen zwischen Pedal- und Manualstimmen, z. B. Takt 3, Zählzeit 4; T. 4, Zählzeit 1; Takt 6, Zählzeit 1; Takt 7, Zählzeit 1 und 4; Takt 8, Zählzeit 2; Takt 9, Zählzeit 1 und Zählzeit 3und.

Das **Tempo** ist Largo molto sostenuto mit der Metronomangabe ♩ = 66. Es finden keine Tempiwechsel statt.

Übungsaufgaben

42 Beschreiben Sie die musikalische Gestaltung der Takte 12 mit 21 aus *Cathédrales* op. 55, Nr. 3 von Louis Vierne! Berücksichtigen Sie dabei neben Melodik und Rhythmik weitere geeignete Parameter!

> Notenbeispiel 37 (S. 90):
> LOUIS VIERNE: *Cathédrales* (Pièces de fantaisie, Suite IV, op. 55, Nr. 3) (Anfang)

🎧 Louis Vierne, Cathédrales (op. 55) *(youtube)*

43 Beschreiben Sie die musikalische Gestaltung der Takte 1 mit 20 aus *Les Cloches de Hinckley* op. 55, Nr. 6 von Louis Vierne! Berücksichtigen Sie dabei neben Melodik und Rhythmik weitere geeignete Parameter!

> Notenbeispiel 38 (S. 91):
> LOUIS VIERNE: *Les cloches de Hinckley* (Pièces de fantaisie, Suite IV, op. 55, Nr. 6) (Anfang)

🎧 Louis Vierne, Les cloches de Hinckley (op. 55) *(youtube)*

Die schriftliche Abiturprüfung im Fach Musik am Beispiel Bayern

■ Hinweise und Tipps für die Abiturprüfung

Die Aufgaben der schriftlichen Abiturprüfung werden zentral vom Bayerischen Kultusministerium gestellt. Sie sind für alle Schülerinnen und Schüler, die die schriftliche Abiturprüfung in Bayern ablegen, verbindlich.

Ablauf der Prüfung

Die Bearbeitungszeit der Abiturprüfung beträgt **210 Minuten** (zuzüglich Hörbeispiele). In dieser Bearbeitungszeit ist eine 30-minütige **Einlesezeit** enthalten, in deren Verlauf Sie sich für eine der vier bzw. ab 2019 drei zur Auswahl stehenden Aufgaben (I–IV bzw. I–III) entscheiden müssen.

Jede Aufgabe setzt sich aus **mehreren Aufgabenblöcken** zusammen, die wiederum aus **mehreren Teilaufgaben** bestehen. Die Aufgabenblöcke selbst stehen in der Regel in einem thematischen Zusammenhang zueinander. Die entsprechenden **Notentexte** sind in einem gesonderten Geheft beigefügt, die Einspielung der **Tonbeispiele** erfolgt nach den auf der Angabe vermerkten festgelegten Zeiten. Sie können insgesamt **60 BE** erreichen.

Bei der Durchführung der Abiturprüfung gibt es zwei Varianten, über die jede Schule individuell entscheidet:

Variante 1: Das Hörraumprinzip

Sie sitzen alle gemeinsam in einem Raum, um die Aufgaben zu bearbeiten. Zu den vorgegebenen Zeiten begeben Sie sich in einen zweiten Raum, in dem Ihnen die Tonbeispiele von CD vorgespielt werden. Im Anschluss an das jeweilige Tonbeispiel gehen Sie zurück in den anderen Raum.

Variante 2: Das Mehrraumprinzip

Für jede der vier Abituraufgaben steht ein eigener Raum zur Verfügung. Hier schreiben Sie ohne Raumwechsel Ihre Abiturprüfung. Die Tonbeispiele werden Ihnen in diesem Raum vorgespielt.

TIPP

Führt Ihre Schule die Abiturprüfung Musik mit dem Hörraumprinzip durch, ist das Mitführen eines zweiten Mäppchens empfehlenswert. Bei manchen Aufgaben kann es hilfreich sein, **Stifte unterschiedlicher Farben** für Markierungen, Hervorhebungen etc. zu benutzen. Ein vorbereitetes **zweites Mäppchen** erspart Ihnen Zeit und sorgt zudem für einen geräuscharmen Raumwechsel.

Tipps zur Auswahl der Abituraufgabe

Lassen Sie sich nicht von persönlichen Vorlieben oder Abneigungen einer bestimmten Epoche, Stilrichtung oder Gattung gegenüber leiten und lassen Sie sich nicht von einem Notentext abschrecken, der Ihnen auf den ersten Blick verwirrend und unübersichtlich scheint. Entscheidend für die Auswahl einer Aufgabe ist, ob Sie die **Aufgabenstellung verstehen** und **wissen, was Sie tun müssen**, sowie Ihre persönliche Einschätzung, wie gut Sie das können. Hier muss eine ganz klar überlegte **Verstandes-Entscheidung** erfolgen.

Lesen Sie sich die Aufgabenstellungen genau durch. Wissen Sie, was zu tun ist? Schauen Sie sich zu einzelnen Teilaufgaben den Notentext an. Kommen Sie mit der dazugehörigen Aufgabenstellung klar? Denken Sie an Ihre Stärken und Schwächen (Höraufgaben, Analyse, Arbeit mit Zitaten, Bearbeitungen etc.). In welchen Teilaufgaben finden Sie das?

> **—TIPP—**
> Markieren Sie dementsprechend die **Teilaufgaben** (z. B. mit plus/minus oder Haken/Fehlzeichen etc.) und ebenfalls die jeweils erreichbaren **Bewertungseinheiten**. So haben Sie bei der abschließenden Durchsicht sofort einen Überblick und können Ihre Entscheidung für eine Aufgabe treffen.

Tipps zum Umgang mit den Tonbeispielen

Die schriftliche Abiturprüfung im Fach Musik nimmt eine Sonderstellung ein. Die Tonbeispiele zu den jeweiligen Aufgaben werden zu **fest vorgegebenen Zeiten** vorgespielt. Durch diese verbindlich vorgeschriebenen Zeitpunkte sind Sie in der **Reihenfolge der Bearbeitung festgelegt**. Sie können nicht wie in anderen Fächern mit einer beliebigen Teilaufgabe beginnen und andere für einen späteren Zeitpunkt der Bearbeitung zurückstellen.

Die **Vorspielzeiten** sind nicht als Uhrzeit, sondern **in Minuten angegeben**, wobei die „Zeitrechnung" um 8.30 Uhr beginnt (Beginn der Abiturprüfung). Sie müssen also zunächst die Angabe in Minuten auf die tatsächliche Uhrzeit umrechnen.

> **—TIPP—**
> Notieren Sie die ermittelten Uhrzeiten sowohl bei der Übersicht der Tonbeispiele („Vorspielzeiten") wie auch bei den entsprechenden Teilaufgaben. Sie erhalten so eine **übersichtliche Zeitleiste**, die während der Prüfung für einen genauen Überblick sorgt. Markieren Sie zusätzlich in der Aufgabenstellung, wie oft Ihnen das Tonbeispiel vorgespielt wird und auf welches Notenbeispiel sich dies bezieht.

Tonbeispiele mit Vorlage des Notentextes

Die Tonbeispiele sind z. T. umfangreicher, als es für die Lösung der Teilaufgaben erforderlich ist. Markieren Sie sich daher die **Takte im Notentext**, auf die sich die jeweilige Teilaufgabe bezieht.

Benutzen Sie für die Markierung im Notentext und in der Aufgabenstellung für jede Teilaufgabe **unterschiedliche Farben**. Damit finden Sie schnell die entsprechenden Stellen und behalten bei dem möglicherweise beträchtlichen Umfang an Notenmaterial den Überblick. Ebenfalls empfehlenswert ist der Einsatz von verschiedenfarbigen Klebezetteln, die sowohl direkt auf die der Teilaufgabe entsprechenden Seite im Notentext fixiert werden können als auch bei der Teilaufgabe selbst.

> **—TIPP—**
> Wenn an Ihrer Schule die Variante des **Hörraumprinzips** durchgeführt wird, sind Sie darauf angewiesen, im Hörraum die entsprechende Teilaufgabe und den dazugehörigen Notentext zu dem vorgespielten Tonbeispiel zügig zu finden. Da Sie den Hörraum nach Ablauf des Tonbeispiels z. T. umgehend verlassen müssen, erleichtern Ihnen die Klebezettel/farbigen Markierungen auch das **schnelle Auffinden der aufgabenrelevanten Stellen**, wenn Sie zur weiteren Bearbeitung in den ersten Raum zurückkehren. Gerade in diesem Fall ist es unabdingbar, gut organisiert zu sein.

Tonbeispiele ohne Vorlage des Notentextes

In den Abituraufgaben finden sich z. T. Teilaufgaben, die ohne Vorlage des Notentextes lediglich auf Grundlage des **Höreindrucks** bearbeitet werden müssen. In diesem Fall ist es besonders wichtig, dass Sie die Aufgabenstellung im Vorfeld genau analysieren und strukturieren.

> **—TIPP—**
> Heben Sie diese Teilaufgaben z. B. mit einem Ausrufezeichen unterhalb der Uhrzeit hervor. Markieren Sie die Arbeitsanweisung(en) sowie die zu bearbeitende Thematik. Sie sind zum **Zeitpunkt des Tonbeispiels** dann auf die Teilaufgabe vorbereitet und können gezielt und aufgabenorientiert das Tonbeispiel verfolgen und auswerten.

Aufgabe im Stil einer Abituraufgabe

Arbeitszeit: 210 Minuten (ohne Vorspielzeit)
Bei jeder Teilaufgabe steht die maximal erreichbare Anzahl von Bewertungseinheiten (BE).

> Gregorianischer Choral *Dies irae*, Strophen 1 mit 4 (Notenbeispiel I)
> EUGÈNE YSAŸE (1858–1931), Sonate für Violine solo op. 27 Nr. 2, 1. Satz *Obsession*, komponiert 1923/24 (Notenbeispiel II)
> JOHANN SEBASTIAN BACH (1685–1750), Partita Nr. 3 in E-Dur, BWV 1006, 1. Satz *Preludio* (Anfang), komponiert 1714–1720 (Notenbeispiel III, A und B)
> JOHANN SEBASTIAN BACH (1685–1750), Kantate *Wir danken dir, Gott, wir danken dir*, BWV 29, Sinfonia, komponiert 1731 (ohne Notenbeispiel)
> JOHANN SEBASTIAN BACH (1685–1750), Kantate *Wir danken dir, Gott, wir danken dir*, BWV 29, Aria *Halleluja, Stärk und Macht* (Anfang), komponiert 1731 (Notenbeispiel IV)

Vorspielzeiten

nach 30 Minuten	einmal Gregorianischer Choral, „Dies irae", Strophen 1 mit 4 (Notenbeispiel I)
nach 45 Minuten	zweimal Ysaÿe, Sonate für Violine solo op. 27 Nr. 2, 1. Satz „Obsession" (Notenbeispiel II)
nach 95 Minuten	viermal Ysaÿe, Sonate für Violine solo op. 27 Nr. 2, 1. Satz „Obsession" (Notenbeispiel II) in der Reihenfolge A–B–A–B
nach 130 Minuten	einmal Bach, Partita Nr. 3 in E-Dur, 1. Satz „Preludio" (Notenbeispiel III, A und B)
nach 155 Minuten	dreimal Bach, Kantate „Wir danken dir, Gott, wir danken dir", Sinfonia, Anfang (ohne Notenbeispiel, Notenbeispiel III dient als Orientierung)

In der Abiturprüfung werden Ihnen die Hörbeispiele von CD vorgespielt. Ein Verzeichnis der Hörbeispiele liegt den Abituraufgaben nicht bei, Sie haben daher keine Informationen zu Aufnahmedatum, Name der Interpreten etc. Im Folgenden finden Sie bei den Angaben der Vorspielzeiten zusätzlich entsprechende Links, mit denen Sie zu Hause üben können.
Wichtig: Geben Sie in die Suchmaske exakt den angegebenen Wortlaut ein, einschließlich aller Leer- und Sonderzeichen. Nur so ist sichergestellt, dass Sie exakt das Hörbeispiel finden, das der Aufgabe zugrunde liegt.

146 | Die schriftliche Abiturprüfung im Fach Musik am Beispiel Bayern

nach 30 Minuten	https://de.wikipedia.org/wiki/Dies_irae#Einzelnachweise
nach 45 Minuten	Gidon Kremer plays Eugène Ysaye – Sonata for Solo Violin No.2 in A major I.Obsession *(youtube)*
nach 95 Minuten	**Einspielung A:** Gidon Kremer plays Eugène Ysaye – Sonata for Solo Violin No.2 in A major I.Obsession *(youtube)*
	Einspielung B: Katerina Chatzi – Ysaye Obsession *(youtube, ab 1:02)*
nach 130 Minuten	Bach Partita No. 3 in E Major, BWV 1006 – Itzhak Perlman *(youtube)*
nach 155 Minuten	J. S. Bach~ Cantata BWV 29 „Wir danken dir, Gott, wir danken dir": Sinfonia *(youtube, bis 0:56)*

Aufgaben

1 Unter dem Eindruck eines Konzertbesuchs, in der u. a. eine von Johann Sebastian Bachs Solosonaten für Violine gespielt wurde, komponierte der belgische Geiger und Komponist Eugène Ysaÿe (1858–1931) seine sechs Sonaten für Violine solo op. 27 (1923/24), die jeweils berühmten Geigenvirtuosen gewidmet sind. Im ersten Satz der zweiten Violinsonate zitiert Eugène Ysaÿe neben der Partita E-Dur, BWV 1006, von Johann Sebastian Bach auch den gregorianischen Choral *Dies irae*. In den insgesamt 17 dreizeiligen Strophen wird der Jüngste Tag und die Bitte um Gnade und Erbarmen geschildert.

1.1 Sie hören einmal den Gregorianischen Choral *Dies irae* („Tag des Zorns"),
5 BE Strophen 1 mit 4 (Notenbeispiel I). Übertragen Sie die beiden Zeilen in die heute übliche Notenschrift!

1. Di-es i-rae, di-es il-la, Sol-vet saec-lum in fa-vil-la: Tes-te Da-vid cum Si-byl-la.

3. Tu-ba mi-rum spar-gens so-num Per se-pul-cra re-gi-o-nem, Co-get om-nes an-te thro-num.

1.2 Sie hören zweimal den ersten Satz *Obsession* aus der zweiten Violinsonate
14 BE von Eugène Ysaÿe (Notenbeispiel II). Weisen Sie den Choral *Dies irae* im ersten Satz der Violinsonate nach!

1.3 Sie hören den ersten Satz der zweiten Violinsonate von Eugène Ysaÿe in der
6 BE Ihnen bereits bekannten Einspielung (A) und einer weiteren Einspielung (B) und zwar in der Reihenfolge A – B – A – B. Stellen Sie die Unterschiede der beiden Interpretationen anhand von vier selbstgewählten Parametern einander tabellarisch gegenüber! Entscheiden Sie anschließend begründet, welche Ein-

spielung dem Titel des Satzes *Obsession* (= Besessenheit) aus Ihrer Sicht am ehesten gerecht wird!

1.4 Die zweite Sonate ist dem Freund und Kollegen Ysaÿes, dem Geiger Jacques
4 BE Thibaud gewidmet, der regelmäßig das Preludio aus der dritten Partita von J. S. Bach spielte.
Nennen Sie mögliche Gründe, die Ysaÿe bewogen haben könnten, im ersten Satz dieser Violinsonate neben Elementen aus der Partita von J. S. Bach Zitate aus dem *Dies irae* zu verwenden.

2 Die Partita in E-Dur ist Teil einer aus drei Sonaten und drei Partiten bestehenden Sammlung für Solovioline (BWV 1001–1006) von Johann Sebastian Bach. Im Original trägt diese den handschriftlichen Titel *Sei Solo á Violino senza Basso accompagnato*.

2.1 Sie hören zweimal das Preludio der Partita Nr. 3 in E-Dur, BWV 1006, von Jo-
6 BE hann Sebastian Bach, das Ihnen in zwei verschiedenen Ausgaben vorliegt (Notenbeispiel III, A und B). Zeigen Sie die Unterschiede der beiden Ausgaben! Äußern Sie sich anschließend dazu, für welche Zielgruppe die jeweilige Ausgabe bestimmt sein könnte!

2.2 Das Preludio aus der Partita in E-Dur wurde von Bach selbst mehrfach für ver-
10 BE schiedene Besetzungen bearbeitet, u. a. auch als einleitende Sinfonia der Kantate *Wir danken dir, Gott, wir danken dir* (BWV 29).
Sie hören dreimal den Anfang der Sinfonia, der Ihnen nicht als Notentext vorliegt. Beschreiben Sie aufgrund Ihres Höreindrucks die musikalische Gestaltung im Überblick! Berücksichtigen Sie dabei auch die Einarbeitung des Preludio aus der Partita E-Dur (Notenbeispiel III dient zur Orientierung)!

2.3 Die Takte 17 mit 92, Zählzeit 1, der Aria *Halleluja, Stärk und Macht* für Tenor,
5 BE Solovioline und Continuo aus der Kantate *Wir danken dir, Gott, wir danken dir* liegen Ihnen als Klavierauszug vor (Notenbeispiel IV).
Fertigen Sie eine möglichst originalgetreue Bearbeitung der Klavierstimme (T. 20, Zählzeit 3, mit T. 24) für ein Streichquartett! (Hinweis: Die Bratschenstimme ist im Altschlüssel zu notieren.)

2.4 Ergänzen Sie auf Grundlage der Klavierstimme in den Takten 42 mit 45, Zähl-
10 BE zeit 3, die Generalbass-Bezifferung der Hauptzählzeiten unter den folgenden Notenzeilen!

Summe:
60 BE

Lösungsvorschläge

Mittelalter

Übertragung in die heutige Notenschrift

Ave Maria

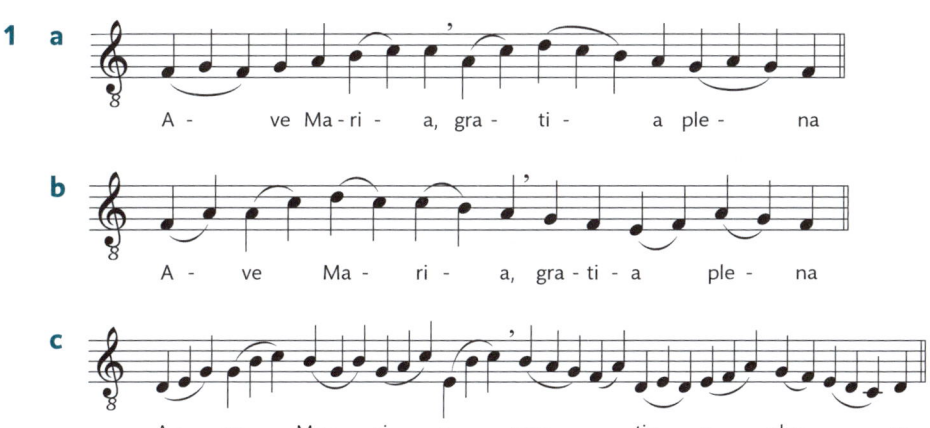

Nachweis der Merkmale einer Psalmodie

2 *Beatus vir (Psalm 112)*

Mögliche Merkmale in Stichpunkten:
- syllabische Textverteilung außer Zweitongruppe bei <u>ni</u>-mis
- geringer Umfang (Quinte c–g)
- Psalmmodell erkennbar: Initium („Be-a-tus"), Rezitationston („vir qui ti-met"), Mediatio („Do-mi-num"), Rezitationston („in man-da-tis ei-us"), Terminatio („vo-let ni-mis").
- Lateinische Sprache
- Psalmtext (Psalm 112)

3 *Laetatus sum (Psalm 122)*

Lae-ta- tus sum in his quae dic-ta sunt mi- hi: in do-mum Do-mi-ni i - bi-mus.

Mögliche Merkmale in Stichpunkten:
- syllabische Textverteilung außer Zweitongruppen bei „Lae-ta-tus", „mi-hi" und „i-bi-mus", geringer Umfang (Quarte f–h)
- Psalmmodell erkennbar: Initium („Lae-ta-tus"), Rezitationston („sum in his quae dic-ta sunt") mit Abweichung einer Einzelnote nach oben („dic-ta"), Mediatio („mi-hi"), Rezitationston („in do-mum"), Terminatio („Do-mi-ni i-bi-mus")
- Lateinische Sprache
- Psalmtext (Psalm 122)

4 *Nisi Dominus (Psalm 127)*

Ni- si Do-mi-nus ae-di-fi-ca-ve-rit do- mum, in va-num la-bo-ra-ve-runt qui ae-di-fi-cant e-am.

Mögliche Merkmale in Stichpunkten:
- syllabische Textverteilung außer Zweitongruppen bei „Ni-si" und „do-mum"
- geringer Umfang (Quinte H–f)
- Psalmmodell erkennbar: Initium („Ni-si"), Rezitationston („Do-mi-nus ae-di-fi-ca-ve-rit") mit Abweichung einer Einzelnote nach oben („ae-di-fi-ca-verit"), Mediatio („do-mum"), Rezitationston („in va-num la-bo-ra-ve-runt qui ae-di-fi-cant") mit Abweichung einer Einzelnote nach oben („ae-di-ficant"), Terminatio („e-am")
- Lateinische Sprache
- Psalmtext (Psalm 127)

Nachweis der Merkmale von Psalmodie und Jubilus

5 *Ego sum (Evangelium des Johannes, Kapitel 6, Vers 51)*

Mögliche Merkmale von Psalmodie und Jubilus in tabellarischer Übersicht:
(Die unterstrichenen Textsilben stehen für Melismen. Andere Lösungen sind bei entsprechend schlüssiger Darstellung ebenfalls möglich.)

	Textstelle Unterstreichungen markieren Melismen	Textverteilung	Tonumfang bezieht sich auf melismatischen bzw. syllabischen Abschnitt	Melodik
Jubilus	E-go sum	kleine Melismen	kleine Sexte (d–b*)	Quintsprung aufwärts, Terzschritt abwärts, Sekundschritte
	pá-nis vi-vus	kleine Melismen	Quinte (d–a)	Sekundschritte, Terzschritt *abwärts*
	qui	kleines Melisma	große Terz (f–a)	Sekundschritte
	de-scendi	Melisma	Quinte (d–a)	Quintsprung abwärts, Terzschritte, Sekundschritte
	ex hoc pá-ne	kleine Melismen	Quinte (b–f)	Sekundschritte, Terzschritte
	vi-vet	Melisma	Quinte (g–d¹)	Quartsprünge abwärts/aufwärts, Terzschritte, Sekundschritte
	ae-ter-num	Melisma	Quinte (f–c¹)	Quartsprung, Terzschritte, Sekundschritte
Psalmodie	de caèlo	Syllabik (mit Zweitongruppen)	große Terz (f–a)	Sekundschritte
	si quis man-du-ca-ve-rit	Syllabik (mit Zweitongruppen)	große Sexte (c–a)	Quartsprünge aufwärts/abwärts, Sekundschritte, Terzschritte

* Das ♭-Vorzeichen wurde ausschließlich für den Ton h verwendet.
Nicht geeignete Merkmale sind kursiv geschrieben und für die Lösung nicht relevant.

6 Da pacem, Dómine (Jesus Sirach 36/21)

Mögliche Merkmale von Psalmodie und Jubilus in tabellarischer Übersicht:
(Die unterstrichenen Textsilben stehen für Melismen. Andere Lösungen sind bei entsprechend schlüssiger Darstellung ebenfalls möglich.)

	Textstelle Unterstreichungen markieren Melismen	**Textverteilung**	**Tonumfang** bezieht sich auf melis- matischen bzw. syllabischen Abschnitt	**Melodik**
Jubilus	Dó-mi-ne	kleine Melismen	Quarte (g–c¹)	Terzschritte, Sekundschritte
	sus-tinéntibus te	kleine Melismen	kleine Sexte (d–b*)	Sekundschritte, Terzschritt
	tú-i	Melisma	Quarte (f–b)	Sekundschritte, Terzschritt
	fi-dé-les	kleines Melisma	Quarte (f–b)	Sekundschritte
Psal-modie	ut prophétae	Syllabik mit Zwei-tongruppen	Quarte (d–g)	Terzschritt, Sekundschritte
	inve-ni-ántur	Syllabik mit Zwei-tongruppen	Quinte (f–c¹)	Sekundschritte, Terzschritte
	Laetá-tus sum in his quae dicta sunt mi-hi: in dómum Dómi-ni i-bi-mus	Syllabik mit Zwei-tongruppen	große Terz (f–a)	Sekundschritte
je nach Sicht-weise	Da pácem	kleines Melisma, Zweitongruppe	große Sexte (d–b)	Quintsprung aufwärts, Sekundschritte

* Das ♭-Vorzeichen wurde ausschließlich für den Ton h verwendet.

Nicht geeignete Merkmale sind kursiv geschrieben und für die Lösung nicht relevant.

7 *Non secúndum (Psalm 102, 10)*

Mögliche Merkmale von Psalmodie und Jubilus in tabellarischer Übersicht:
(Die unterstrichenen Textsilben stehen für Melismen. Andere Lösungen sind bei entsprechend schlüssiger Darstellung ebenfalls möglich.)

		Textstelle Unterstreichungen markieren Melismen	**Textverteilung**	**Tonumfang** bezieht sich auf melismatischen bzw. syllabischen Abschnitt	**Melodik**
Jubilus		Non se-cún<u>dum</u>	Melisma;	Quarte (c–f)	Sekundschritte, Terzschritte
		pec<u>cá</u>-ta	kleines Melisma	Quarte (c–f)	Sekundschritte, Terzschritt
		nó<u>stra</u>	Melisma	Quinte (c–g)	Sekundschritte, Quartsprung abwärts
		fé-cit nó-<u>bis</u>	Melismen	Quinte (c–g)	Sekundschritte
		no-<u>stras</u>	kleines Melisma	*große Sekunde (d–e)*	Sekundschritte
		re-tri-bu-it nó-<u>bis</u>	kleines Melisma	*große Sekunde (f–g)*	Sekundschritt
Psal- modie		Non se-cún(dum)	Syllabik mit Zweitongruppe	Quarte (A–d)	Quartsprung, Terzschritt, Sekundschritt
		(pe)ccá-ta	Syllabik mit Zweitongruppe	kleine Terz (d–f)	Sekundschritte
		fé-cit	Syllabik mit Zweitongruppe	kleine Terz (d–f)	Sekundschritt, Terzschritt
		neque secúndum in-iqui-tá-tes	Syllabik mit Zweitongruppe	Quarte (c–f)	Terzschritt, Sekundschritte
		(re)-tri-bu-it nó-bis	Syllabik mit Zweitongruppe	kleine Terz (d–f)	Sekundschritte, Terzschritt

Nicht geeignete Merkmale sind kursiv geschrieben und für die Lösung nicht relevant.

Renaissance

Gliedern eines Madrigals und Beschreiben der Satztechnik

8 CARLO GESUALDO: *O voi, troppo felici*

Mögliche Abschnitte und Satztechnik in tabellarischer Übersicht:

	Takt	Textabschnitt	Satztechnik Überblick	Satztechnik detailliert
A	1 mit 4	O voi, troppo felici,	homophon	• homophon • Wiederholung „O voi" (T. 2): Kopplung S1/S2/A und T/B • Wiederholung „troppo felici" (T. 4): rhythmische Abweichung bei Tenoreinsatz
B	5 mit 6	Che mirate il mio sole	homophon	homophon
C	7 mit 15 (Zählzeit 2)	E cangiate con lui sguardi e parole,	polyphon	• polyphon • durchgehend imitatorische (und gleichzeitige) Verwendung des musikalischen Materials der Textstellen „E cangiate con lui" und „sguardi e parole" • homophoner Abschluss: T. 15 mit Auftakt in A/T/B (S1);
D	16 (mit Auftakt) mit 20 (Zählzeit 2)	Quel che a voi sopravanza, ahi, potessi io	homophon	• homophon • T. 18 (mit Auftakt): ohne Alt • T. 19: S2 mit zwei halben Noten (Halbtonrückung aufwärts)
E	20 (Zählzeit 2 und) – Ende	Raccor per cibo a gli occhi del cor mio.	polyphon	• polyphon • Imitation ab „per cibo …" (S2/B, S1/T, A/S2) **Ausnahmen:** • homophoner Beginn bei „Raccor", • T. 21/22: A/T homophon bei „a gli occhi del cor mi-(o)" • T. 28: S1/S2 homophoner Abschluss des Taktes bei („a gli oc-)chi del cor mio" • T/B Haltenote • Alt eigenständig

Aufzeigen der Verbindung von Textinhalt und musikalischer Gestaltung

9 CARLO GESUALDO: *O voi, troppo felici*

Auswahl möglicher Beispiele in tabellarischer Übersicht:

Original	Übersetzung/ Textinhalt	Verbindung Textinhalt – musikalische Gestaltung
„O voi, troppo felici"	„Oh ihr Überglücklichen"	T. 1 mit 4: je zweimalige Wiederholung der beiden Textabschnitte → zweimaliges Rufen als neidvoller Ausruf
„o voi"	„Oh ihr"	T. 1/2: stehende Harmonik (G-Dur), Rückung von e-Moll nach E-Dur bei der Wiederholung (T. 2), große Notenwerte (ganze und halbe Note) → Unterstreichen des neidvollen Ausrufs
„troppo felici"	„Überglückliche"	T. 3/4: klare und einfache Harmonik im Tongeschlecht Dur (A-Dur/D-Dur/G-Dur/D-Dur) → musikalische Unterstützung der Textaussage durch Dur (= Glück, Freude …)
„sole"	„Sonne"	T. 6: Spitzenton g^2 in Sopran 1, ganze Note → Symbol der Sonne für die unerreichte Geliebte
„cangiate"	„tauschet"	T. 7–15: gleichzeitige Verwendung des musikalischen Materials der Textstellen „E cangiate con lui" und „sguardi e parole" in allen Stimmen → Tauschen von Sogetti als musikalische Umsetzung des Tauschens von Blicken und Worten
„sguardi"	„Blicke"	T. 7–15: kleines Melisma bei der Silbe „sguar-(di)", kleine Notenwerte, abwärts gerichtete Melodik in Sekundschritten → Blicke als lebhaftes Mittel der Kontaktaufnahme

Gliedern eines Madrigals und Beschreiben der Satztechnik

10 CARLO GESUALDO: *Occhi del mio cor vita*

Mögliche Abschnitte und Satztechnik in tabellarischer Übersicht:

	Takt	Textabschnitt	Satztechnik Überblick	Satztechnik detailliert
A	1 mit 3 (Zählzeit 1)	Occhi del mio cor vita,	homophon	• homophon • T. 2 (Zählzeit 1): Abweichung B
B	3 (Zählzeit 2) mit 11	Voi mi negate, oimé, l'usata aita!	polyphon	• polyphon • z. T. mit Stimmkopplungen: T. 4 (mit Auftakt): S2/A • T. 7 (2. Hälfte): S1/T (jedoch unterschiedlicher Text)
C	12 mit 21 (Zählzeit 2)	Tempo è ben di morire, a che piú tardo?	homophon	• homophon • T. 12 mit 14: Bass pausiert • T. 15 mit 17: S1 pausiert • ab T. 18: Abweichung Alt
D	21 (Zählzeit 3) mit 39 (Zählzeit 2)	A che serbate il guardo? Forse per non mirar come v'adoro.	polyphon	• polyphon • T. 28/29: Stimmkopplung A/T
E	39 (Zählzeit 4) – Ende	Mirate almen ch'io moro!	homophon	• homophon • T. 39 (Zählzeit 4) mit 41: S1 pausiert • T. 42/43: Bass pausiert **geringfügige Abweichungen:** • T. 39 (Zählzeit 4): Alt • T. 41: S2/Bass • T. 42 (Zählzeit 2): S2 • T. 42 (Zählzeit 4) mit 43: Tenor • T. 44 Anfang: Bass

Anmerkung: „Forse per non mirar come v'adoro" ist aufgrund der Satztechnik Abschnitt D zugeordnet. Denkbar ist auch die Gliederung als eigener Abschnitt, da hier ein neues Sogetto eingeführt wird. Es ist erforderlich, die gewählte Gliederung zu begründen.

Aufzeigen der Verbindung von Textinhalt und musikalischer Gestaltung

11 CARLO GESUALDO: *Occhi del mio cor vita*

Auswahl möglicher Beispiele in tabellarischer Übersicht:

Original	Übersetzung/ Textinhalt	Verbindung Textinhalt – musikalische Gestaltung
„Tempo è ben di morire,"	„Sterben"	• T. 12 mit T. 14: chromatische Linie abwärts im Tenor: T. 16/17 im Bass • homophon → Ausdruck des Sterbens
„a che piú tardo?"	„Zögern"	• T. 18 – T. 21: Tonwiederholungen; klare, einfache Harmonik (F-Dur/B-Dur/G-Dur/C-Dur) • Alt beginnt, die anderen Stimmen setzen eine Zählzeit später ein • ganze Note zu Beginn des Abschnitts • homophon mit vorzeitigem Einsatz von Alt → Unterstreichen des Zögerns
„il guardo"	„Blicke"	• T. 27 – Melisma in Achtelnoten; Sekundschritte: zunächst abwärts (Terzraum), dann aufwärts (Quinte Alt, Tenor bzw. Septime Sopran 1) → Blicke sparen (= nicht Hinsehen), Blick abwenden durch Richtungsänderung des Melismas
„Mirate almen ch'io moro!"	„Seht wenigstens, dass ich nun sterbe!"	• T. 42: Abwärtsbewegung in allen Stimmen; Chromatik im Alt und im Bass (T. 44/45); Harmonik (T. 44/45) Fis-Dur/d-Moll/E-Dur → Ausdruck des Sterbens
„Voi mi negate, oimé, l'ussata aita!"	„Ihr verweigert mir, ach, die gewohnte Hilfe!"	• T. 3 ff.: häufige Textwiederholungen, geringer Ambitus (Quarte) in allen Stimmen, abwärts gerichtet → Verzweiflung, Hilflosigkeit, Sinnlosigkeit
„Tempo è ben di morire"	„Zeit ist es wohl zu sterben"	• T. 12 mit T. 14: Wiederholung des Textes → Hoffen auf Hilfe, weist auf das „Zögern" danach hin
„A che serbate il guardo?"	„Wozu spart Ihr die Blicke?"	• T. 21 ff.: mehrfache Wiederholung des Textes; längster Abschnitt → Unsicherheit, Zweifel
„Forse per non mirar come v'adoro."	„Vielleicht um nicht zu sehn, wie ich euch huldige?"	• T. 32: lange Notenwerte in Tenor, Bass → Nachdenken, Abschiednehmen

Erläutern von Lautmalerei im Deutschen Chorlied

12 GEORG FORSTER: *Presulem sanctissimum*

Mögliche Beispiele für lautmalerische Effekte in tabellarischer Übersicht:

Takt	Effekt	Beschreibung Auffälligkeiten	Erklärung Zusammenhang/Interpretation
22/ 23	„Zir, zir Passer"	• homophon • ganze und halbe Noten • Generalpause am Ende • F–d–g–F (Grundtöne im Bass) • Parallelführung in Sexten (S/T2) • Syllabik, Ausnahme: Alt (zweite Takthälfte:) zwei halbe Noten bei Textsilbe Pas-ser	• („So singen die Vögelein"), Nachahmung des Vogelgesangs → fröhliche Vogelstimme • Anschließend: „der Gutzgauch frei sein Melodei" (zweimalige Wiederholung des Bassmotivs aus T. 22/23 mit neuem Text)
51– 55	„Drußla", „gick- gack"	• homophon S/T2/B • T1 eigenständig T. 51–53, ab T. 54 homophon • punktierte Halbe, ganze und halbe Noten; Synkopierung in T. 54 • Tonwiederholungen T. 51/52 in S/B und T. 54/55 alle Stimmen • Terzabstand S/B (Ausnahme T. 53 Anfang) • T1 imitiert T2 um einen halben Takt verschoben (T. 51) • durchgehend F-Dur (mit Durchgängen in T2 und T1, Vorhalt im T1 T. 52, Zählzeit 1), Ausnahme B-Dur T. 53 erste Hälfte; Punktierungen	• Drußla = Jubelruf, Ausruf der Freude (Text: Studentenvers) • Nachahmung der Laute einer Gans: gick-gack → Vorfreude auf den Gänsebraten

13 ANONYMUS: *Den besten Vogel den ich weiß*

Mögliche Beispiele für lautmalerische Effekte in tabellarischer Übersicht:

Takt	Effekt	Beschreibung Auffälligkeiten	Erklärung Zusammenhang/Interpretation
32– 37	„da da da da, das ist gik gak"	• T. 32 mit T. 34 werden in T. 35 mit T. 37 wiederholt; Viertelnoten in T. 32 und T. 35, vornehmlich halbe Noten, gelegentlich ganze Noten • homophon; durchgehend F-Dur, Wechsel zu C-Dur bei „ist" • Sopran: Tonwiederholung, Wechselnote nach unten bei „ist"	• „Da, da, da, da, das …": Ansatz zum Stottern (Bezug zu „ist nit schnell") • „Gik gak": Tierlaut der Gans (Bezug zu „best gesang") → freudige Aussicht auf Gans zum Martinstag

- A1: Tonwiederholung T. 32/33 und T. 35/36, Wechselnote nach unten bei „ist", Dreiklangstöne (von F-Dur) bei „gik gak"
- A2: Tonwiederholung T. 32/33 und T. 35/36, Dreiklangstöne (von F-Dur) bei „gik gak"
- B: Tonwiederholung, bei „ist" Quartsprung nach unten

Beschreiben der Schlichtheit in der Ayre

14 JOHN DOWLAND: *Come Again Sweet Love*

Auswahl geeigneter Parameter in tabellarischer Übersicht:

Melodik Überblick	Rhythmik Überblick (Gesangsstimme)	Harmonik Beginn/Ende einer Phrase	Begleitung Bezug zur Gesangs- stimme	Wort-Ton- Verhältnis Textverteilung
Teil A: T. 1 mit 14 unterteilt in:				
A 1: T. 1/2				
• Beginn auf Zählzeit 3 • Sekundschritte; Ambitus Terz • Verlauf aufwärts	• punktierte Viertelnote • ganze Note als Abschluss	G–G	• Anfangsakkord zu Taktbeginn • Akkordwiederholung	syllabisch
A 2: T. 3 mit 6				
• Beginn auf Zählzeit 3 • Sekundschritte • Ambitus Quarte • Verlauf insgesamt abwärts	• halbe Noten, punktierte Halbe • ganze Note als Abschluss	G–G	• übereinstimmende Rhythmik in Unter- und Mittelstimme • Bassstimme im Terzabstand	syllabisch
A 3: T. 7 mit 10				
• Beginn auf Zählzeit 3 • Sekundschritte; Ambitus Quarte • Verlauf abwärts	• halbe Noten • ganze Note als Abschluss	G–G	gleicher Rhythmus in Unter- und Mittelstimme	syllabisch
A 4: T. 11 mit 14				
• Sekundschritte, Terzschritt • Ambitus Terz • Verlauf auf- und abwärts (Umspielung des Tones a^1)	• (wie Teil A 2) halbe Noten, punktierte Halbe • ganze Note als Abschluss	D–D	• gleicher Rhythmus in der Unterstimme • Punktierung (T. 13) auch in Oberstimme	syllabisch

Melodik Überblick	Rhythmik Überblick (Gesangsstimme)	Harmonik Beginn/Ende einer Phrase	Begleitung Bezug zur Gesangs- stimme	Wort-Ton- Verhältnis Textverteilung
Teil B: T. 15 – Ende (wird wiederholt), unterteilt in: **B 1: T. 15 mit 21**				
• Quartsprünge aufwärts; viermalige Sequenz von T. 15 jeweils um eine Sekunde höher • Ambitus Oktave (d^1–d^2) • Verlauf aufwärts	• Viertelpausen, Viertel- und halbe Noten • überbundene Haltenote als Abschluss über 2 Takte	G–G	• Vorbereitung des Melodietones in der Oberstimme; rhythmisches Muster (Viertel – Halbe) komplementär • aufsteigende Linie in allen Stimmen; ebenfalls Sequenz	syllabisch
B 2: T. 22 – Ende				
• Beginn auf Zählzeit 2 • Sekundschritte • Ambitus Septime • Verlauf abwärts	• Viertelnoten, übergebundene halbe Note mit Viertel mit abschließenden Achtelnoten • ganze Note als Abschluss	G–G	• Abweichende Rhythmik Beginn T. 22 • Unterstützung durch Übernahme des Rhythmus in Ober- und Mittelstimme (T. 22–24) • Komplementärrhythmik Takt 24 (Zählzeit 3/4)	syllabisch (Ausnahme: T. 24/25 „sympathy")
Zusammenfassung				
• Sekundschritte, ein Terzschritt (A 4) • Quartsprünge und Sequenz (B 1) • Ambitus d^1–e^2	einfache, unkomplizierte Rhythmik	• G–G • einfach, klar • deutliche harmonische Ruhepole am Ende der Phrasen	• unterstützt rhythmisch die Gesangsstimme; melodisch durch Parallelführung (A 2/Bass) • insgesamt schlicht und einfach	syllabisch

Anmerkung: Die Gliederung der Ayre erfolgt hier kleinschrittig, um die einzelnen Parameter möglichst genau darzustellen.

15 FRANCIS PILKINGTON: *Alas Fair Face*

Auswahl geeigneter Parameter in tabellarischer Übersicht:

Melodik Überblick	Rhythmik Überblick (Gesangsstimme)	Harmonik Beginn/Ende des Abschnitts	Begleitung Bezug zur Gesangs- stimme	Wort-Ton- Verhältnis Textverteilung
Teil A: T. 1 mit 9 und T. 10 mit 18				
• Quartsprung aufwärts am Anfang, dann Terzschritt abwärts, Sekundschritte, Terzschritt abwärts (T. 8) • Ambitus Sexte • Verlauf zunächst aufwärts, anschließend abwärts (ab T. 6)	• Viertel- und halbe Noten, punktierte Viertel • synkopische Überbindung (T. 3/4 und 12/13)	• D–G (T. 1 mit 5: D–D) (T. 6 mit 9: G–G)	• Übernahme der synkopischen Überbindung (T. 3/4) im Bass • beginnende Sechzehntelfiguration in der Oberstimme • Synkope (T. 7 u. T. 16) Oberstimme, Bass übernimmt punktierten Rhythmus	syllabisch
Teil B: T. 19 – Ende (wird wiederholt)				
• Sekundschritte, Terzschritt aufwärts (T. 19), Terzschritt, Quartsprünge aufwärts (T. 23/24), Sekundschritte • Ambitus Sexte • Verlauf im Gesamten auf- und abwärts im Wechsel	• Achtel-, Viertel- und halbe Noten • punktierte Viertel	C–G (T. 20 und 22: E) (T. 23: a–D–G)	• rhythmische Übernahme im Bass (T. 19) und zusätzlich Oberstimme (T. 20 Punktierung) • Synkope (T. 21) Oberstimme • Punktierung (T. 24) in allen Stimmen • Beginn Bass (Anfang T. 25) mit Sechzehntelpause; Synkope im Schlusstakt (Oberstimmen)	syllabisch (Ausnahme: T. 19 „hath")
Zusammenfassung				
einfach, schlicht	einfach, unkompliziert, Überbindung (T. 3/4 und 12/13)	• Teil A: einfach • Teil B: ausgeweitet	• unterstützend • unwesentliche Ansätze zur Eigenständigkeit (Synkopierungen, Ausschmückungen …)	syllabisch

Anmerkung: Die beiden Teile A und B können jeweils auch weiter untergliedert werden. Formal sollte in jedem Fall auf die erste Phrase des Teiles A hingewiesen werden, die eine ungerade Taktzahl (fünf) umfasst.

Darstellen der Verarbeitung einer weltlichen Vorlage in einer Messe

16 JOHANNES OCKEGHEM: Chanson *(D'ung aultre amer)*
JOSQUIN DESPREZ: Sanctus (Messe *D'ung aultre amer*)

Melodische Abschnitte und deren Verarbeitung in tabellarischer Übersicht:

	Chanson melodische Abschnitte – Superius	Sanctus Verarbeitung – Sopran (Notenwerte augmentiert)
A	T. 1 mit T. 8	T. 1 mit T. 8: vollständige und originalgetreue Übernahme des Abschnitts A im Sopran
B	T. 9 (Zählzeit 3) mit T. 20	T. 9 (Zählzeit 3) mit T. 20: vollständige und originalgetreue Übernahme des Abschnitts B im Sopran
C	T. 22 mit 33	T. 22 mit T. 33: vollständige und originalgetreue Übernahme des Abschnitts C im Sopran
D	T. 35 mit 45	T. 35 mit T. 45: vollständige und originalgetreue Übernahme des Abschnitts D im Sopran; Taktwechsel ab T. 35

→ Vollständige und originalgetreue Übernahme und Verarbeitung der melodischen Abschnitte der Chanson im Sanctus der Messe.

17 CLÉMENT JANEQUIN: Chanson *(La Bataille de Marignan)*
CLÉMENT JANEQUIN: Kyrie (Messe *La Bataille*)

Melodische Abschnitte und deren Verarbeitung in tabellarischer Übersicht:

Abschnitt	Chanson melodische Abschnitte – alle Stimmen		Kyrie Verarbeitung – alle Stimmen	
„Escoutez, tous gentilz galloys"	T. 1 mit T. 20	Sopran	T. 1 mit T. 20 (Pause statt Überbindung in T. 9; Punktierung und Durchgangsnote in T. 14)	Sopran
	T. 3 mit T. 17	Alt	T. 3 mit T. 19 (Punktierung und Durchgangsnote in T. 15; veränderter Abschluss T. 16 mit T. 19)	Alt
	T. 6 mit T. 18	Tenor	T. 7 mit T. 17 (Einsatz um einen Takt verschoben; Takt 10 der Chanson fehlt [überbundene Ganze]) Punktierung und Durchgangsnote in T. 13; T. 18 der Chanson fehlt [überbundene Ganze]	Tenor

Abschnitt	Chanson melodische Abschnitte – alle Stimmen		Kyrie Verarbeitung – alle Stimmen	
	T. 5 mit T. 18	Bass	T. 5 mit T. 18 (Punktierung und Durchgangsnote in T. 15; ganze statt zwei halbe Noten in T. 16)	Bass
„La victoire du noble roy Francoys"	T. 18 (Zählzeit 2) mit T. 26	Alt	T. 18 (Zählzeit 3) mit T. 26 oktaviert; (fehlende Überbindung T. 18/19; zwei Viertelnoten (Vorhalt) statt halbe Note in T. 23; eingefügte Überbindung T. 23/24)	Tenor
			T. 25 (Zählzeit 3) mit T. 32 oktaviert; (fehlende Überbindung T. 25/26; eingefügte Überbindung T. 30/31); verkürzter Schlusston	Sopran
	T. 19 (Zählzeit 3) mit T. 26	Bass	T. 19 (Zählzeit 3) mit T. 26 (Zählzeit 1) (fehlende Überbindung T. 19/20; ganze statt zwei halbe Noten in T. 24)	Bass
			T. 26 (Zählzeit 3) mit T. 32 (Zählzeit 2) (fehlende Überbindung T. 26/27; eingefügte Überbindung T. 26/27; Punktierung mit Durchgangsnote in T. 30; ganze statt zwei halbe Noten in T. 31; Verkürzung des Schlusstones auf halber Note)	Alt
„du noble roy Francoys"	T. 32 (Zählzeit 3) mit T. 39	Sopran	T. 42 (Zählzeit 3) mit T. 49 (veränderte Schlusswendung in T. 48)	Sopran
	T. 33 (Zählzeit 3) mit T. 40	Bass	T. 43 (Zählzeit 3) mit T. 49 (Terzsprung in T. 47; ganze statt zwei halber Noten in T. 48; verkürzter Schlusston)	Bass

Lösungsvorschläge

Abschnitt	Chanson melodische Abschnitte – alle Stimmen	Kyrie Verarbeitung – alle Stimmen
„du noble roy"	Tonleiterausschnitt (Tetrachord) in variierter Rhythmisierung und Weiterführung z. B.:	Tonleiterausschnitt (Tetrachord) in variierter Rhythmisierung und Weiterführung z. B.:

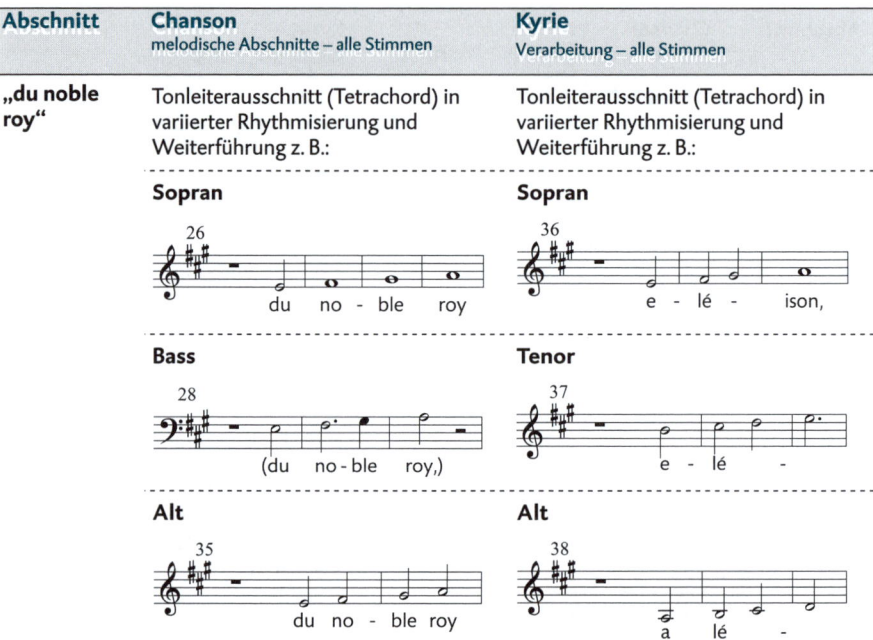

→ Übernahme der melodischen Abschnitte der Chanson „Escoutez, tous gentilz galloys", „La victoire du noble roy Francoys" z. T. originalgetreu mit geringfügigen Abweichungen. Verarbeitung der Tetrachord-Motivik aus dem Abschnitt „du noble roy" mit variierter Rhythmik und Weiterführung.

Barock

Ergänzen einer Generalbass-Bezifferung

18 ANTONIO VIVALDI: *Konzert für 2 Violinen, 3. Satz (Ausschnitt)*

166 | Lösungsvorschläge

19 J. S. BACH: *Wer nur den lieben Gott lässt walten (Ausschnitt)*

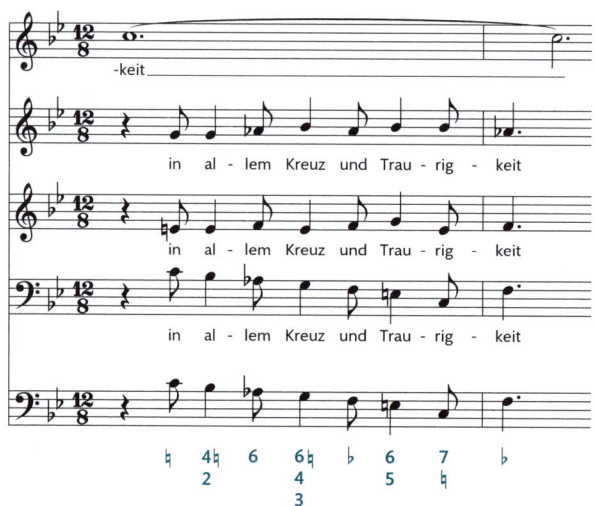

20 ANTONIO VIVALDI: *Konzert für 2 Violinen, 3. Satz (Ende)*

Nennen und Belegen von Merkmalen des Concerto grosso

21 ARCANGELO CORELLI: *Konzert op. 6 Nr. 5*

Merkmale Concerto grosso	Beleg am Notentext, z. B.
konzertierendes Prinzip (Wechselspiel Concertino/Ripieno)	Wechselspiel zwischen Concertino und Ripieno in den Takten 1 mit 4, dabei Mitspielen des Concertino als Bestandteil des Ripieno: T. 1: Ripieno T. 2: Concertino T. 3: Ripieno T. 4: Concertino
deutlich voneinander getrennte Tutti- und Solo-Abschnitte	• Solo-Abschnitt T. 5/6 (Mitspielen des Concertino als Bestandteil des Ripieno) • Solo-Abschnitt T. 7/8
kontrastierende Wirkung	Taktweiser Wechsel zwischen Tutti- und Solo-Abschnitten in den Takten 9 mit 14 (forte/piano-Effekt): T. 9: Ripieno (Mitspielen des Concertino) T.10: Concertino T. 11: Ripieno (Mitspielen des Concertino) T. 12: Concertino T. 13: Ripieno (Mitspielen des Concertino) T. 14: Concertino
• Cembalo und Violoncello als basso continuo • Bassstimme des Cembalo mit Generalbass-Bezifferung	• durchgehende Bassstimme des Cembalo und Violoncello (T. 1 mit 18) • Bassstimme des Cembalo mit Generalbassbezifferung (T. 1 mit 18)

Anmerkung: Andere Belegstellen und/oder Zuordnungen sind ebenfalls möglich.

22 GEORG MUFFAT: *Armonico tributo Nr. IV*

Merkmale Concerto grosso	Beleg am Notentext, z. B.
konzertierendes Prinzip (Wechselspiel Concertino/Ripieno)	Wechselspiel zwischen Concertino und Ripieno in den Takten 10 (mit Auftakt) mit 15 (jeweils eineinhalb Takte), dabei Mitspielen des Concertino als Bestandteil des Ripieno: T. 10: (mit Auftakt): Ripieno T. 11: Zählzeit 3 (mit Auftakt): Concertino T. 13: (mit Auftakt): Ripieno T. 14: Zählzeit 3 (mit Auftakt): Concertino
deutlich voneinander getrennte Tutti- und Solo-Abschnitte	• deutliche Trennung von Solo- und Tutti-Abschnitt durch Generalpause mit Fermate: • Solo-Abschnitt T. 1 mit 3

Merkmale Concerto grosso	Beleg am Notentext, z. B.
	• Tutti-Abschnitt T. 4 mit 6 (Mitspielen des Concertino als Bestandteil des Ripieno)
kontrastierende Wirkung	kontrastierende Wirkung durch jeweils eineinhalb-taktigen Wechsel von Tutti/Solo (forte/piano-Effekt): T. 17: Zählzeit 3 (mit Auftakt): Ripieno (Mitspielen des Concertino) T. 19: (mit Auftakt): Concertino und T. 22: (mit Auftakt): Ripieno (Mitspielen des Concertino) T. 23: Zählzeit 3 (mit Auftakt): Concertino
• Cembalo und Violoncello als basso continuo • Bassstimme des Cembalo mit Generalbass-Bezifferung	• durchgehende Bassstimme des Cembalo und Violoncello (T. 1 mit 24) • Bassstimme des Cembalo mit Generalbassbezifferung (T. 1 mit 24)

Anmerkung: Andere Belegstellen und/oder Zuordnungen sind ebenfalls möglich.

Nachweis von bildhafter Gestik in Vokalmusik

23 HEINRICH SCHÜTZ: *Ich liege und schlafe*

Text	Takt-/ Stimmen-angabe	Bildhafte Ausdeutung (Beleg am Notentext) z. B.
„Ich liege und schlafe"	T. 1 mit 3	• insgesamt abwärts gerichtete Melodik • zwei ganze Noten als Quintsprung abwärts mit anschließender Tonwiederholung als halbe Note bei „Ich liege" • Dehnung des Wortes „schlafe" durch Melisma in Viertelnoten und zwei ganze Noten am Ende → zeigt das Liegen und Schlafen
„und erwache"	T. 4 mit 5	• insgesamt aufwärts gerichtete Melodik, Takt- und somit Tempowechsel • Quint- und Quartsprung aufwärts (bis zur Oktave) mit abschließender Sekunde abwärts, Wiederholung der Passage eine Quinte höher → zeigt das Erwachen
„Herr, und hilf mir"	T. 24 (mit Auftakt) mit 25	Quartsprung aufwärts „ und hilf", Wiederholung des Rufes „hilf mir" mit Sextsprung aufwärts bei erneutem „hilf" → zeigt den Ruf um Hilfe
„findet man Hülfe"	T. 36/37	Aufwärtsbewegung zu „Hül(fe)" → zeigt die Hilfe von Gott
„Sela" [= ewig, immer]	T. 41 (zweite Takthälfte) mit 42	abwärts gerichtetes Melisma, dabei dreimalige Sequenzierung des umkreisenden Motives → zeigt die Ewigkeit

24 HEINRICH SCHÜTZ: *Ich beuge meine Knie*

Text	Takt-/Stimmen-angabe	Bildhafte Ausdeutung (Beleg am Notentext) z. B.
„Ich beuge meine Knie"	Bass 1: T. 1/2	• insgesamt abwärts gerichtete Melodik • gebrochener Dreiklang abwärts („ich beuge"), Quintsprung abwärts am Ende, Tonraum einer Oktave, ganze und halbe Noten → zeigt das Kniebeugen
„im Himmel und auf Erden"	Bass 2: T. 18 (mit Auftakt)	• insgesamt abwärts gerichtete Melodik • Spitzenton bei „Him(mel)" mit punktierter Viertel, ansonsten Viertelnoten, Tonumfang Dezime → zeigt den Gegensatz von Himmel und Erde
„und Christum zu wohnen"	Bass 1: T. 35 (mit Auftakt)	• aufwärts gerichtete Melodik • Tonwiederholungen („Christum zu") als Viertel und zwei Achtel, halbe Noten am Ende („wohnen"), Tonumfang einer Quarte → zeigt das Wohnen bei Christus

Klassik

Gegenüberstellen zweier Notenausgaben (Editionen)

25 WOLFGANG AMADEUS MOZART: *Klaviersonate KV 576*

Aspekt	Ausgabe A	Ausgabe B
Tempo	Angabe „Allegro"	Angabe „Allegro", zusätzliche detaillierte Metronom-Angabe (punkt. $^1/_4$ = 84)
Artikulation	keine Angaben	zusätzliche, erweiterte Angaben z. B. • staccato T. 1 • portato (staccato mit legato-Bogen) T. 2 und T. 6, Ober- und Unterstimme • tenuto T. 16 (Unterstimme)
Phrasierung	z. T. großgliedrige Phrasierung z. B. • T. 16 (Unterstimme) • T. 21/22 (Oberstimme)	kleingliedrige Phrasierung z. B. • T. 16 (Unterstimme) • T. 21/22 (Oberstimme)
Dynamik	wenig differenzierte Angaben z. B. f Auftakt zu T. 1, 5, 9 p Auftakt zu T. 7	mehrfach zusätzliche, erweiterte Angaben z. B. p in T. 2 und T. 18 mf in T. 16 und T. 21 sf in T. 15 f in T. 12 $<\!\!>$ in T. 7/8 „cresc." in T. 20/22 Akzente in T. 24/25 (Unterstimmen)
Spielhilfen	• keine Fingersätze, • Triller nicht ausnotiert	• Fingersätze (z. B. T. 1/2) • Triller ausnotiert (T. 2)
Notenbild, Notation	übersichtlich	z. T. unübersichtlich und überladen

26 JOSEPH HAYDN: *Chor Nr. 14 „Die Himmel erzählen"*

Aspekt	Ausgabe A	Ausgabe B
Tempo	Angabe „Allegro", zusätzliche detaillierte Metronom-Angabe (♩ = 116)	Allegro, zusätzliche detaillierte Metronom-Angabe (♩ = 72)

Aspekt	Ausgabe A	Ausgabe B
Dynamik	durchgehend f bis auf mf im Zwischenspiel T. 4 mit 8 fz in Takt 10, 14 (Instrumentalstimme)	durchgehend f zusätzliche, erweiterte Angaben z. B. $<\!\!=\!\!>$ in T. 8 (Zz. 4) mit 11, 15 mit 17 sf in T. 10, 14, 16 (Orgel)
Taktart	4/4tel Takt	alla-breve-Takt
Notenbild, Notation	• alte Schreibweise von Bassschlüssel und Viertelpausen (z. B. T. 8 Chorstimmen) • eigene Notenzeile für jede Chorstimme, Bass nicht oktaviert	• heute gebräuchliche Notation von Bassschlüssel und Viertelpausen • Zusammenfassung von Sopran und Alt in einer Notenzeile, Bass z. T. oktaviert (z. B. T. 1/2)
Begleitung	• Tasteninstrument (keine Angabe) • z. T. eigenständig, von den Chorstimmen abweichend, z. B. – T. 1 mit 3: Sechzehntel- und Achtelfigur in der Oberstimme, – T. 1 oktavierte Dreiklangsbrechung in Viertelnoten in der Unterstimme, – T. 11 Achtelfiguration in der Unterstimme – T. 15 mit 17 Achtelnoten in der Oberstimme • legato T. 5, 7 (Unterstimme)	• Tasteninstrument (Orgel) • z. T. weitgehend Mitspielen des Chorsatzes (z. B. T. 1 mit 4) • staccato T. 5, 7, 13 (Unterstimme) • Überbindungen (z. B. T. 9/10, 11/12, 15/16) • Akzentuierung T. 13
Text	Englisch	Deutsch → dadurch z. T. abweichende Phrasierung (z. B. T. 3)

Nachweis von motivisch-thematischem Material

27 JOSEPH HAYDN: *Streichquartett op. 77/1*

Untergliederung des motivisch-thematischen Materials:

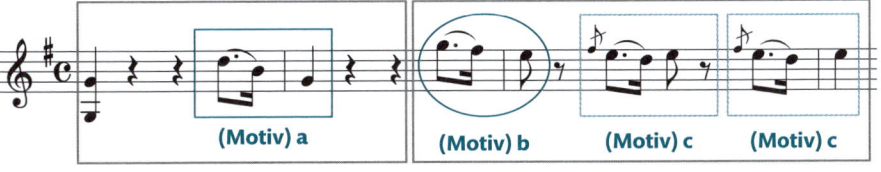

Lösungsvorschläge

Violine 1	Violine 2	Viola	Violoncello
vorgegebenes Material: Takt 1 mit 4, Zz. 1			
Takt 5 (transponiert, Schlusston Motiv b verändert), 14 (originalgetreu)			Takt 27 (transponiert, Anfangsnote verlängert)
Abschnitt B			
Takte 17 (original), 33 (transponiert), 35 (transponiert), (jeweils Zz. 4)			30 (Zz. 4)
Motiv a			
Takt 28 (Zz. 2, transponiert)			
Motiv b:			
	Takte 24, 25, 26 (jeweils Zz. 1)		
Motiv c:			
	Takte 4 (Zz. 2, 4), 8 (Zz. 2)		Takte 15, 17 (jeweils Zz. 2)
rhythmisches Muster aus Motiv a (bzw. b oder c): *punktierte Achtel, Sechzehntel, abschließende Viertel/Achtel*			
Takte 8, 9, 10, 18 (jeweils Zz. 4), 37 (Zz. 2 und 4)	Takt 8 (Zz. 2)	Takte 8, 9, 10 (jeweils Zz. 4)	
melodisches Muster aus Motiv a: *gebrochener Dreiklang*			
• Takt 30 (Zz. 2) Umkehrung, gleiche Rhythmik • Takte 19, 20 (jeweils Zz. 2), 22, 23, 24, 25, 26 Dreiklangsbrechung aufwärts (Umkehrung), triolisch • Takte 20, 23 (Dreiklangsbrechung triolisch)	• Takte 19, 20, 26 (Zz. 2) Dreiklangsbrechung aufwärts (Umkehrung), triolisch • Takt 37 (Zz. 3 und) Dreiklangsbrechung abwärts, Achtel	Takt 19 Dreiklangsbrechung abwärts, Viertel	Takt 35 Dreiklangsbrechung abwärts, triolisch

28 JOSEPH HAYDN: *Streichquartett op. 33/3*

Untergliederung des motivisch-thematischen Materials:

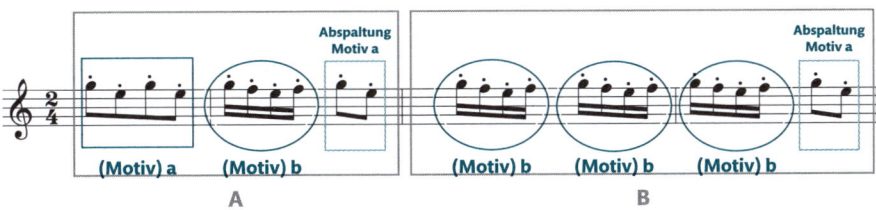

Violine 1	Violine 2	Viola	Violoncello
vorgegebenes Material: Takt 1 mit 4			
			Takt 15 (transponiert)
Abschnitt A: Takte 39, 45, 47 (jeweils transponiert)	Takte 9, 11, 41 (jeweils transponiert), 43 (original), 49 (mit Veränderung fis)	Takte 9, 11 (Quartsprung statt Terz (Motiv a)), 37, 43 (transponiert bis auf T. 37)	Takt 37 (transponiert)
		Umkehrung: Takte 45, 47	*Umkehrung:* Takte 41, 45, 47, 49
Motiv a (Abspaltung): Takt 34 (Zz. 2)			
Motiv b: Takte 5 (Zz. 2), 6 (Zz. 2)			
Motiv b: Krebsumkehrung Takte 25, 26, 29, 30 (Zz. 1)			
Motiv b: Umkehrung (Terz am Ende statt Sekundschritt) Takte 19, 20 (Zz. 1), 21 (Zz. 1, 2)	Takt 21 (Zz. 2)		

Erstellen eines Klavierauszugs/Zusammenfassen von Chorstimmen

29 JOSEPH HAYDN: *Streichquartett op. 33/3*

30 WOLFGANG AMADEUS MOZART: *Violinkonzert KV 216*

Romantik

Bestimmen der Form eines Kunstlieds

31 CLARA SCHUMANN: *Der Mond kommt still gegangen*

Notizen zur Lösung:

Gliederung	Takte	Veränderungen	Abschnitt
Klaviervorspiel	T. 1		
Strophe 1	T. 2 (mit Auftakt) mit T. 9		A
Klavierzwischenspiel	T. 9 mit T. 10		
Strophe 3	T. 11 (mit Auftakt) mit T. 18	identisch zu Strophe 1, textbedingt kleine Abweichung T. 17 (fehlender Auftakt) und rhythmische Veränderung bei „über" (Singstimme)	A
Klavierzwischenspiel	T. 18 mit T. 19		
Strophe 4	T. 20 (mit Auftakt) mit T. 29, Zz. 2	Anfang (T. 20, mit Auftakt, mit T. 22) identisch zu Strophe 1, textbedingt kleine rhythmische Abweichungen in T. 20 „drunten" und T. 22 „funkeln" (Singstimme);	A'
		ab T. 23 vollständige Abweichung (Singstimme und Begleitung), Ausnahme Begleitung: T. 23 übernommen aus T. 6	
Klaviernachspiel	T. 29 mit T. 33		

Die 2. Gedichtstrophe ist bei Clara Schumann nicht vertont.

→ Form des Kunstlieds: **variiertes Strophenlied**

> **Anmerkung:** *Vorspiel und Zwischenspiele sind nicht mit exakter Zählzeit-Angabe zu benennen, da die Übergänge zwischen bzw. zu den nachfolgenden Strophen fließend gestaltet sind. Für die Bestimmung der Form des Kunstliedes ist dies nicht relevant.*

32 ROBERT SCHUMANN: *Zwielicht*

Notizen zur Lösung:

Gliederung	Takte	Veränderungen	Abschnitt
Klaviervorspiel	T. 1 mit 7		
Strophe 1	T. 8 mit T. 15		A
Übergang	T. 15, Zz. 3/4		
Strophe 2	T. 16 mit T. 23, Zz. 2	textbedingte rhythmische Änderung in T. 19 ggb. T. 11; zusätzliche Bassstimme T. 16 mit T. 18, dadurch Änderung in der rechten Hand in T. 18 (Verzicht auf Liegeton gis[1], Übernahme der Achtelfigur ggb. T. 10)	A
Übergang	T. 23, Zz. 3/4		
Strophe 3	T. 24 mit T. 31	T. 24 mit T. 26, Zz. 3, Übernahme der Melodik aus T. 8 mit T. 10, Zz. 3 T. 24/25 Übernahme der Klavierstimme rechte Hand aus T. 8/9, dabei veränderte Bassstimme ggb. T. 8 ff. ab T. 26 neue Klavierbegleitung ab T. 27 mit Auftakt neue Melodik	A'
Klavierzwischenspiel	T. 32		
Strophe 4	T. 33 mit T. 40, Zz. 1	textbedingte rhythmische Änderung in T. 36 ggb. T. 11 T. 38 neue Melodik neue Klavierbegleitung	A"
Klaviernachspiel	T. 40, Zz. 2 mit T. 41		

→ Form des Kunstlieds: **variiertes Strophenlied**

Vergleich von Interpretationen

33 CLARA SCHUMANN: *Der Mond kommt still gegangen*

	Einspielung A	Einspielung B
Besetzung/ Instrumentierung	Gesang, Klavier	Gesang, Klavier
Stimmlage	Frauenstimme (Sopran)	Frauenstimme (Sopran)
Tempo	ruhig, langsam, gleichförmig	schnell, bewegt, Agogik (z. B. T. 9 f.)
	Metrum/Puls: 6/8tel Takt	Metrum/Puls: halbtaktig
Dynamik	wenig differenzierte dynamische Abstufung, z. B.: T. 6/7: cresc. kaum erkennbar T. 15: cresc. kaum erkennbar T. 23: *mf* statt *f*	dynamische Umsetzung der Vorgaben, z. B.: T. 6/7: cresc. T. 15: cresc. T. 23: deutliches *f*
Artikulation	klar artikuliert (z. B. T. 1/2, 6/7)	z. T. unklare Artikulation (z. B. T. 4, 12/13, 22/23)
		z. T. fehlendes Absprechen der letzten Silbe (z. B. T. 24, 28/29)
Werktreue	T. 27, Zz. 1: zusätzliche Pause in der Singstimme	T. 27, Zz. 1: zusätzliche Pause in der Singstimme; T. 28 in der Singstimme verkürzt
	Tempo: T. 9/10: (kleines) ritardando	Tempo: z. T. accelerando z. B. T. 9/10, 28/29, 30/31
	Dynamik: wenig differenzierte Umsetzung der Vorgaben, vgl. oben	Dynamik: T. 14: (kleines) cresc. T. 9/10 und T. 28/29 (kleines) cresc. mit tenuto
		Klavierstimme: falsche Noten T. 7, Zz. 1 und T. 18, Zz. 1; zusätzliches Arpeggio T. 31., Zz. 4, kaum wahrnehmbares Arpeggio T. 32, Zz. 1; fehlende Pausen T. 32
Charakter	ruhig, melancholisch, nachdenklich, träumerisch, versunken	bewegt, gefühlvoll, erregt

34 ROBERT SCHUMANN: *Zwielicht*

	Einspielung A	Einspielung B
Besetzung/ Instrumentierung	Gesang, Klavier	Gesang, Klavier
Stimmlage	Männerstimme (Bariton)	Frauenstimme (Mezzosopran)
Tempo	langsam einheitliches Tempo, keine Temposchwankungen, dezente Umsetzung der Vorgaben (z. B. T. 13, 15, 23: ritardando)	bewegt häufig Temposchwankungen; ausgeprägte Agogik innerhalb einer Phrase (z. B. T. 1/2 und 3/4); zusätzliche deutliche ritardandi (z. B. T. 7, 31, 35/36); a tempo (T. 39); accelerando (z. B. T. 6, 25/26)
Dynamik	insgesamt durchgehend piano, deutliches crescendo ab T. 24 (bis T. 28), T. 28 *mf*	crescendo (T. 8/9, 10/11, 16/17) decrescendo (T. 22/23, 31) *pp* (T. 14, 22, 37)
Artikulation	klar und deutlich (z. B. T. 18/19, 30/31, 39/40)	klar und deutlich (z. B. T. 14–16, 30/31)
Werktreue	eng an den Vorgaben (vgl. „Tempo")	z. T. deutlich über die Vorgaben des Komponisten hinausgehende freie Interpretation (vgl. „Tempo", „Dynamik")
Charakter	ruhig, still, unheimlich	erregt, bewegt, schaurig, angstvoll, warnend

Anfertigen einer Bearbeitung für Streichquartett

35 CLARA SCHUMANN: *Der Mond kommt still gegangen*

Alternative mit Notation der Bratschenstimme im Altschlüssel:

Hinsichtlich der Verteilung T. 31/32 (Doppelgriffe Violine 1) sind auch andere Lösungen möglich.

36 ROBERT SCHUMANN: *Waldesgespräch*

Der Schlusston im Violoncello kann alternativ als Viertel notiert werden, der abschließende Taktstrich entfällt dann. (Es gelten die Vorgaben der Kursleiter.)

Alternative mit Notation der Bratschenstimme im Altschlüssel:

Der Schlusston im Violoncello kann alternativ als Viertel notiert werden, der abschließende Taktstrich entfällt dann. (Es gelten die Vorgaben der Kursleiter.)

37 FRANZ SCHUBERT: *Des Baches Wiegenlied*

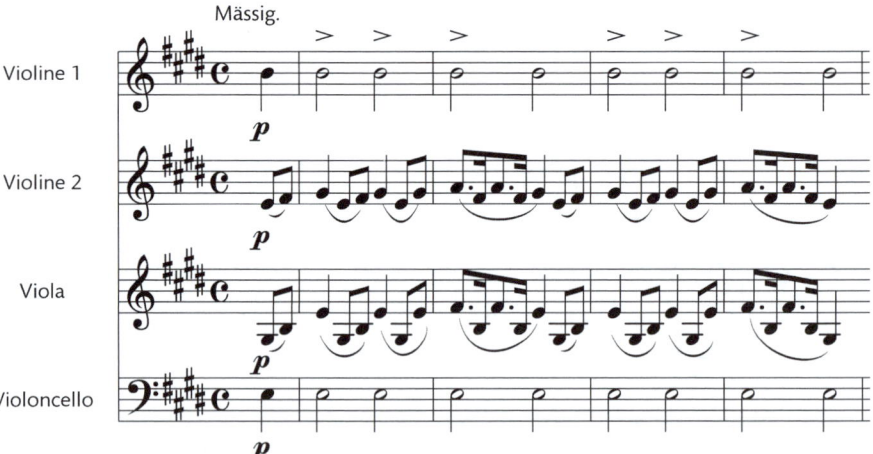

Der Schlusston in Violine 1 und Violoncello kann alternativ als Viertel notiert werden, der abschließende Taktstrich entfällt dann. (Es gelten die Vorgaben der Kursleiter.)

Alternative mit Notation der Bratschenstimme im Altschlüssel:

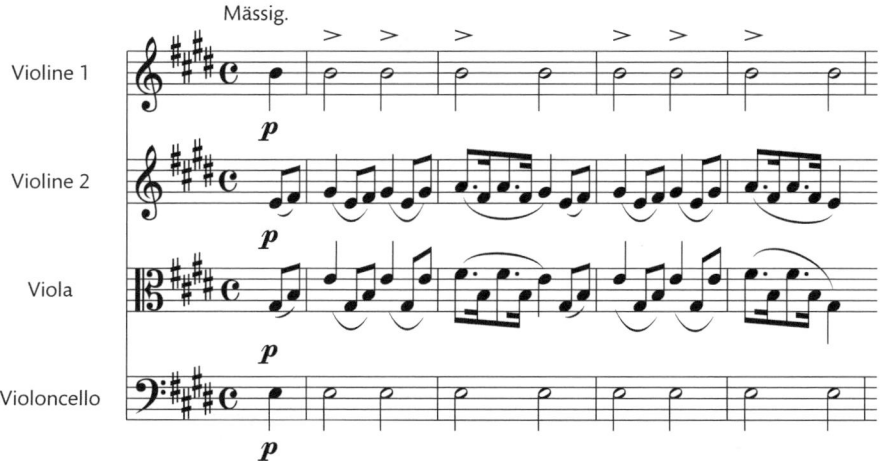

Der Schlusston in Violine 1 und Violoncello kann alternativ als Viertel notiert werden, der abschließende Taktstrich entfällt dann. (Es gelten die Vorgaben der Kursleiter.)

Musik des 20./21. Jahrhunderts

Belegen der Verarbeitung einer 12-Ton-Reihe

38 RICHARD ST. CLAIR: *Fuga 1*

Vorarbeiten:

	Halbtöne mit Richtungsangabe	
Ton 1 → Ton 2	4 HT	↑
Ton 2 → Ton 3	3 HT	↑
Ton 3 → Ton 4	5 HT	↓
Ton 4 → Ton 5	7 HT	↑
Ton 5 → Ton 6	4 HT	↓
Ton 6 → Ton 7	1 HT	↑
Ton 7 → Ton 8	4 HT	↑
Ton 8 → Ton 9	3 HT	↑
Ton 9 → Ton 10	5 HT	↓
Ton 10 → Ton 11	7 HT	↑
Ton 11 → Ton 12	4 HT	↓

Krebs

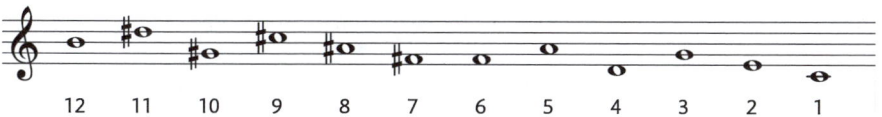

12 11 10 9 8 7 6 5 4 3 2 1

	Halbtöne mit Richtungsangabe	
Ton 12 → Ton 11	4 HT	↑
Ton 11 → Ton 10	7 HT	↓
Ton 10 → Ton 9	5 HT	↑
Ton 9 → Ton 8	3 HT	↓
Ton 8 → Ton 7	4 HT	↓
Ton 7 → Ton 6	1 HT	↓
Ton 6 → Ton 5	4 HT	↑
Ton 5 → Ton 4	7 HT	↓
Ton 4 → Ton 3	5 HT	↑
Ton 3 → Ton 2	3 HT	↓
Ton 2 → Ton 1	4 HT	↓

Notizen zur Lösung:

	Takt	Stimme	Transposition auf Ton 1 bezogen	Vergleich zur Original-Reihe
Grund-reihe (T. 1 – T. 3)				
	T. 4 – T. 6, Zz. 2und	Mittelstimme	auf g	
	T. 7, Zz. 3 – T. 11, Zz. 1	Unterstimme	auf c (original)	
	T. 12, Zz. 3 – T. 14	Unterstimme	auf g	
	T. 14 – T. 16, Zz. 1und	Oberstimme	auf c (original)	fehlende Pause nach Ton 9
	T. 16, Zz. 2 – T. 18, Zz. 3	Oberstimme	auf c (original)	• Oktavierung Ton 1 und Ton 4 • fehlende Pausen nach Ton 3 und Ton 9 • veränderte Notenwerte Ton 3, 5, 7, 9, 10
	T. 18, Zz. 3 – T. 19	Mittelstimme	auf a	• fehlende Pausen nach Ton 3 und Ton 9 • veränderte Notenwerte Ton 1, 2, 3, 9

Lösungsvorschläge

Krebs

Takt	Stimme	Transposition auf Ton 1 bezogen	Auffälligkeiten
T. 4 – T. 6, Zz. 1und	Oberstimme	auf c (original)	• Ton 12 (gis) und Ton 11 (dis) fehlen; Ton 7 und 8 vertauscht, zusätzl. a • Ton 10, 4, 3, 2, 1 oktaviert • veränderte Notenwerte und Pausen
T. 6, Zz. 3 – T. 8, Zz. 2und	Oberstimme	auf c (original)	• Ton 10 fehlt, ist in T. 6, Zz. 2und vorweggenommen • ab Ton 9 oktaviert • veränderte Notenwerte und Pausen
T. 6, Zz. 3 – T. 7, Zz. 1und	Mittelstimme	auf c (original)	• Ausschnitt (nur Ton 6 – Ton 1) • veränderte Notenwerte und Pausen
T. 7, Zz. 2und – T. 11, Zz. 2und	Mittelstimme	auf c (original)	• Ton 4, 2, 1 oktaviert • veränderte Notenwerte und Pausen
T. 10, Zz. 4und – T. 13, Zz. 2und	Unter-/Mittelstimme	auf c (original)	• beginnt in der Unterstimme, wandert ab T. 12, Zz. 3und (Ton 3) in die Mittelstimme • Tonwiederholungen Ton 3 und 2 • Ton 1 oktaviert • veränderte Notenwerte und Pausen
T. 11, Zz. 3 – T. 14, Zz. 3	Mittelstimme	auf c (original)	• Ton 10, 8, 7, 3, 2 oktaviert • Ton 9, 8, 6, 4 verdoppelt • veränderte Notenwerte und Pausen
T. 14, Zz. 4 – T. 17	Mittelstimme	auf c (original)	• Ton 7, 4, 2, 1 oktaviert • veränderte Notenwerte und Pausen
T. 14, Zz. 4 – T. 16, Zz. 1und	Unterstimme	auf c (original)	• Ausschnitt (nur Ton 8 – Ton 1) • veränderte Notenwerte und Pausen
T. 16, Zz. 2 – T. 18, Zz. 3	Unterstimme	auf c (original)	
T. 18, Zz. 3 – T. 20, Zz. 1	Oberstimme	auf c (original)	• Oktave höher • veränderte Notenwerte und Pausen

Beginn der ausformulierten Lösung:

Die Fuga 1 aus dem Zyklus *Bachiana Dodecafonica* von Richard St. Clair ist eine Zwölftonkomposition, in der eine Grundreihe (T. 1–T. 3) und deren Krebs das musikalische Geschehen bestimmen. Umkehrung sowie Krebsumkehrung sind nicht verwendet.

Die Grundreihe enthält alle zwölf Töne, Tonwiederholungen sind nicht vorhanden. Die Töne 1, 2 und 3 bilden einen C-Dur-Dreiklang, die Töne 4, 5 und 6 einen d-Moll-Dreiklang, die Töne 7, 8 und 9 einen Fis-Dur-Dreiklang und die Töne 10, 11 und 12 einen gis-Moll-Dreiklang. Insgesamt weist die Grundreihe keinen Bezug zu einem Grundton oder tonalen Zentrum auf.

(Hier würde sich die Erläuterung der einzelnen Fundstellen von Grundreihe und Krebs mit ihren jeweiligen Abweichungen/Auffälligkeiten anschließen, siehe Beispielaufgabe, S. 126 f.)

39 RICHARD ST. CLAIR: *Fuga 2*

Vorarbeiten:

Grundreihe (T. 1 mit T. 4, Zz. 3)

Grundreihe – original

Grundreihe – Notation ohne Rhythmus

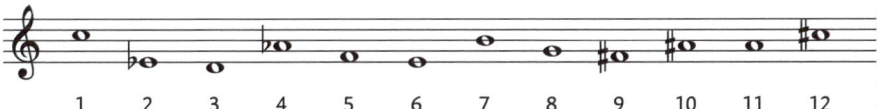

	Halbtöne mit Richtungsangabe	
Ton 1 → Ton 2	9 HT	↓
Ton 2 → Ton 3	1 HT	↓
Ton 3 → Ton 4	6 HT	↑
Ton 4 → Ton 5	3 HT	↓
Ton 5 → Ton 6	1 HT	↓
Ton 6 → Ton 7	7 HT	↑
Ton 7 → Ton 8	4 HT	↓

Lösungsvorschläge

	Halbtöne mit Richtungsangabe	
Ton 8 → Ton 9	1 HT	↓
Ton 9 → Ton 10	4 HT	↑
Ton 10 → Ton 11	1 HT	↓
Ton 11 → Ton 12	4 HT	↑

Krebs

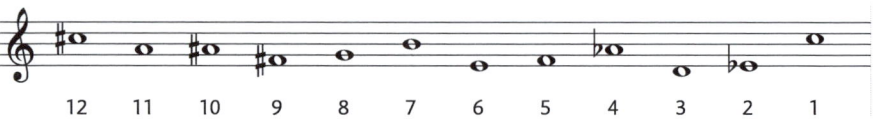

	Halbtöne mit Richtungsangabe	
Ton 12 → Ton 11	4 HT	↓
Ton 11 → Ton 10	1 HT	↑
Ton 10 → Ton 9	4 HT	↓
Ton 9 → Ton 8	1 HT	↑
Ton 8 → Ton 7	4 HT	↑
Ton 7 → Ton 6	7 HT	↓
Ton 6 → Ton 5	1 HT	↑
Ton 5 → Ton 4	3 HT	↑
Ton 4 → Ton 3	6 HT	↓
Ton 3 → Ton 2	1 HT	↑
Ton 2 → Ton 1	9 HT	↑

Um-
kehrung
(hier auf d)

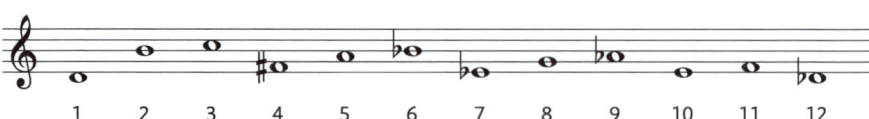

	Halbtöne mit Richtungsangabe	
Ton 1 → Ton 2	9 HT	↑
Ton 2 → Ton 3	1 HT	↑
Ton 3 → Ton 4	6 HT	↓
Ton 4 → Ton 5	3 HT	↑
Ton 5 → Ton 6	1 HT	↑

	Halbtöne mit Richtungsangabe	
Ton 6 → Ton 7	7 HT	↓
Ton 7 → Ton 8	4 HT	↑
Ton 8 → Ton 9	1 HT	↑
Ton 9 → Ton 10	4 HT	↓
Ton 10 → Ton 11	1 HT	↑
Ton 11 → Ton 12	4 HT	↓

Krebsumkehrung

12 11 10 9 8 7 6 5 4 3 2 1

	Halbtöne mit Richtungsangabe	
Ton 12 → Ton 11	4 HT	↑
Ton 11 → Ton 10	1 HT	↓
Ton 10 → Ton 9	4 HT	↑
Ton 9 → Ton 8	1 HT	↓
Ton 8 → Ton 7	4 HT	↓
Ton 7 → Ton 6	7 HT	↑
Ton 6 → Ton 5	1 HT	↓
Ton 5 → Ton 4	3 HT	↓
Ton 4 → Ton 3	6 HT	↑
Ton 3 → Ton 2	1 HT	↓
Ton 2 → Ton 1	9 HT	↓

	Takt	**Stimme**	**Transposition** auf Ton 1 bezogen	**Auffälligkeiten**
Grundreihe (T. 1 mit T. 4, Zz. 3/ Oberstimme)	T. 5 – T. 8, Zz. 3	Unterstimme	auf es	
	T. 6, Zz. 2 – T. 9	Mittelstimme	auf c (original)	• Oktavierungen (Ton 2–6 und Ton 8–12) • enharmonische Verwechslung Ton 10 • veränderte Notenwerte und Pausen

Lösungsvorschläge

Takt	Stimme	Transposition auf Ton 1 bezogen	Auffälligkeiten
T. 10 – T. 13, Zz. 3	Unterstimme	auf fis	
T. 21 – T. 24, Zz. 3	Mittelstimme	auf cis	
T. 22, Zz. 3 – T. 25, Zz. 3	Unterstimme	auf ais	

Krebs

Takt	Stimme	Transposition auf Ton 1 bezogen	Auffälligkeiten
T. 10, Zz. 2 – T. 14, Zz. 1	Oberstimme	auf c (original)	• Ton 3 oktaviert • enharmonische Verwechslung Ton 10 • veränderte Notenwerte und Pausen
T. 11 – T. 13	Mittelstimme	auf es	• Ton 6 – 2 oktaviert • veränderte Notenwerte und Pausen
T. 14 – T. 16, Zz. 2	Oberstimme	auf h	(Ton 1 entspricht Ton 12 der nachfolgenden Krebs-Verwendung)
T. 14, Zz. 2 – T. 17, Zz. 5	Mittelstimme	auf e	• Ton 7 und Ton 4 fehlen in der Mittelstimme, erklingen/finden sich jedoch in der Oberstimme (es und cis) – wahrnehmbar durch die Achtelnoten in der Mittelstimme • T. 17, Zz. 1 (Ton c) ist hinzugefügt und nicht Bestandteil des Krebs
T. 14, Zz. 2 – T. 17, Zz. 1	Unterstimme	auf fis	(Ton 1 entspricht Ton 12 der nachfolgenden Krebs-Verwendung)
T. 17 – T. 19, Zz. 1	Unterstimme	auf f	• unvollständig (Ton 2 und Ton 1 fehlen) • veränderte Notenwerte und Pausen • (Ton 12 entspricht Ton 1 der vorangegangenen Krebs-Verwendung)
T. 19 – T. 22, Zz. 3	Oberstimme	auf e	• unvollständig (Ton 1 fehlt) • veränderte Notenwerte und Pausen
T. 25, Zz. 2 – T. 28, Zz. 6	Oberstimme	auf c (original)	• veränderte Notenwerte und Pausen

Takt	Stimme	Transposition auf Ton 1 bezogen	Auffälligkeiten
T. 26 – T. 28, Zz. 3	Unterstimme	auf cis	• Ton 8 fehlt in der Unterstimme, erklingt/findet sich jedoch in der Mittelstimme (as) – wahrnehmbar durch die Pause in der Unterstimme • veränderte Notenwerte und Pausen

Umkehrung

Takt	Stimme	Transposition auf Ton 1 bezogen	Auffälligkeiten
T. 16 – T. 19, Zz. 3	Oberstimme	auf d	rhythmische Abweichungen
T. 23, Zz. 3 – T. 27, Zz.1	Mittelstimme	auf a	rhythmische Abweichungen

Krebsumkehrung

Takt	Stimme	Transposition auf Ton 1 bezogen	Auffälligkeiten
T. 18 – T. 21, Zz.1	Mittelstimme	auf cis	rhythmische Abweichungen

Beginn der ausformulierten Lösung:
Die Fuga 2 aus dem Zyklus *Bachiana Dodecafonica* von Richard St. Clair ist eine Zwölftonkomposition, in der eine Grundreihe (T. 1–T. 4, Zählzeit 3), deren Krebs, Umkehrung sowie Krebsumkehrung das musikalische Geschehen bestimmen. Die Grundreihe enthält alle zwölf Töne, Tonwiederholungen sind nicht vorhanden. Die Töne 6, 7 und 8 bilden einen e-Moll-Dreiklang. Insgesamt weist die Grundreihe keinen Bezug zu einem Grundton oder tonalen Zentrum auf.

(Hier würde sich die Erläuterung der einzelnen Fundstellen von Grundreihe, Krebs, Umkehrung sowie Krebsumkehrung mit ihren jeweiligen Abweichungen/ Auffälligkeiten anschließen, siehe Beispielaufgabe, S. 121 f.)

Aufzeigen von Funktionen der Klavierstimme

40 RICHARD ST. CLAIR: *Die Mücke*

Funktionen der Klavierstimme in Bezug auf Vor-, Zwischen- und Nachspiel:

Funktion	Belegstelle(n) z. B.	Anmerkung(en)/Begründung(en)
gliedernde Funktion	**Vorspiel:** T. 1 – T. 4, Zz. 5	
	Zwischenspiel (Vers 2 und 3 – Strophe 1): T. 9, Zz. 2 – T. 11, Zz. 4	Untergliederung der 1. Strophe

Funktion	Belegstelle(n) z. B.	Anmerkung(en)/Begründung(en)
	Zwischenspiel (Strophe 1 und 2): T. 16 – T. 23, Zz. 4	Gliederung anhand der Textstruktur
	(fehlendes Zwischenspiel Strophe 2 u. 3)	*(Zusammenfassen der Textinhalte der Strophen 2/3 zu einer Einheit)*
	kurze Überleitung (Vers 2 und 3 – Strophe 3): T. 41, Zz. 4 – T. 42, Zz. 6	Untergliederung der 3. Strophe (zweimalige Wiederholung des Motivs aus T. 41, ab Zz. 4)
	Zwischenspiel (Strophe 3 und 4): T. 46, Zz. 2 – T. 50	Gliederung anhand der Textstruktur
vorbereitende Funktion	**Vorspiel:** T. 1, mit Auftakt – T. 4, Zz. 5	Vorbereitung/Einführung in das musikalische Geschehen u. a. durch Vorwegnahme musikalischen Materials, z. B.: • Wiederaufgreifen der melodischen Struktur der T. 2, Zz. 2 – T. 4, Zz. 4 (Oberstimme) durch die Gesangsstimme in T. 6, Zz. 3 – T. 9, Zz. 2 • originalgetreue Wiederholung der T. 2, Zz. 5 bis T. 4, Zz.1 in T. 9, Zz. 5 – T. 11, Zz. 1 (oktaviert) • Wiederholung der T. 3 bis T. 4, Zz.1 in T. 16 – 17, Zz. 1 (mit geringfügigen Abweichungen) • originalgetreues Wiederaufgreifen des Motivs T. 2, Zz. 4/5 in T. 17, Zz. 2/3 (oktaviert) • Wiederaufgreifen der Motivik aus dem Vorspiel in den Zwischenspielen T. 16 – 23, Zz. 4 und T. 46, Zz. 2 – T. 50
verbindende Funktion	**Zwischenspiel** (Strophe 1 und 2): T. 16 – T. 23, Zz. 4	Wiederaufgreifen der Motivik aus dem Vorspiel, dabei Wiederholung mit Tonartenwechsel (T. 18/19) und Sequenz (T. 20/21 – T. 22/23)
	Zwischenspiel (Strophe 3 und 4): T. 46, Zz. 2 – T. 50	Wiederaufgreifen der Motivik aus dem Vorspiel, dabei Wiederholung (T. 46/ 47 in T. 48/ 49, oktaviert) und Wiederholung des Schlussmotivs (T. 50)
	(motivisches Aufgreifen bereits in T. 45)	*(analog dazu dann entsprechende Anmerkung/ Begründung anführen!)*
ausklingende Funktion	– *(kein Nachspiel)*	–

Funktionen der Klavierstimme in Bezug auf Gesangsstimme/Textinhalt:

Funktion	Belegstelle(n) z. B.	Anmerkung(en)/Begründung(en)
unterstützende Funktion	T. 12, mit Auftakt – T. 13, Zz. 5	Mitspielen der Gesangsstimme in allen Stimmen (außer Bassstimme): rechte Hand in nachklappenden Oktaven, oktaviert
	T. 14, mit Auftakt – T. 16, Zz. 1	Gesangs- und Klavierstimme verlaufen unisono (Abweichung T. 15, Zz. 6)
	T. 27, Zz. 4 – T. 29, Zz. 1	Mitspielen der Gesangsstimme in der Oberstimme (ohne Wechselnoten)
	T. 30 – T. 33, Zz. 1	Mitspielen der Gesangsstimme in der Oberstimme, ab T. 31, Zz. 4 zusätzlich in der Oberstimme der linken Hand (rhythmische Abweichungen bei Tonwiederholungen, ohne Wechselnoten)
	T. 34 – T. 35	Gesangs- und Klavierstimme verlaufen unisono
	T. 37, mit Auftakt – T. 39	Mitspielen der Gesangsstimme in der Oberstimme mit Tonwiederholungen (Sechzehntel)
	T. 40 – T. 41, Zz. 3	Gesangs- und Klavierstimme verlaufen unisono
	T. 43, mit Auftakt – T. 45, Zz. 1	Gesangs- und Klavierstimme verlaufen unisono
	T. 52 – T. 54, Zz. 1	Mitspielen der Gesangsstimme in der Oberstimme, ab T. 53 bis Zz. 4 zusätzlich in der Oberstimme der linken Hand
	T. 56 – Ende	Mitspielen der Gesangsstimme in der Oberstimme (T. 56 ohne Wechselnoten, T. 57 ohne Tonwiederholung, T. 60 ohne Durchgangsnote), ab T. 58 oktaviert; Terz- bzw. Sextparallelen in der Oberstimme der linken Hand
	T. 12, mit Auftakt – T. 13, Zz. 5	hohe Lage
verstärkende Funktion	T. 31, Zz. 4 – T. 33, Zz. 1	Vollgriffigkeit (Akkordik)
	T. 52 – T. 54, Zz. 3	Vollgriffigkeit (Akkordik)
kommentierende Funktion	T. 5, mit Auftakt – T. 6	Klangmalerei durch nachklappende Oktaven in Sechzehnteln in hoher Lage (rechte Hand) → „Ein leisestes Gesurr"
	T. 12, mit Auftakt – T. 13, Zz. 5	Klangmalerei durch nachklappende Oktaven in Sechzehnteln in hoher Lage (rechte Hand) → „Ein Hauch von einem Leib [...]"
kontrapunktierende Funktion	–	–
eigenständige Funktion	–	–

41 RICHARD ST. CLAIR: *Spatzen*

Funktionen der Klavierstimme in Bezug auf Vor-, Zwischen- und Nachspiel:

Funktion	Belegstelle(n) z. B.	Anmerkung(en)/Begründung(en)
gliedernde Funktion	**Vorspiel:** T. 1, mit Auftakt – T. 4, Zz. 2	
	keine Zwischenspiele, nur kurze Überleitung (Strophe 2 und 3): T. 32, Zz. 1 und – T. 33, Zz. 2	keine Gliederung anhand der Textstruktur, dafür zusammenhängende Umsetzung des Textinhaltes (Sequenzierung des Motivs aus T. 1, Zz. 2)
	Nachspiel: T. 65, mit Auftakt – Ende	
vorbereitende Funktion	**Vorspiel:** T. 1, mit Auftakt – T. 4, Zz. 2	Vorbereitung/Einführung in das musikalische Geschehen u. a. durch Vorwegnahme musikalischen Materials, z. B.: • originalgetreue Wiederholung in T. 8, mit Auftakt – T. 11 • Wiederaufgreifen des melodisch-rhythmischen Materials in T. 32, Zz. 1 und – T. 35 • originalgetreue Wiederholung in T. 43, mit Auftakt – T. 46 • Wiederaufgreifen melodisch-rhythmischen Materials in T. 56, mit Auftakt – T. 59, Zz. 1
verbindende Funktion	–	–
ausklingende Funktion	T. 65, mit Auftakt – Ende	Wiederaufgreifen melodisch-rhythmischen Materials aus T. 3 in T. 65, mit Auftakt – T. 66, Zz. 1

Funktionen der Klavierstimme in Bezug auf Gesangsstimme/Textinhalt:

Funktion	Belegstelle(n) z. B.	Anmerkung(en)/Begründung(en)
unterstützende Funktion	T. 12, mit Auftakt – T. 14	Mitspielen der Gesangsstimme in der Oberstimme, z. T. verdoppelt; ab T. 13, Zz. 2 – T. 14, Zz. 2 Terzparallelen in der Unterstimme der rechten Hand
	T. 16, mit Auftakt – T. 18	Mitspielen der Gesangsstimme in der Oberstimme, z.T. verdoppelt; ab T. 17, Zz. 2 und – T. 18 Terz- und Quintparallelen in den Unterstimmen der rechten Hand
	T. 20, mit Auftakt – T. 22	Mitspielen der Gesangsstimme in der Oberstimme (außer T. 21, Zz. 2)
	T. 27 – T. 32, Zz. 1	Mitspielen der Gesangsstimme in der Unterstimme der rechten Hand (außer T. 28, Zz. 2 und T. 31, Zz. 1 und)

Funktion	Belegstelle(n) z. B.	Anmerkung(en)/Begründung(en)
	T. 43, mit Auftakt – T. 46	Mitspielen der Gesangsstimme in der Oberstimme (T. 43, T. 45 Zz. 1und – T. 46, Zz. 1und)
	T. 47, mit Auftakt – T. 50, Zz. 1	Mitspielen der Gesangsstimme und Sextparallelen in der Oberstimme der linken Hand, ab T. 49, Zz. 2und bis Zz. 4 zusätzlich in der Oberstimme der rechten Hand
	T. 55 – T. 59, Zz. 1	Mitspielen der Gesangsstimme in der Oberstimme, z. T. Terz- bzw. Sextparallelen in der Unterstimme
	T. 62, mit Auftakt – T. 63	Mitspielen der Gesangsstimme in der Oberstimme (außer T. 62, Zz. 2), dabei anfangs verdoppelt und akkordisch
verstärkende Funktion	T. 39 – T. 40	Pause
kommentierende Funktion	T. 24, mit Auftakt – T. 25	Klangmalerei durch Sechzehntel-Bewegung in der rechten Hand (aufsteigende Linie in der Unterstimme der rechten Hand) → „sie haben schnäbelnd […]"
	T. 43, mit Auftakt – T. 46	Klangmalerei von Vogelgezwitscher (originalgetreue Wiederholung des Vorspiels) als Erklärung des Textes → „ob mich die flinken, schwarzen Augen sehn"
	T. 50, Zz. 1und – T. 51	Klangmalerei durch Sechzehntel-Bewegung in der rechten Hand → „Ein Flügelhe-(ben)"
kontrapunktierende Funktion	T. 8, mit Auftakt – T. 11	Klangmalerei von Vogelgezwitscher (originalgetreue Wiederholung des Vorspiels) im Gegensatz zu Gesangsstimme (und Textaussage)
	T. 33, mit Auftakt – T. 35	Klangmalerei von Vogelgezwitscher (Wiederaufgreifen von rhythmisch-melodischen Elementen des Vorspiels) im Gegensatz zu Gesangsstimme (und Textaussage)
eigenständige Funktion	T. 24, mit Auftakt – T. 25	unabhängig von der Gesangsstimme, kein Bezug
	T. 34, mit Auftakt – T. 35	unabhängig von der Gesangsstimme, kein Bezug
	T. 50, Zz. 1und – T. 51	bis auf Spitzenton f in der Oberstimme unabhängig von der Gesangsstimme

Beschreiben der musikalischen Gestaltung

42 LOUIS VIERNE: *Cathédrales*

Notizen zur Lösung:

Parameter	Manualstimmen (Pedalstimme: Pausen)
melodische Gestaltung	**T. 12–T. 15** **Oberstimme rechte Hand:** • kleine Sekund- und kleine Terzschritte in Auf- und Abwärtsbewegungen, abschließender Quartsprung abwärts (T. 14/15), insgesamt aufwärts gerichtet (cis²–es²) • Ambitus: cis¹–as² (verminderte Sexte) **Unterstimme rechte Hand:** Pendelmotiv in Sekunden (a–b–a–b–as) **Oberstimme linke Hand:** • kleine Sekund- und große Terzschritte in Auf- und Abwärtsbewegungen, insgesamt abwärts gerichtet (fis¹–ces¹) • Ambitus: ces¹–fis¹ (doppelt übermäßige Quarte) **Unterstimme linke Hand:** • große Terzen in Auf- und Abwärtsbewegungen, reine Quarte abwärts (T. 14, Zz. 3/4), abschließende kleine Terz aufwärts; insgesamt abwärts gerichtet (fis¹–as) • Ambitus: f–fis¹ (übermäßige Oktave) **T. 16–T. 19** **Oberstimme rechte Hand:** • große Sekund- und kleine Terzschritte in Auf- und Abwärtsbewegungen, abschließender Quartsprung abwärts (T. 18/19); insgesamt aufwärts gerichtet (h¹–des²) • Ambitus: h¹–ges² (verminderte Sexte) **Unterstimme rechte Hand:** Pendelmotiv in Sekunden (g–as–g–as–ges) **Oberstimme linke Hand:** • kleine Sekund- und kleine Terzschritte in Auf- und Abwärtsbewegungen; insgesamt abwärts gerichtet • Ambitus: e¹–Doppel-b (Quinte) **Unterstimme linke Hand:** • große Terzen in Auf- und Abwärtsbewegung, Quartsprung abwärts (T. 18, Zz. 3/4), abschließende kleine Terz aufwärts; insgesamt abwärts gerichtet • Ambitus: es–e¹ (übermäßige Oktave) **T. 20/21** **Oberstimme rechte Hand:** • kleine Sekunde – kleine Terz – Quarte aufwärts gerichtet, abschließender Tritonussprung abwärts (T. 20/21); insgesamt aufwärts gerichtet (gis¹–h¹) • Ambitus: gis¹–f² (verminderte Septime) **Unterstimme rechte Hand:** Pendelmotiv in Sekunden (e–f–e)

Musik des 20./21. Jahrhunderts / 195

Parameter	Manualstimmen (Pedalstimme: Pausen)
	Oberstimme linke Hand: • übermäßige Prime – große Terz – kleine Sekunde, abwärts gerichtet • Ambitus: cis¹– gis (reine Quarte) **Unterstimme linke Hand:** • große Terzen, kleine Terz, abschließende große Sekunde aufwärts; insgesamt abwärts gerichtet • Ambitus: d–cis¹ (große Septime)
rhythmische Gestaltung	vorwiegend halbe Noten, punktierte Ganze, Überbindungen (z. B. T. 12 und T. 16, Unterstimme rechte Hand)
dynamische Gestaltung	*p* ab T. 12 mit anschließendem crescendo bis T. 14, decrescendo bis T. 15 *p* ab T. 16 mit anschließendem crescendo bis T. 17, decrescendo bis T. 19 crescendo T. 20, decrescendo T. 21
formale Gestaltung	dreiteiliger Aufbau: • T. 12–T. 15 • T. 16–T. 19: Wiederholung von T. 12–T. 15, große Sekunde tiefer • T. 20/21: Aufgreifen der Takte 18/19
harmonische Gestaltung	bis auf T. 20, Zz. 3 (F-Dur) und T. 21 (E-Dur) durchgehend Moll-Tonalität • T. 12–T. 15: fis–d–b–d–fis–d–b–f–as • T. 16–T. 19: e–c–as–c–e–c–as–es–ges • T. 20/21: cis–a–(F)–d–(E)
Tempo	Largo molto sostenuto ♩ = 66 (keine Tempiwechsel)

43 LOUIS VIERNE: *Les cloches des Hinckley*

Notizen zur Lösung:

Parameter	Manualstimmen	Pedalstimme
melodische Gestaltung	viertaktiges Ostinato (T. 1–4) mit Wiederholung und rhythmischer Verkürzung auf zwei Takte in T. 5/6 und T. 7/8, dann auf einen Takt in T. 9 – 19, rechte und linke Hand im Wechsel, mit jeweils zwei aufeinanderfolgenden Quartklängen (reine Quarten bis auf T. 3, Zz. 1: verminderte Quarte) im Sekundabstand abwärts (T. 1 kleine Sekunde, T. 2 große Sekunde,	(ab T. 11) Melodieführung in zwei Phrasen: Phrase 1 (T. 11–15): • insgesamt aufwärts gerichtete Melodieführung von H (T. 11) zum gis (T. 14) • Ambitus E – gis (große Dezime) • Motivik und Intervallstruktur: T. 11, bestehend aus Quintsprung abwärts, Quartsprung aufwärts, kleine Terz abwärts, in T. 12 wiederholt (Abweichung: zusätzliche Durchgangsnote gis in T. 12, Zz. 5und)

Parameter	Manualstimmen	Pedalstimme
	T. 3 große Sekunde/Oberstimme – kleine Sekunde/Unterstimme, T. 4 große Sekunde)	T. 13/14 große Sekundschritte (2×), kleiner Sekundschritt (1×) aufwärts, kleine Terz abwärts, abschließender Quintsprung aufwärts
	legato	Ansätze zur Pentatonik mit pentatonischer Leiter (T. 11 bis T. 13, Zz. 4): a – h – cis – e – fis (Ausnahme Durchgangston gis in T. 12, Zz. 5und)
		Phrase 2 (T. 16–20, Zz. 1):
		• insgesamt abwärts gerichtete Melodieführung: von fis (T. 16) zum cis (T. 19)
		• Ambitus cis–h (kleine Septime)
		• Motivik und Intervallstruktur: T. 16, bestehend aus Quartsprung aufwärts, kleine Terz abwärts, kleine Sekunde aufwärts, in T. 17 wiederholt (Abweichung: zusätzliche Durchgangsnote a in T. 17, Zz. 5und), T. 18/19 kleine Terz aufwärts, Sekundschritte abwärts (klein, groß, groß), abschließend kleine Terz abwärts
rhythmische Gestaltung	rhythmisches Muster ♩♩♩ (T. 1 – T. 4) in T. 5/6 verändert zu ♩♩♩, in T. 7/8 verändert zu ♪♪♩, in T. 9 – T. 13 verändert zu ♪♪♩ (rechte Hand) und ♪♪ (linke Hand), in T. 14/15 verändert zu ♪♪ (rechte Hand) und ♩♩ (linke Hand); in T. 16 – T. 18 verändert zu ♪♪♪ (rechte Hand) und ♪♪ (linke Hand), in T. 19 verändert zu ♪♪ (rechte Hand) und ♩♩ (linke Hand)	Phrase 1 (T. 11–15): rhythmisches Muster ♩♩♩♩♩ T. 11 wiederholt in T. 12 und T. 13 (Ausnahme jeweils Zählzeit 5: zwei Achtel- statt Viertelnote), T. 14/15 überbundener Liegeton
		Phrase 2 (T. 16–20, Zz. 1): rhythmisches Muster ♩♩♩♩♩ T. 16 wiederholt in T. 17 und T. 18 (Ausnahme jeweils Zählzeit 5: zwei Achtel- statt Viertelnote), T. 19/20 überbundener Liegeton
		→ Phrase 2 entspricht in der rhythmischen Gestaltung Phrase 1
dynamische Gestaltung	*pp* ab T. 1	
	poco crescendo ab T. 5, crescendo molto ab T. 7	
	f ab T. 9	
formale Gestaltung	dreiteiliger Aufbau:	
	• T. 1–10: Einleitung (rechte/linke Hand)	
	• T. 11–15: Phrase 1 (Pedalstimme)	
	• T. 16–20, Zz. 1: Phrase 2 (Pedalstimme)	
harmonische Gestaltung	durchgehend Quartklänge in Manualen (reine Quarten bis auf T. 3, Zz. 1: verminderte Quarte)	
	häufig Sekundreibungen zwischen Pedal- und Manualstimmen (z. B. T. 11, Zz. 1, Zz. 3, Zz. 5; T. 13, Zz. 1, Zz. 4, Zz. 6; T. 14, Zz. 1, Zz. 2, Zz. 4, Zz. 5, Zz. 6)	

Parameter	Manualstimmen	Pedalstimme
	Dur/Moll-Harmonik (z. B. gis-Moll: T. 11, T. 12, T. 13 jeweils Zz. 1und/Zz. 2, T. 14, Zz. 1und, Zz. 3; T. 15, Zz. 3; cis-Moll: T. 11, Zz. 4und, T. 12, Zz. 4und, T. 13, Zz. 5und; A-Dur: T. 13, Zz. 6und; T. 19, Zz. 1 und Zz. 6; fis-Moll: T. 18, Zz. 3)	
	Quint-/Quartklänge durch Übernahme von Tönen aus Manualstimmen (z. B. T. 11, Zz. 6; T. 12, Zz. 6; T. 13, Zz. 3; T. 16, Zz. 5; T. 17, Zz. 5; T. 18, Zz. 4 und Zz. 5; T. 19, Zz. 2)	
Tempo	Andante con moto, quasi Allegro ♩ = 116	

Aufgabe im Stil einer Abituraufgabe

1.1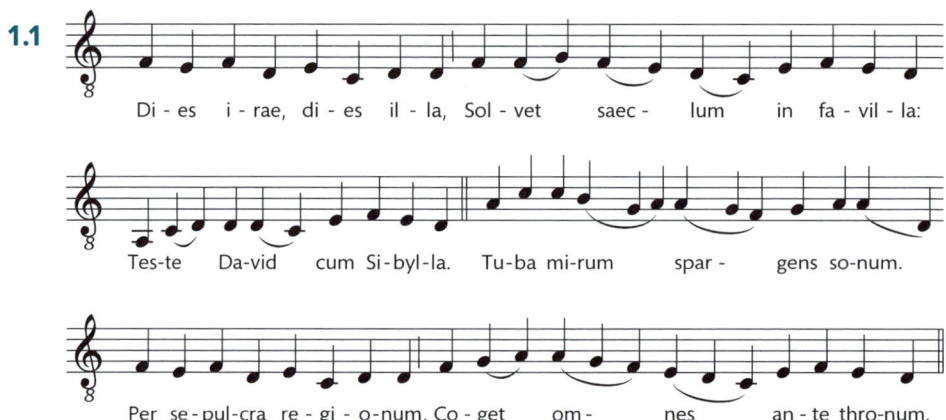

1.2 Eugène Ysaÿe hat im ersten Satz seiner Violinsonate Teile des Gregorianischen Chorals „Dies irae" verarbeitet.

Der Choral lässt sich in 6 Abschnitte gliedern:
Abschnitt A: Dies irae, dies illa,
Abschnitt B: Solvet saeclum in favilla:
Abschnitt C: Teste David cum Sibylla.
Abschnitt D: Tuba mirum spargens sonum.
Abschnitt E (≙ A): Per sepulcra regionem
Abschnitt F: Coget omnes ante thronum.

Die Abschnitte A und B finden sich z. T. vollständig und originalgetreu in der Violinsonate wieder, Abschnitt D ist nicht verarbeitet. Weiterhin sind Ausschnitte bzw. Motive aus den Abschnitten A, B, C und F eingearbeitet.

Abschnitt	Taktangaben	Verarbeitung
A	T. 20–T. 22, Zz. 2 (jeweils 1. Sechzehntel)	transponiert auf g, Intervallstruktur originalgetreu
	T. 22–T. 24, Zz. 2 (jeweils 3. Sechzehntel)	transponiert auf g, Intervallstruktur originalgetreu
	T. 27–T. 29, Zz. 2 (jeweils 1. Sechzehntel)	transponiert auf g, Intervallstruktur originalgetreu

Taktangaben	Verarbeitung
T. 27–T. 28 (jeweils 3. Sechzehntel)	transponiert auf h, Intervallstruktur verändert (große Sekunde statt kleine Sekunde zwischen Tönen 1/2 und 2/3, große Terz statt kleine Terz zwischen Tönen 3/4, kleine Terz statt große Terz zwischen Tönen 5/6), unvollständig (Fehlen der letzten beiden Töne „illa")
T. 37–T. 39, Zz. 2 (jeweils 1. Sechzehntel)	transponiert auf f, Intervallstruktur verändert (große Sekunde statt kleine Sekunde zwischen Tönen 1/2 und 2/3, kleine Sekunde statt große Sekunde zwischen Tönen 4/5, verminderte Terz statt große Terz zwischen Tönen 5/6, kleine Sekunde statt große Sekunde zwischen Tönen 6/7)
T. 37–T. 38 (jeweils 3. Sechzehntel)	transponiert auf a, Intervallstruktur verändert (große Sekunde statt kleine Sekunde zwischen Tönen 1/2 und 2/3, große Terz statt kleine Terz zwischen Tönen 3/4, kleine Terz statt große Terz zwischen Tönen 5/6, unvollständig (Fehlen der letzten beiden Töne „illa")
T. 64–T. 66, Zz. 2 (jeweils 1. Sechzehntel)	transponiert auf c, Intervallstruktur originalgetreu
T. 65–T. 66 (jeweils 3. Sechzehntel)	transponiert auf c, Intervallstruktur originalgetreu, unvollständig (Fehlen der letzten beiden Töne „illa")
T. 74–T. 76, Zz. 2 (jeweils 1. Sechzehntel der Sextole)	transponiert auf c, Intervallstruktur originalgetreu
T. 76–T. 77 (jeweils 4. Sechzehntel der Sextole)	transponiert auf c, Intervallstruktur originalgetreu, unvollständig (Fehlen der letzten beiden Töne „illa")
alternativ: –T. 78, Zz. 2 (jeweils 5. Zweiunddreißigstel der Oktole)	Überschneidung mit Beginn von Abschnitt B in T. 78, Zz. 1 (5. Zweiunddreißigstel) → vgl. * unten

Abschnitt B

Taktangaben	Verarbeitung
T. 67–T. 68 (jeweils 1. Sechzehntel)	transponiert auf c, Intervallstruktur originalgetreu, unvollständig (lediglich Töne 1–5, „Solvet saec-[lum in favilla]")
T. 68–T. 69 (jeweils 3. Sechzehntel)	transponiert auf c, Intervallstruktur originalgetreu, unvollständig (lediglich Töne 1–5, „Solvet saec-[lum in favilla]")
*T. 78–T. 82, Zz. 1 (jeweils 1. Zweiunddreißigstel der Oktole)	transponiert auf c, Intervallstruktur originalgetreu
T. 78–T. 79 (jeweils 5. Zweiunddreißigstel der Oktole)	transponiert auf a, Intervallstruktur originalgetreu, unvollständig (lediglich Töne 1–5, „Solvet saec-[lum in favilla]")

Lösungsvorschläge

Motiv a (aus Abschnitt A): „Dies irae" (Töne 1–4)	Taktangaben	Verarbeitung
	T. 3	original
	T. 8	transponiert auf d, Intervallstruktur verändert (große Sekunde statt kleine Sekunde zwischen Tönen 1/2 und 2/3)
	T. 33	transponiert auf g, Intervallstruktur verändert (große Sekunde statt kleine Sekunde zwischen Tönen 1/2 und 2/3)
	T. 72	original
	T. 84	original

Motiv a' (aus Abschnitt A): „Dies i-[rae]" (Töne 1–3/ Wechselnote)	Taktangaben	Verarbeitung
	T. 40 (jeweils 3. Sechzehntel)	transponiert auf b, Intervallstruktur originalgetreu
	T. 42 (3./4. Sechzehntel der Zählzeit 1 und 1. Sechzehntel der Zählzeit 2)	transponiert auf d, Intervallstruktur originalgetreu
	T. 54–T. 56 (jeweils 3./4. Sechzehntel der Sechzehntelgruppe von Zz. 1 und 1. Sechzehntel der nachfolgenden Gruppe)	T. 54: transponiert auf a; Intervallstruktur originalgetreu T. 55: transponiert auf b; Intervallstruktur originalgetreu T. 56: transponiert auf cis; Intervallstruktur verändert (große Sekunde statt kleine Sekunde)
	T. 57–T. 59, Zz. 1 (jeweils 3./4. Sechzehntel einer Sechzehntelgruppe und 1. Sechzehntel der nachfolgenden Gruppe)	T. 57: transponiert auf d, e, f; Intervallstruktur verändert bei Transposition auf e (große Sekunde statt kleine Sekunde) T. 58: transponiert auf gis, a, h; Intervallstruktur verändert (jeweils große Sekunden) T. 59: transponiert auf c, d, e; Intervallstruktur verändert bei Transposition auf d und e (jeweils große Sekunden)

Motiv b (aus Abschnitt C): „cum Sibylla"	Taktangaben	Verarbeitung
	T. 36–T. 37, Zz. 1 (jeweils 3. Sechzehntel)	transponiert auf b, Intervallstruktur am Ende verändert (kleine Sekunde statt große Sekunde) T. 37, Zz. 1 (3. Sechzehntel) gleichzeitig Beginn von Abschnitt A
	T. 40, Zz. 2–T. 41, Zz. 2 (jeweils 3. Sechzehntel)	transponiert auf a, Intervallstruktur originalgetreu
	T. 40–T. 41, Zz. 1 (jeweils 2. Sechzehntel)	transponiert auf g, Intervallstruktur verändert (große Sekunde zwischen Ton 1/2 und 2/3)

Motiv c (aus Abschnitt F): "Coget om- (nes)"	Taktangaben	Verarbeitung
	T. 45–T. 46 (jeweils 3. Sechzehntel)	transponiert auf c, Intervallstruktur verändert (kleine Sekunde statt große Sekunde zwischen Tönen 2/3 und 4/5, übermäßige Prime statt große Sekunde zwischen Tönen 5/6)
	T. 47–T. 48 (jeweils 3. Sechzehntel)	transponiert auf b, Intervallstruktur verändert (kleine Sekunde statt große Sekunde zwischen Tönen 2/3 und 4/5, kleine Sekunde statt große Sekunde zwischen Tönen 5/6)

1.3		Einspielung A	Einspielung B
	Tempo	schnell (vivace)	langsamer (poco vivace)
		keine Temposchwankungen (bis auf kleine Verzögerung in T. 30 und T. 83)	mehrfach Temposchwankungen, z. B. acc. T. 3–5, T. 8/9; z. B. rit. T. 30, T. 71; tempo rubato T. 11 ff.
		T. 80 „rit": kaum merklich	T. 80 „rit": fehlt
		T. 82 „tempo vivo": entspricht Tempo vom Anfang	T. 82 „tempo vivo": deutlich lebhaft
		Fermaten T. 8, T. 33, T. 72 und T. 84 nicht ausgeführt	Fermaten T. 3, T. 5, T. 33, T. 72 und T. 84 deutlich ausgeführt
	Dynamik	deutliche dynamische Abstufungen z. B. T. 1–9 und T. 22 ff.; T. 10 *mf* statt *f*, fehlende dynamische Wechsel T. 14, T. 16, T. 18, kaum spürbares *mf* T. 17 und T. 20	deutliche dynamische Kontraste, z. B. T. 1–9 T. 29 cresc. fehlt T. 36 kaum spürbares cresc. T. 39 wenig abgestuftes *mf*
		zusätzlich cresc. ab T. 39 und T. 57	zusätzliches cresc. ab T. 39 und T. 54
	Phrasierung/ Artikulation	klar ausgeführtes staccato T. 13 und T. 18/19, unklar ausgeführtes portato T. 11/12 und T. 14–17	wenig klar ausgeführtes staccato T. 1/2 und T. 6/7; fehlendes staccato T. 13; klar ausgeführtes staccato T. 18/19; klar erkennbares portato T. 11/12 und T. 14–17
		Phrasierung T. 22/23 und T. 27/28 kaum wahrnehmbar	klare Phrasierung T. 22/23 und T. 27/28
		Akzente deutlich (z. B. T. 54 ff., T. 64 ff., T. 74/75), T. 76/77 verhalten	durchgehend deutliche Akzentuierungen
	Werktreue	vgl. Tempo, Dynamik und Artikulation, zusätzlich: „brutalemente" (T. 3): verhalten umgesetzt	vgl. Tempo, Dynamik und Artikulation, zusätzlich: „brutalemente" (T. 3): deutlich und klar umgesetzt
		„marcato" (T. 20): fehlt	„marcato" (T. 20): deutlich erkennbar
		T. 45 „dolce con espress.": verhaltene Umsetzung des espressivo	T. 45 „dolce con espress.": klare Ausführung des espressivo
		T. 10: Sechzehntel-Pause verlängert	

	Einspielung A	**Einspielung B**
Charakter	schlicht, einfach, ruhig, leicht, sanft	gefühlvoll, leidenschaftlich, nachdenklich, zerrissen

„Obsession" (= Besessenheit) bedeutet, z. B. von einer Sache, einem Gefühl oder einer fixen Idee gefangen oder ihr/ihm ausgeliefert zu sein, ohne sich dagegen wehren zu können. Diese Machtlosigkeit dem Unterbewusstsein gegenüber kann sich gleichermaßen in Angst wie auch in Leidenschaft niederschlagen. Während Einspielung A schlicht, sogar fast leicht und sanft wirkt, ist bei Einspielung B gleichermaßen Nachdenklichkeit wie auch Zerrissenheit gefühlvoll und leidenschaftlich spürbar.

Dem Titel „Obsession" am ehesten gerecht wird ...
(mögliche Begründungen für Entscheidung für A und B)
... Einspielung A, da die schlichte, leichte Wirkung der Interpretation das Gefangensein und die Wehrlosigkeit gegen das Unterbewusstsein den Zustand einer Obsession sehr gut zum Ausdruck bringt.
... Einspielung B, da die gefühlvolle und leidenschaftliche Interpretation die Nachdenklichkeit und gleichermaßen Zerrissenheit der Obsession, die sich auch in Angst ausdrücken kann, widerspiegelt.

1.4 Mögliche Gründe für die Verwendung von Elementen aus der Partita von J. S. Bach und Zitaten aus dem „Dies irae" könnten sein:
- Eugène Ysaÿe komponierte die zweite Solosonate als Hommage an Johann Sebastian Bach und zugleich als modernes Pedant zu dessen Solosonaten und Partiten.
- Die zweite Solosonate komponierte Eugène Ysaÿe im Alter von 65/66 Jahren. Neben der Verehrung für das große Vorbild Bach ist sein Denken auch von der Beschäftigung mit dem eigenen Tod geprägt („Dies irae") und somit Ausdruck seines Seelenzustandes.
- Eugène Ysaÿe benutzt den musikalischen Gedanken an den Tod („Dies irae"), um seine Ablösung von Bach zum Ausdruck zu bringen und neue Wege zu beschreiten. Dabei drückt er seinen Zorn und seine Wut darüber aus („Dies irae"), wie schwierig diese Ablösung ist (vgl. „brutalemente", Takt 3).
- Eugène Ysaÿe zeigt die Verbindung von Altem (Partita – „Dies irae") mit neuen klanglichen Möglichkeiten und kompositorischer Weiterentwicklung.

- Durch die Verwendung sowohl des Zitates aus Bachs Preludio aus der Solosonate E-Dur, die der befreundete Geiger und Kollege Jacques Thibaud oft spielte, als auch der Zitate aus dem Choral „Dies irae" zeigt Ysaÿe dessen Zorn und Wut („Dies irae" = „Tag des Zorns") über die Schwierigkeit beim Üben und Spielen dieser Partita.

2.1

	Ausgabe A	Ausgabe B
Tempo	Allegro	Presto quasi Allegro (tempo di corrente)
Dynamik	grundlegende Angaben wie f (T. 1, T. 7, T. 13, T. 17) und p (T. 5, T. 11, T. 15)	detailliertere Angaben wie f (T. 1, T. 13, T. 21, T. 32, T. 36), p (T. 5, T. 11, T. 15, T. 29, T. 33), mf (T. 3) und ff (T. 39, T. 40)
	keine dynamischen Übergänge (cresc./decresc.)	zahlreiche dynamische Übergänge, z. B. decresc./dim. (T. 2, T. 4, T. 22–29, T. 32, T. 39/40), cresc. (T. 6, T. 7/8, T. 17–21, T. 30/31, T. 34/35) sowie cresc. – decresc. (T. 3, T. 5)
Phrasierung/ Artikulation	bis auf Angaben in T. 1, T. 2, T. 39, T. 40 keine Phrasierungen	Angaben zur Phrasierung in T. 1, T. 2, T. 4, T. 6, T. 9, T. 10, T. 12, T. 38–40)
	keine Angaben zur Artikulation	Angaben zur Artikulation: Akzente (T. 1, T. 2, T. 36, T. 37), staccato (T. 10, T. 12)
Spielhilfen	keine Fingersätze	zahlreiche Fingersätze (T. 1, T. 2, T. 6–17, T. 20, T. 25, T. 27, T. 30, T. 32–37, T. 40)

Lernende und Laienmusiker greifen gerne auf bearbeitete Ausgaben wie Ausgabe B zurück, da die angegebenen Spielhilfen wie Fingersätze und weiterführende Hinweise zur Ausführung, z. B. Phrasierung, Artikulation und Dynamik, eine Einstudierung erleichtern.

Lehrende und professionelle Musiker bevorzugen dagegen Ausgaben wie Ausgabe A, die den Willen des Komponisten möglichst unverfälscht wiedergeben und Raum für eigene Interpretationen lassen. Zusätze wie Spielhilfen und/oder weiterführende Hinweise zur Ausführung sind hierbei unerwünscht, da es sich hierbei um eine Interpretation durch den Herausgeber handelt.

2.2 Notizen zur Lösung:
- Besetzung:
  Orgel als tragende Stimme (solistisch)
  Orchester in begleitender Funktion: (drei) Trompeten, Pauken, Violine 1/ Oboe 1, Violine 2/Oboe 2, Viola, Violoncello
  - Violine 1/Oboe 1, Violine 2/Oboe 2, Viola, Violoncello: z. T. Übernahme der Melodik aus der Orgelstimme, ansonsten rein harmonische Stütze bzw. Funktion in Viertel- bzw. Achtelnoten, dabei auch Tonwiederholungen und Haltetöne
  - Trompeten: harmonische Stütze bzw. Funktion durch auf- und abwärtsgeführte gebrochene Dreiklänge in Viertel- bzw. Achtelnoten, z. T. unisono, in allen Trompeten-Stimmen
  - Pauke: rhythmische Unterstützung bzw. Verstärkung der Trompetenstimmen mit gleichbleibender Tonhöhe (Ton d)
- volltaktiger Beginn im Tutti
- gleichbleibend schnelles Tempo (presto)
- (auf D-Dur transponiert)
- gleichbleibende Dynamik (die klangliche Wirkung dynamischer Wechsel ergibt sich aus dem Zusammenspiel von Orgel-Solo und Orchester)
- Einarbeitung des Preludio: originalgetreue Übernahme der Solovioline in die Oberstimme der Orgelstimme, im Mittelteil veränderte Melodik in der Orgelstimme im Vergleich zur Violinstimme der Partita
  Violine 1/Oboe 1, Violine 2/Oboe 2, Viola, Violoncello: zu Beginn Übernahme von Melodieabschnitten aus der Orgelstimme, später z. T. parallelgeführte Übernahme von Melodietönen im Terz- bzw. Sextabstand

Hinweis: Der Operator „Beschreiben Sie" erfordert die Ausformulierung der oben gefertigten Notizen als zusammenhängenden Text.

Aufgabe im Stil einer Abituraufgabe | 205

2.3

2.4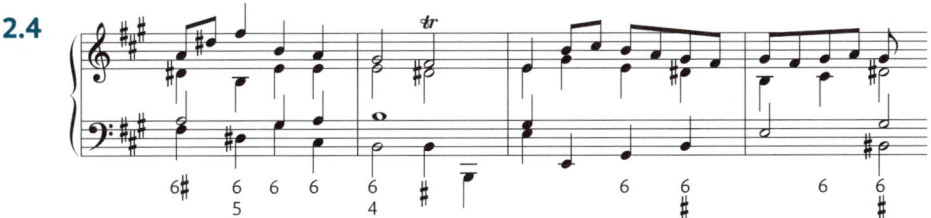

NOTENHEFT

Musik
Analysieren · Verstehen · Beschreiben

Bildnachweis
Notentexte 1–3: Hrsg. Wilhelm Weissmann; VEB Deutscher Verlag für Musik; 4: CPDL, Editor: Willem Verkaik; 5: CPDL, Editor: Sabine Cassola; 6: Hrsg. Robert Eitner; Breitkopf und Härtel; 7: John Dowland (1563–1626), Come Away, Come Sweet Love, arrangiert von David Siebert; lizenziert unter CC-BY-SA 3.0; 8: John Dowland (1563–1626), Come Again, Sweet Love, arrangiert von David Siebert; lizenziert unter CC-BY-SA 3.0; 9: Francis Pilkington (1565–1638): Alas Fair Face. Transferiert für Gesang und Keyboard von Amy Hill Schaffer, lizenziert unter CC-BY-SA 3.0; 10/11: Hrsg. Albert Smijers; Kirstner & Siegel; 12/13: Hrsg. Albert Smijers; Alsbach; 14: Hrsg. Henry Expert, Alphonse Leduc; 15: Hrsg. Henry Expert, Salabert; 16/17: Hrsg. Waldemar Woehl; Edition Peters; 18: Hrsg. Erwin Luntz; Österreichischer Bundesverlag; 19–21: Hrsg. Philipp Spitta; Breitkopf & Härtel; 22 (A): Breitkopf und Härtel; 22 (B): J. G. Cotta; 23 (A): Breitkopf und Härtel; 23 (B): Hrsg. Sigmund Lebert/William Scharfenberg; G. Schirmer; 24 (A): Hrsg. Johannes Dittberner; L. Schwann; 24 (B): Arr. Vincent Novello; Novello; 25: Breitkopf und Härtel; 26/27: Hrsg. Wilhelm Altmann; Ernst Eulenburg; 28: Hrsg. Eusebius Mandyczewski; Breitkopf und Härtel; 29: Breitkopf und Härtel; 30: Hrsg. Clara Schumann, Breitkopf und Härtel; 31–33: Richard St. Clair, Bachiana Dodecafonica, Cambridge 2010. © Richard St. Clair; 34–36: Richard St. Clair, Moabit Liederbuch, Cambridge 1990, license CC-BY-SA 4.0; 37/38: Henri Lemoine; I: Liber Usualis; II: Muzyka, Moscow; III (A): Arr. August Wilhelmj; Schlesinger; III (B): Arr. Camille Saint-Saëns; Durand, Schoenewerk & Cie.; IV: Arr. Bernhard Todt; Breitkopf und Härtel

© 2021 STARK Verlag GmbH, St.-Martin-Straße 82, 81541 München, info@stark-verlag.de
www.stark-verlag.de
1. Auflage 2017

Das Werk und alle seine Bestandteile sind urheberrechtlich geschützt. Jede vollständige oder teilweise Vervielfältigung, Verbreitung und Veröffentlichung bedarf der ausdrücklichen Genehmigung des Verlages. Dies gilt insbesondere für Vervielfältigungen, Mikroverfilmungen sowie die Speicherung und Verarbeitung in elektronischen Systemen.

Itene, o miei sospiri [V. Madrigalbuch, Nr. 3]

C. Gesualdo (1566–1613)

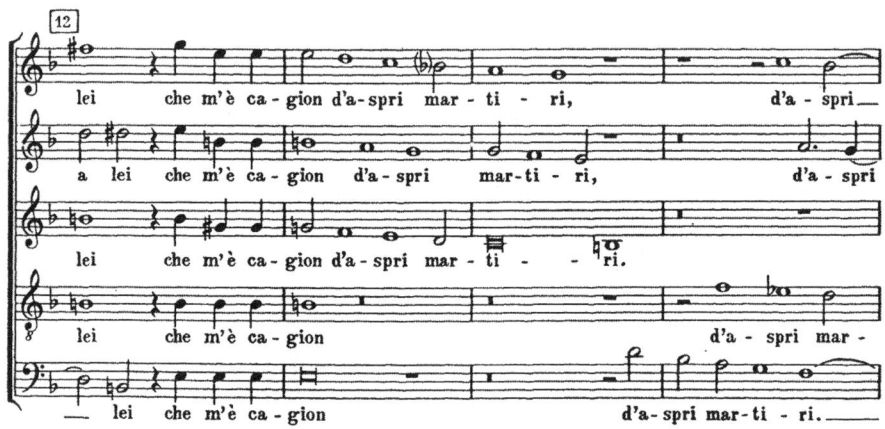

Italienischer Text	Übersetzung
Itene, o miei sospiri,	Geht, meine Seufzer,
Precipitate 'l volo	Eilet im Fluge
A lei che m' è cagion d'aspri martiri.	Zu der, die Ursach meiner herben Qualen.
Ditele, per pietà, del mio gran duolo;	Sprecht voll Erbarmen ihr von meinem großen Schmerz,
C'ormai ella mi sia	Damit sie endlich mir sei
Come bella ancor pia,	Nicht schön nur, sondern auch gütig,
Che l'amaro mio pianto	So werde ich fröhlich mein bitteres Weinen
Cangerò, lieto, in amoroso canto.	Verwandeln in Liebesgesang.

2 **O voi, troppo felici** [V. Madrigalbuch, Nr. 12]

C. Gesualdo (1566–1613)

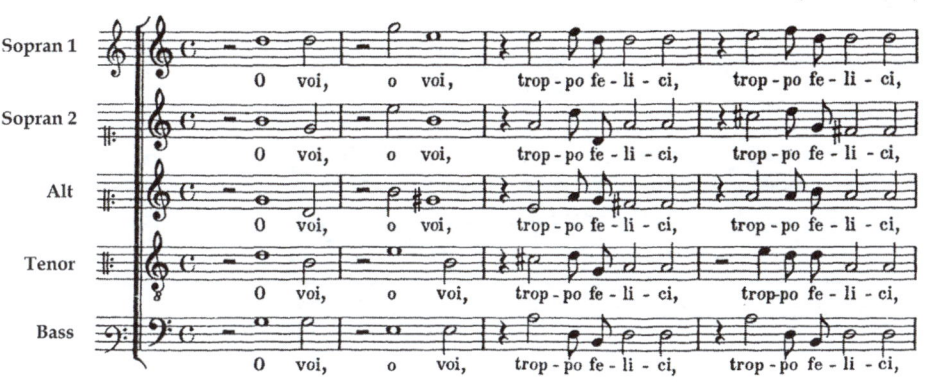

Italienischer Text	Übersetzung
O voi, troppo felici,	O, ihr Überglücklichen,
Che mirate il mio sole	Die ihr meine Sonne anschaut
E cangiate con lui sguardi e parole,	Und tauschet Blick' und Wort' mit ihr,
Quel che a voi sopravanza, ahi, potessi io	Könnte ich, ach, nur was ihr übrig laßt
Raccor per cibo a gli occhi del cor mio.	Als Augenspeise meines Herzens pflücken!

Occhi del mio cor vita [V. Madrigalbuch, Nr. 9]

C. Gesualdo (1566–1613)

Gesualdo: Occhi del mio cor vita

Italienischer Text	Übersetzung
Occhi, del mio cor vita, Voi mi negate, oimè, l' usata aita! Tempo è ben di morire, a che più tardo? A che serbate il guardo? Forse per non mirar come v'adoro. Mirate almen ch'io moro!	Augen, meines Herzens Leben, Ihr verweigert mir, ach, die gewohnte Hilfe! Zeit ist es wohl zu sterben, warum noch zögere ich? Wozu spart Ihr die Blicke? Vielleicht um nicht zu sehn, wie ich euch huldige? Seht wenigstens, daß ich nun sterbe!

Wohlauf, wohlauf, Jung und Alt

[Kurtzweiliger guter frischer teutscher Liedlein, Theil II, Nr. 31]

L. Senfl (um 1490–1543)

Senfl: Wohlauf, wohlauf, Jung und Alt

18 | Senfl: Wohlauf, wohlauf, Jung und Alt

Presulem sanctissimum
[Kurtzweiliger guter frischer teutscher Liedlein, Theil II, Nr. 7]

G. Forster (um 1510–1568)

Lateinischer Text	Übersetzung
Presulem sanctissimum veneremur. Gaudeamus! … in hoc solemni festo. … dulci resonemus melodia dulci resonemus in gloria.	Lasst uns den heiligsten Meister verehren! Freuen wir uns! … an diesem feierlichen Festtag. … lassen wir die liebliche Melodie erklingen, lassen wir sie in lieblichem Lobpreis erklingen.!

Den besten Vogel den ich weiß
[Kurtzweiliger guter frischer teutscher Liedlein, Theil II, Nr. 6]

Anonymus

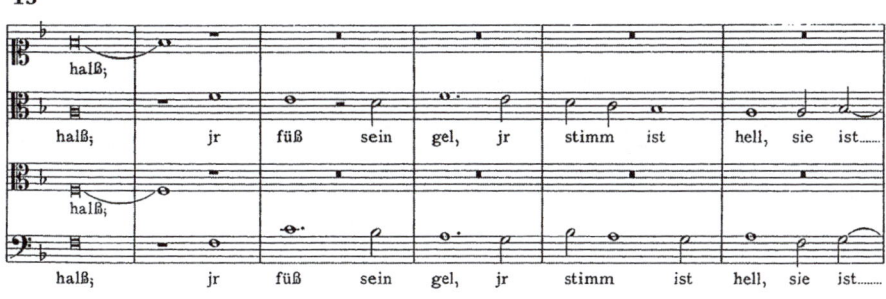

Dowland: Come Away, Come Sweet Love

Englischer Text	Übersetzung
Come away, come sweet Love,	Komm hinweg, komm süße Liebste,
The golden morning breaks.	der goldene Morgen bricht an.
All the earth, all the air,	Die ganze Erde, alle Lüfte
Of love and pleasure speaks:	von Liebe und Vergnügen sprechen:
Teach thine arms then to embrace.	Lehre deine Arme nun zu umarmen.
And sweet rosy lips to kiss,	Und süße rosige Lippen zu küssen,
And mix our souls in mutual bliss.	und vermische unsere Seelen in gemeinsamer Glückseligkeit.
Eyes were made for beauty's grace,	Augen wurden geschaffen für die Anmut der Schönen,
Viewing, rueing, love's long pain,	schauend, bereuend, lange Qualen der Liebe,
Procur'd by beauty's disdain.	herbeigeführt durch der Schönen Verachtung.

Come Again Sweet Love
[The Firste Booke of Songes, Nr. 17]

J. Dowland (1563–1626)

Englischer Text	Übersetzung
Come again!	Komm wieder!
Sweet Love doth now invite	Du, süße Liebe, du lädst jetzt ein,
Thy graces, that refrain	Deine Gnaden zu wiederholen
To do me due delight;	Mich in das erwartete Entzücken zu versetzen;
To see, to hear,	Zu sehen, zu hören,
to touch, to kiss,	Dich zu berühren, zu küssen,
to die with thee again	Mit dir wieder zu sterben,
in sweetest sympathy	In der süßesten Zuneigung

Englischer Text	Übersetzung
Alas fair face why doth that smoothed brow,	Ach, das schöne Gesicht, warum dieser glatte Stirn,
Those speaking eyes rosed lips, and blushing beauty.	Jene sprechenden Augen, rosa Lippen und die strahlende Schönheit,
All in themselves confirm a scornful vow,	Alle in sich bestätigen ein verächtliches Gelübde,
To spoil my hopes of love, my love of duty.	Meine Hoffnungen auf die Liebe, meine Liebe als Aufgabe zu verderben.
The time hath been, when I was better grast,	Es gab Zeiten, in denen es mir besser ging,
I now the same, and yet that time is past.	Ich bin jetzt immer noch derselbe, aber diese Zeit ist vorbei.

Chanson (Malor me bat)

J. Ockeghem (um 1420/1425–1497)

Credo (Messe Malheur me bat) [Teil 2]

J. Desprez (um 1450–1521)

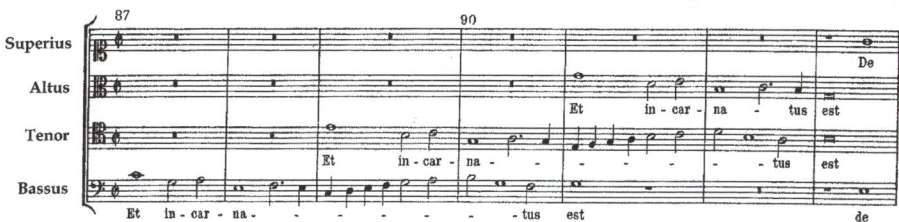
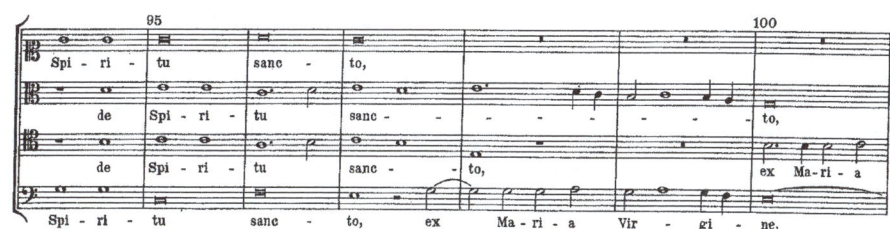
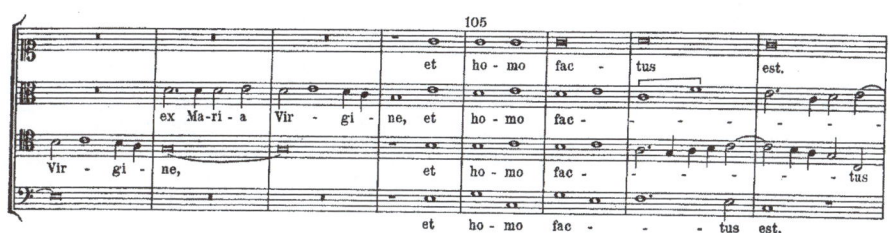

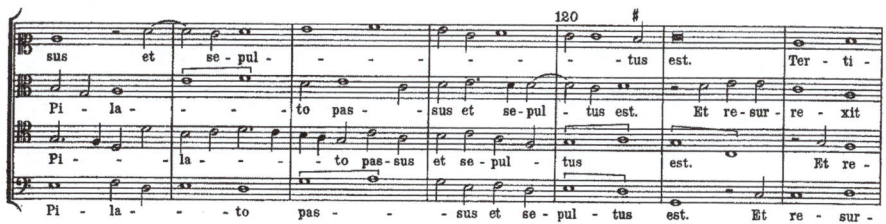

Chanson (D'ung aultre amer)

J. Ockeghem (um 1420/1425–1497)

D'ung aultre amer mon cueur s'abesseroit,
Il ne fault pas penser que je l'estrange,
Ne que pour rien de ce propos me change.
Car mon honneur en appetisseroit.

Je l'aime tant que jamais ne seroit
Possible a moy d'en consentir l'echange.
D'ung aultre amer (etc.).

La mort, par Dieu, avant me defferoit,
Qu'en mon vivant j'acointasse ung estrange.
Ne cuide nul qu'a cela je me renge,
Ma loyaulté trop fort se mesferoit.
D'ung aultre amer (etc.).

Sanctus (Messe D'ung aultre amer) [Teil 1]

J. Desprez (um 1450–1521)

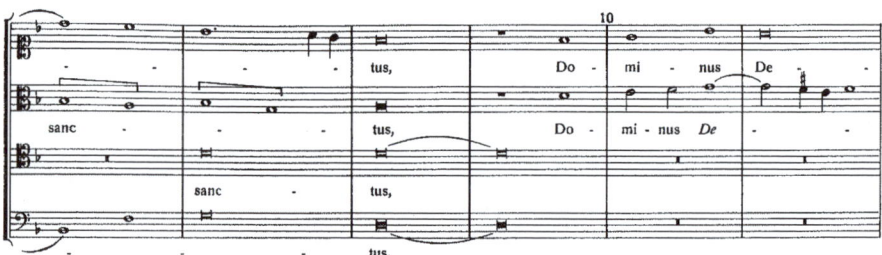

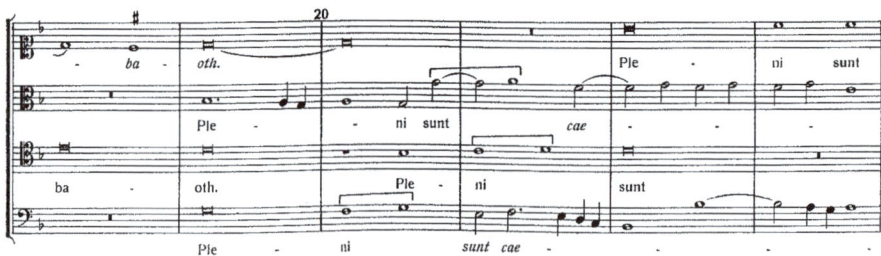

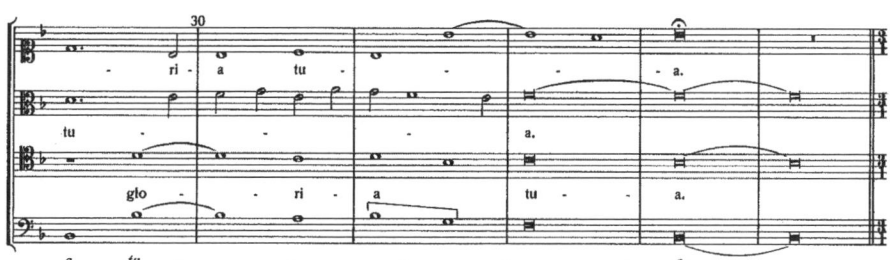

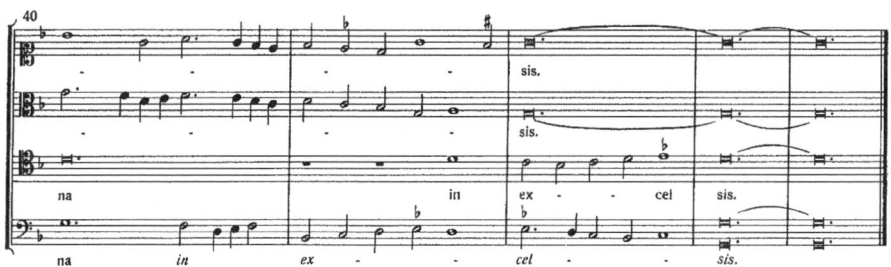

Chanson (La Bataille de Marignan) [Prima Pars]

C. Janequin (um 1485–1558)

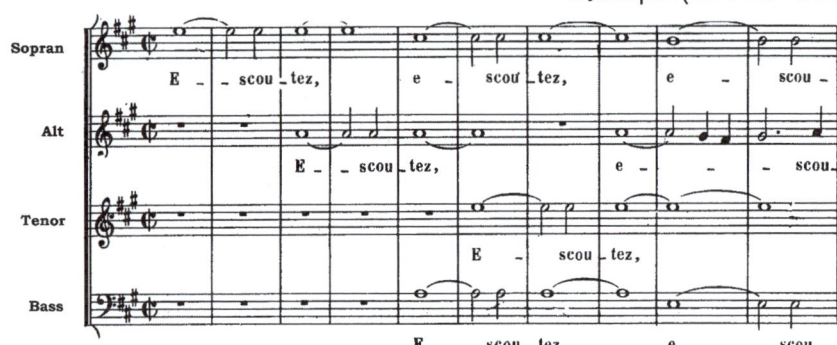

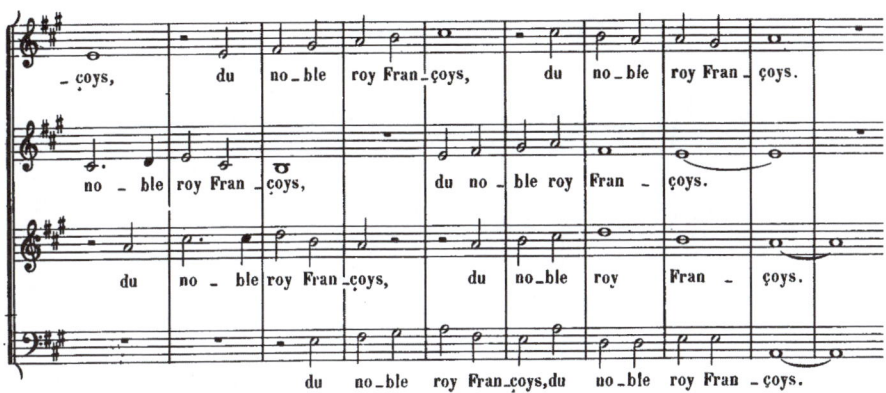

Französischer Text	Übersetzung
Escoutez, tous gentilz galloys,	Hört, ihr braven Kerle,
La victoire du noble roy Françoys.	Vom Sieg des noblen Königs François.

Kyrie (Messe La Bataille) [Prima Pars]

C. Janequin (um 1485–1558)

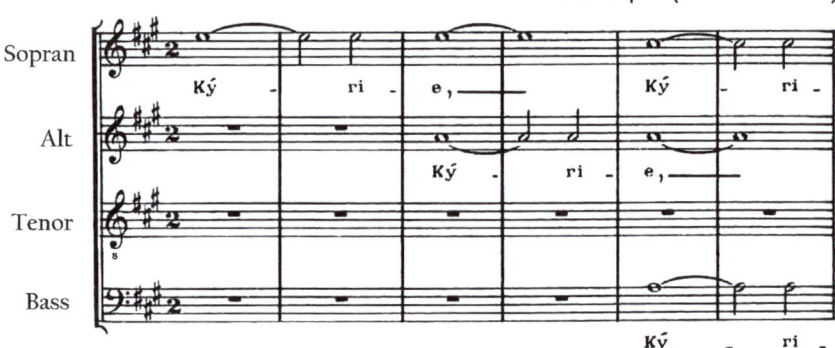

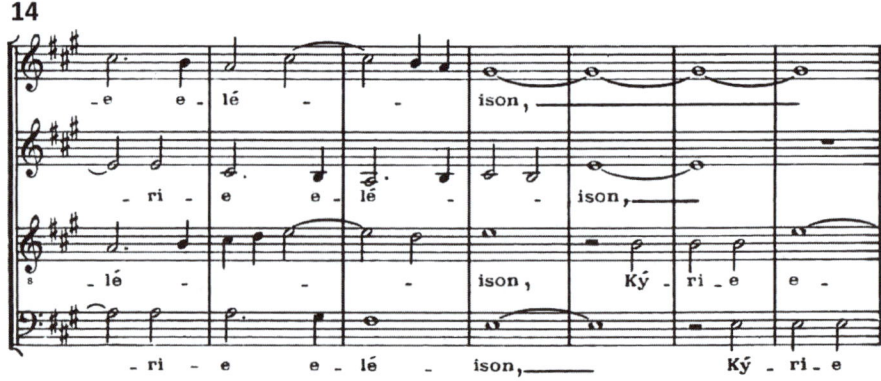

Janequin: Kyrie (Messe La Bataille)

16 Konzert op. 6 Nr. 2, 4. Satz
[Anfang] – modifiziert

A. Corelli (1653–1713)

Corelli: Konzert op. 6 Nr. 2, 4. Satz

17 — Konzert op. 6 Nr. 5, 5. Satz
[Anfang] – modifiziert

A. Corelli (1653–1713)

Armonico tributo Nr. IV, 5. Satz
[Anfang] – modifiziert

G. Muffat (1653–1704)

Aria.
Presto.

Aria da capo colla replica.

Himmel und Erde vergehen
[Kleine geistliche Konzerte I, op. 8, SWV 300]

H. Schütz (1585–1672)

Ich liege und schlafe
[Kleine geistliche Konzerte I, op. 8, SWV 310]

H. Schütz (1585–1672)

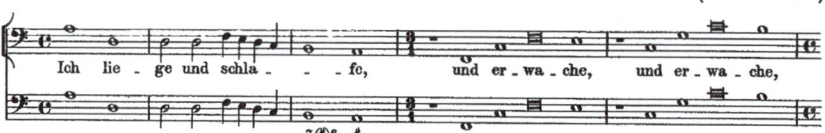

Ich beuge meine Knie

[Kleine geistliche Konzerte I, op. 8, SWV 319]

H. Schütz (1585–1672)

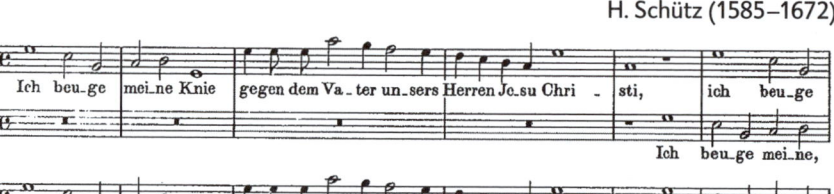

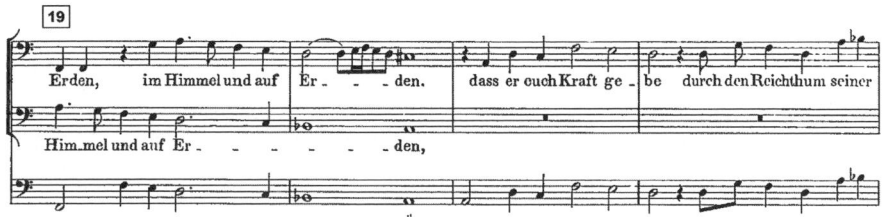

52 ♪ Schütz: Ich beuge meine Knie

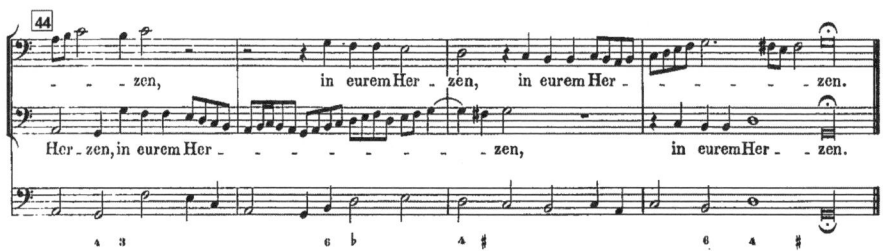

Klaviersonate op. 13, 1. Satz [Anfang] (Ausgabe A)

L. v. Beethoven (1770–1827)

Klaviersonate op. 13, 1. Satz [Anfang] (Ausgabe B)

L. v. Beethoven (1770–1827)

attacca subito il Allegro

23

Klaviersonate KV 576, 1. Satz [Anfang] (Ausgabe A)

W. A. Mozart (1756–1791)

Klaviersonate KV 576, 1. Satz [Anfang]
(Ausgabe B)

W. A. Mozart (1756–1791)

24 Chor Nr. 14 „Die Himmel erzählen" (Ausgabe A)
[Oratorium „Die Schöpfung", Hob. XXI:2] [Anfang]

J. Haydn (1732–1809)

Chor Nr. 14 „Die Himmel erzählen" (Ausgabe B)
[Oratorium „Die Schöpfung", HOB XXI:2]

J. Haydn (1732–1809)

Streichquartett KV 464, 4. Satz
[Anfang]

W. A. Mozart (1756–1791)

Streichquartett op. 77/1, 1. Satz, Hob. III:81
[Anfang]

J. Haydn (1732–1809)

62 | Haydn: Streichquartett op. 77/1, 1. Satz, Hob. III:81

27 Streichquartett op. 33/3, 4. Satz, Hob. III:39
[Anfang]

J. Haydn (1732–1809)

Brahms: Mondnacht

Joseph von Eichendorff, Mondnacht

Es war, als hätt' der Himmel
Die Erde still geküsst,
Dass sie im Blütenschimmer
Von ihm nun träumen müsst.

Die Luft ging durch die Felder,
Die Ähren wogten sacht,
Es rauschten leis die Wälder,
So sternklar war die Nacht.

Und meine Seele spannte
Weit ihre Flügel aus,
Flog durch die stillen Lande,
Als flöge sie nach Haus.

Der Mond kommt still gegangen
[op. 13, Nr. 4]

C. Schumann (1819–1896)

Emanuel von Geibel, Der Mond kommt still gegangen

Der Mond kommt still gegangen
Mit seinem goldnen Schein,
Da schläft in holdem Prangen
Die müde Erde ein.
(Strophe 2 nicht vertont:)
Im Traum die Wipfel weben,
Die Quellen rauschen sacht;
Singende Engel durchschweben
Die blaue Sternennacht

Und auf den Lüften schwanken
Aus manchem treuen Sinn
Viel tausend Liebesgedanken
Über die Schläfer hin.

Und drunten im Tale, da funkeln
Die Fenster von Liebchens Haus;
Ich aber blicke im Dunkeln
Still in die Welt hinaus.

Zwielicht
[Liederkreis op. 39, Nr. 10]

R. Schumann (1810–1856)

Joseph von Eichendorff, Zwielicht

Dämmrung will die Flügel spreiten,
Schaurig rühren sich die Bäume,
Wolken ziehn wie schwere Träume –
Was will dieses Graun bedeuten?

Hast ein Reh du lieb vor andern,
Laß es nicht alleine grasen,
Jäger ziehn im Wald und blasen,
Stimmen hin und wieder wandern.

Hast du einen Freund hienieden,
Trau ihm nicht zu dieser Stunde,
Freundlich wohl mit Aug und Munde,
Sinnt er Krieg im tückschen Frieden.

Was heute müde gehet unter,
Hebt sich morgen neugeboren,
Manches bleibt in Nacht verloren –
Hüte dich, bleib wach und munter!

Bachiana Dodecafonica, Fuga 3 [Anfang]

R. St. Clair (* 1946)

Bachiana Dodecafonica, Fuga 1 [Anfang]

R. St. Clair (* 1946)

Bachiana Dodecafonica, Fuga 2 [Anfang]

R. St. Clair (* 1946)

Geräusche
[Moabit Liederbuch, op. 66, Nr. 1]

R. St. Clair (* 1946)

Die Mücke
[Moabit Liederbuch, op. 66, Nr. 9]

R. St. Clair (* 1946)

Spatzen
[Moabit Liederbuch, op. 66, Nr. 7]

R. St. Clair (* 1946)

Cathédrales
[Pièces de fantaisie, Suite IV, op. 55, Nr. 3] [Anfang]

L. Vierne (1870–1937)

Les cloches de Hinckley
[Pièces de fantaisie, Suite IV, op. 55, Nr. 6] [Anfang]

L. Vierne (1870–1937)

Gregorianischer Choral „Dies irae"
[Strophen 1 mit 4]

1. Di - es i - rae, di - es il - la, Sol - vet saec - lum in fa - vil - la: Tes - te Da - vid cum Si - byl - la.
[2. Quan - tus tre - mor est fu - tu - rus, Quan - do iu - dex est ven - tu - rus, Cun - cta stric - te dis - cus - su - rus!]

3. Tu - ba mi - rum spar - gens so - num Per se - pul - cra re - gi - o - nem, Co - get om - nes an - te thro - num.
[4. Mors stu - pe - bit et na - tu - ra, Cum re - sur - get cre - a - tu - ra, Iu - di - can - ti re - spon - su - ra.]

Sonate für Violine solo op. 27 Nr. 2, 1. Satz „Obsession"

E. Ysaÿe (1858–1931)

Ysaÿe: Sonate für Violine solo op. 27 Nr. 2, 1. Satz „Obsession"

Ysaÿe: Sonate für Violine solo op. 27 Nr. 2, 1. Satz „Obsession"

III Partita Nr. 3 in E-Dur, BWV 1006, 1. Satz „Preludio" [Anfang] (Ausgabe A)

J. S. Bach (1685–1750)

Partita Nr. 3 in E-Dur, BWV 1006, 1. Satz „Preludio" [Anfang] (Ausgabe B)

J. S. Bach (1685–1750)

IV — Kantate „Wir danken dir, Gott, wir danken dir", BWV 29, Aria [Anfang]

J. S. Bach (1685–1750)

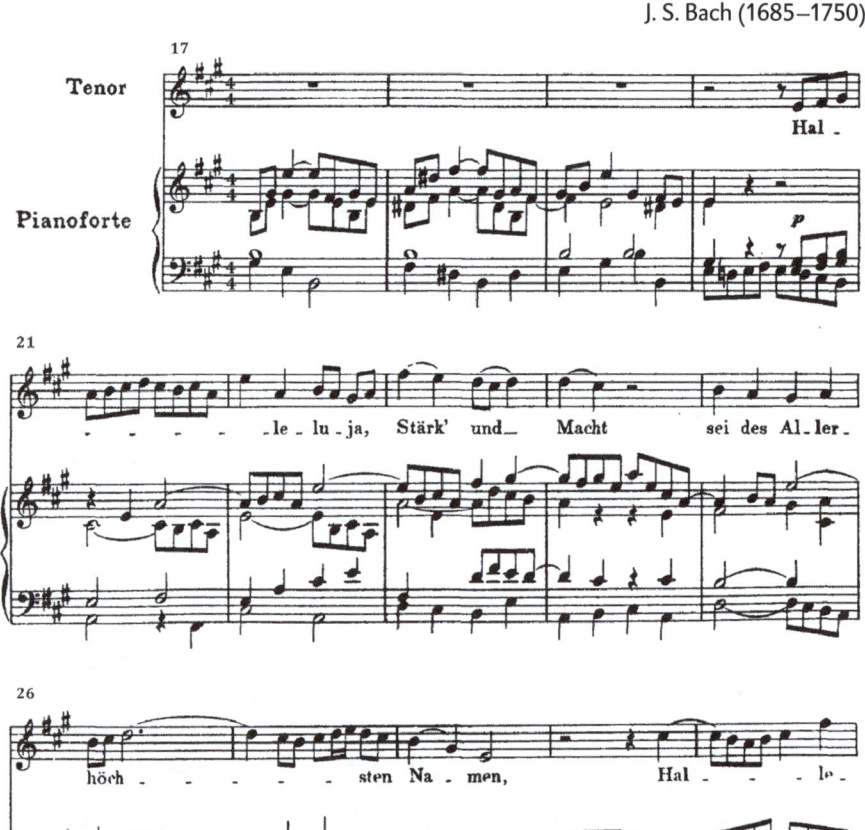